国家信息安全等级保护系列丛书

安全技术
大系

网络安全法与网络安全等级保护制度

培训教程

（2018版）

郭启全 等编著

电子工业出版社
Publishing House of Electronics Industry
北京·BEIJING

内 容 简 介

本书共 9 章，包括网络安全概述、《网络安全法》解读、网络安全等级保护制度、网络安全等级保护政策体系和标准体系、网络安全等级保护的定级与备案、网络安全等级保护的建设整改、网络安全等级保护的等级测评、网络安全自查和监督管理、网络安全重点专项活动。

本书对国家网络安全工作进行了分析，对网络安全相关法律法规进行了解读，对网络安全等级保护工作的有关政策、标准进行了梳理，并对主要工作环节进行了解释说明，供有关部门在部署网络安全工作和网络安全等级保护培训中使用。

未经许可，不得以任何方式复制或抄袭本书之部分或全部内容。

版权所有，侵权必究。

图书在版编目（CIP）数据

网络安全法与网络安全等级保护制度培训教程：2018 版 / 郭启全等编著. —北京：电子工业出版社，2018.5

（国家信息安全等级保护系列丛书）

ISBN 978-7-121-34002-4

Ⅰ. ①网…　Ⅱ. ①郭…　Ⅲ. ①计算机网络—科学技术管理法规—中国—技术培训—教材

Ⅳ. ①D922.17

中国版本图书馆 CIP 数据核字（2018）第 070383 号

策划编辑：潘　昕
责任编辑：潘　昕
印　　刷：三河市华成印务有限公司
装　　订：三河市华成印务有限公司
出版发行：电子工业出版社
　　　　　北京市海淀区万寿路 173 信箱　邮编 100036
开　　本：787×980　1/16　印张：17.75　字数：345 千字
版　　次：2018 年 5 月第 1 版
印　　次：2019 年 5 月第 7 次印刷
定　　价：79.00 元

前　言

习近平总书记高度重视网络安全工作，亲自担任中央网络安全与信息化领导小组组长，多次主持召开中央网信领导小组会议和座谈会，在四次网信领导小组会议、网信工作座谈会、中央政治局集体学习网络强国战略专题会、第四届世界互联网大会（乌镇峰会）等多次重要会议上发表了系列重要讲话，就全面加强网络安全工作做出了一系列重要批示指示，明确指出"没有网络安全就没有国家安全"，要求始终把"打赢网上斗争"放在首位。近年来，世界主要国家将网络作为谋求战略优势的新抓手，对内不断加强顶层设计和能力建设，对外抢抓网络空间控制权、规则制定权和话语权，世界大国网络空间博弈加剧，网络问题已成为大国互动的新焦点、大国战略关系走向的重大课题。我国的网络安全形势异常严峻，面临着前所未有的威胁、风险和挑战，并存在着许多突出问题和困难。为此，我们要深刻领会习近平总书记的重要指示精神，充分认识网络安全的极端重要性，以"建设网络强国"为战略目标，以需求为牵引，以问题为导向，采取综合手段和强有力的措施，坚定不移地维护网络空间的国家安全和关键信息基础设施安全。

《中华人民共和国网络安全法》（以下简称《网络安全法》）于 2017 年 6 月 1 日正式实施。这是我国网络安全领域的一部基础性法律，为我国全面开展网络安全工作提供了重要的法律保障，我们要认真学习、理解和贯彻实施这部法律。《网络安全法》明确规定，国家实行网络安全等级保护制度，关键信息基础设施是在网络安全等级保护制度的基础上，实行重点保护。网络安全等级保护制度是国家网络安全工作的基本制度、基本策略和基本方法，是促进信息化健康发展，维护国家安全、社会秩序和公共利益的根本保障。国务院法规和中央一系列文件也明确规定，要实行网络安全等级保护，重点保护基础信息网络和关系国家安全、经济命脉、社会稳定等方面的重要信息系统，建立完善网络安全等级保护制度。网络安全等级保护是当今发达国家保护关键信息基础设施和数据安全的通行做法，也是我国多年来网络安全工作实践和经验的总结。开展网络安全等级保护工作的主要目的就是要保护国家关键信息基础设施安全、维护国家安全，这是一项事关国家安全、社会稳定、国家利益的重要任务。

多年来，在党中央的坚强领导下，在有关部门、专家、企业的大力支持下，公安部根据法律授权，会同国家保密局、国家密码管理局和原国务院信息办在全国范围内组织开展了基础调查、等级保护试点、信息系统定级备案、安全建设整改、等级测评、网络安全执法检查等网络安全等级保护工作，创造性地构建并实施了网络安全等级保护制度，确立了具有中国特色的国家网络安全基本制度和基本国策，全面促进了国家网络安全工作体系化，有力促进了我国网络安全工作法制化、规范化和标准化，全面提升了国家关键信息基础设施安全保护能力，为保卫国家网络空间安全和关键信息基础设施安全发挥了关键作用。公安部会同国家保密局、国家密码管理局、国资委、国家发改委、财政部、教育部等部门出台了一系列政策文件，构成了国家网络安全等级保护工作的政策体系，组织制定了一系列网络安全等级保护标准，形成了网络安全等级保护标准体系，为各地区、各部门开展等级保护工作提供了政策保障和标准保障。

加强培训是学习贯彻《网络安全法》、网络安全等级保护制度的重要保障。近年来，公安机关、行业主管部门和网络运营者组织开展了大规模的《网络安全法》和等级保护业务培训，取得了良好的成效。本书对国家网络安全进行了综合论述，对《网络安全法》进行了简要解读，对开展网络安全等级保护工作的主要内容、方法、流程及政策、标准等内容进行了分析说明，对如何实施网络定级备案、安全建设整改、等级测评、安全检查等工作进行了解释说明，对如何完善网络安全等级保护制度进行了阐述，对智慧城市网络安全管理、重点网站安全专项整治行动、电子邮件系统安全专项整治行动等网络安全重点专项工作进行了说明，供读者参考借鉴。由于水平所限，书中难免有不足之处，敬请读者指正。

本书的主要编著者是郭启全，参加编写的有葛波蔚、祝国邦、范春玲、陆磊、夏雨、张宇翔、马力、任卫红、李明、李升、刘静。

读者可以登录中国信息安全等级保护网（www.djbh.net），了解网络安全等级保护领域的最新情况。

郭启全

2018 年 1 月

目　　　录

第 1 章　网络安全概述

本章主要介绍我国网络安全面临的形势，分析面临的威胁、风险、挑战和存在的突出问题，以及我国网络安全工作的指导思想、主要任务和主要内容。

1.1　我国网络安全面临的形势

网络安全是指通过采取必要措施，防范对网络的攻击、侵入、干扰、破坏、非法使用及意外事故，使网络处于稳定可靠运行的状态，以及保障网络数据的完整性、保密性、可用性的能力，维护网络空间主权和国家安全、社会公共利益，保障涉及国家安全、国计民生、社会公共利益的网络的设备设施安全、运行安全、数据安全和信息安全，保护公民、法人和其他组织的合法权益，促进经济社会信息化健康发展。

1.1.1　我国网络安全发展面临的重大机遇

近年来，我国国力明显上升，信息化发展迅速，网络安全取得了很大的成效和进步，网络安全发展面临着新的、最有利的战略机遇。同时，世界大国将网络作为谋求战略优势的新手段，对内不断加强顶层设计、能力建设和安全审查，对外抢抓网络空间控制权、规则制定权和话语权。我国网络安全面临着前所未有的威胁、风险和挑战，并存在着许多突出问题和困难。对此，我们应该有清醒的认识和准确的判断。

1. 我国信息化发展迅速，网络安全保障的关键性作用日益凸显

我国信息化进程明显加快，信息化与工业化进一步融合，有力支持国防、农业和科学技术现代化目标的实现。电子政务、电子商务、互联网金融等互联网应用日新月

异，特别是国家实施"互联网+"战略，有力促进了互联网在各行各业的深度应用和信息化加速发展。电信网、互联网、业务专网、信息系统、云计算、物联网、大数据、移动互联网、工业控制系统等关键信息基础设施建设发展迅速，成为支撑国家经济发展、社会进步的有力保障。与此同时，由于信息化和关键信息基础设施的基础性、保障性地位迅速提升，网络安全保障的关键性作用也日益凸显，社会进步和经济发展对关键信息基础设施的依赖性显著提高，并伴随着国家信息化的发展而上升。

2. 网络安全发展面临新的战略机遇

我国网络安全发展受国际、国内两方面影响，在国际上总体处于有利时机，在国内处于难得的发展时机。我们应牢牢把握国际、国内两个大局，抢抓机遇，使我国网络安全得到跨越式发展。

一是国际环境对我网络安全发展处于有利时机。美宣布将互联网基础资源管理权移交国际社会，为推动建立多边、民主、透明的全球互联网治理体系提供了重要机遇。我国建立了中美执法和网络安全对话机制，中英、中欧等网络对话机制，以及"金砖国家""上合组织"网络对话机制，为我网络安全发展提供了有利的外部环境。

二是中央作出了重大决策部署，确定了国家网络安全发展的大政方针和路线。习近平总书记和党中央高度重视网络安全工作，中央网络安全和信息化领导小组的成立及一系列重大决策部署，为国家网络安全发展提供了重要保障。特别是习近平总书记提出的建设网络强国的战略目标，构建"和平、安全、开放、合作"的网络空间，建立"多边、民主、透明"的互联网治理体系，为我国网络安全发展指明了方向。

三是国力增强、国家整体实力上升，为我国网络安全发展提供了有力保障。近年来，我国政治、军事、经济、文化等领域快速发展，整体国力迅速提升。我国作为世界第二大经济体，对国际事务的参与程度不断加深。美、俄等大国及欧盟和周边国家与我国开展合作意愿强烈，我引导网络空间国际治理的能力显著提高，为我国网络安全发展提供了有力保障。

四是国家经济和信息化的快速发展为网络安全发展提供了巨大空间。近十年，我国经济发展和信息化进程明显加快，信息化的普及和深化应用，推动网络安全的重要行业市场、公民个人用户需求迅速扩大，信息技术推动传统产业改造升级，成为经济社会发展的新引擎。以互联网、通信网、移动互联网、计算机系统、云平台、工业控制系统等组成的网络空间成为人们工作生活的重要空间，网络成为文化繁荣的新平台和交流合作的新纽带。特别是"互联网+"国家发展重大战略的实施，为网络安全发展创造了一个规模化、可持续的巨大的市场空间。

五是网络安全发展具备了一定的基本条件。中央网信办会同外交部、工信部、公安部等部门每年在乌镇召开世界互联网大会，连续举办了网络安全宣传周，重要行业部门、企业、媒体也组织了各种形式的教育、培训，使全社会的网络安全意识明显提高。我国已初步建成适应当前要求的信息技术体系，信息产业覆盖网络、整机、芯片、元器件、应用服务等主要方面。在量子通信、人工智能、移动通信、超级计算、网络设备、互联网应用方面具备一定优势，网络安全技术及产品发展势头强劲，网络安全人才、队伍、经费支持逐步加强，网络安全综合能力取得显著进步。

六是我国互联网发展对网络安全提出了更高要求。国家正在实施互联网宽带计划、"互联网+"行动战略，特别是在乌镇召开的具有划时代意义的第二届世界互联网大会上，习近平主席提出了五点主张："加快全球网络基础设施建设，促进互联互通；打造网上文化交流共享平台，促进交流互鉴；推进网络经济创新发展，促进共同繁荣；保障网络安全，促进有序发展；构建互联网治理体系，促进公平正义"，凸显了中国互联网取得的成就和发展速度。中国正在引领全球互联网的发展，这也为我国网络安全事业的发展提供了更大的机遇。

1.1.2　我国网络安全面临的威胁、风险和挑战

网络安全威胁、政治安全威胁、军事威胁和恐怖威胁是我国家安全当今面临的最大威胁。这四种威胁以网络为纽带，互相交织、互相关联，使得网络安全威胁成为我国当今面临的最复杂、最重大的非传统安全威胁，也是最严峻的安全挑战。

1. 近年来世界发生的重大网络安全事件再一次给我们敲响了警钟

一是乌克兰电网遭攻击事件。2015 年 12 月 23 日，乌克兰西部地区国家电力系统遭网络攻击，使 7 座 110kV 变电站和 23 座 35kV 变电站发生故障，造成伊万诺–弗兰

科夫斯克地区发生大面积、大规模停电事件。此事件影响了 140 万人，停电时间长达
6 小时。攻击者先在邮件中嵌入带有"黑色能量"（Black Energy）木马病毒的微软 Office
文件，再将邮件的发送地址伪装成乌克兰议会（Rada）邮箱，然后向目标用户发送邮
件。用户打开带有木马病毒的邮件后，会使办公系统感染木马病毒，攻击者欺骗目标
用户成功。乌克兰电网生产控制系统与互联网之间为逻辑隔离，导致攻击组件 Black
Energy 顺利进入并潜伏在乌电力内网中，并向生产控制区的关键主机植入"硬盘杀手"
（KillDisk）木马。攻击者利用黑客技术获取了乌电网生产控制系统的控制权，当得到
攻击命令后，通过远程发布攻击指令，Black Energy 和 KillDisk 立即在乌电网控制区
发起断电攻击，切断了 30 座变电站与发电厂的连接，造成了大面积停电。完成任务
后，攻击者使用 KillDisk 毁灭证据，并利用电话通信攻击干扰了事故的快速处置。

该事件说明乌克兰电网系统存在网络安全管理松散、缺乏应有的强隔离手段、对
网络攻击的发现能力差、网络安全综合防范能力差、突发事件应急处置能力差等突出
问题。该事件给我国网络安全及国家安全敲响了警钟，重视和保障我国家关键信息基
础设施安全刻不容缓。

二是美国遭大规模网络攻击事件。2016 年 10 月 21 日 17 时 10 分，美国主要域名
服务商"动态网络服务"公司（Dynamic Network Services，简称"Dyn"，下称"迪恩
公司"）遭到大规模 DDoS 攻击，攻击目标是为大型网站提供域名解析服务的 4 个 IP
地址。由于攻击流量大，迅速蔓延到同网段的其他 IP 地址，超过 1000 台域名服务器
受到影响，导致美国东海岸地区大量网站域名解析服务中断或延迟，其中包括推特、
脸谱、亚马逊、纽约时报、华尔街日报、贝宝（Paypal，知名支付平台）等。攻击者
利用名为"未来"（Mirai）的病毒感染大量物联网设备，形成僵尸网络（包括网络摄
像头、数字录像机和路由器等），然后向迪恩公司的域名解析服务器发起网络攻击，
造成域名解析服务中断。Mirai 病毒自动扫描连接在互联网上的物联网设备，对存在
漏洞的物联网设备进行控制后形成僵尸网络。目前已发现感染 Mirai 病毒的设备 100
万余台，主要分布在越南、巴西、中国、印度等国家。我国感染 Mirai 病毒的物联网
设备约有 6.4 万余台。

该事件反映出，我国企业生产的视频设备、网络摄像机、数字硬盘录像机、网络
打印机、路由器等物联网设备存在隐患，物联网安全风险隐患日益突出。非法外联

问题严重，部分物联网设备存在弱口令、漏洞等问题，物联网设备用户网络安全意识差，防护措施缺失，导致物联网设备极易被黑客入侵控制，构成强大的僵尸网络，实施网络攻击。

三是美韩等国政要重要信息泄露事件。最典型的案例是希拉里"邮件门"事件。2013 年年初，黑客入侵了与克林顿家族关系密切的记者的邮箱，获取了诸多涉及美外交政策的机密文件，并溯源定位到希拉里家地下室的个人邮件服务器，窃取了全部邮件，并陆续在互联网上公布。2016 年 10 月 28 日，美联邦调查局重启对希拉里"邮件门"事件的调查，对希拉里竞选总统造成了致命打击，导致其直接败选。2016 年10 月 24 日，朴槿惠闺密崔顺实的个人笔记本电脑中的 44 份涉及国家秘密的总统演讲稿遭泄露，直接导致朴槿惠政府垮台。

这些事件带给我们的启示与思考有：一是网络技术对抗严重影响国家政治局势、国家安全、政权安全；二是互联网作战效果不亚于发动一场战争，可以实施"手术刀"式打击；三是网络攻击影响和左右人民的认知及思想，是网络战的高级形态；四是如何从维护国家安全、政权安全的高度，坚决落实《网络安全法》和网络安全等级保护制度。

2. 少数国家网络战略威慑日益升级，对我网络安全及国家安全构成最大威胁

许多大国认识到：网络空间是国家发展的战略资源，应被提升至国家安全的战略高度予以重视。网络空间已经成为大国博弈的重要战场，网络安全威胁和斗争日益加剧；网络问题在国际议程和首脑外交中的位置日益突出，网络成为大国谋求战略优势的新的重要手段。为此，少数国家在网络安全方面采取一系列措施，强力维护其网络空间霸权：加快战略布局，强夺网络空间制高点；强力推进网军建设，加快网络战备战，对我国构成战略威慑；抢占网络空间国际规则制定主导权；使用各种方法，利用网络对我实施控制、攻击和窃密。

一是加快战略布局，强夺网络空间制高点。个别国家将我作为网络空间的最大对手，加强网络空间战略谋划，抢占网络空间主导权、控制权，对我进行全方位战略遏制和威慑。近年来，全球网络空间态势跌宕起伏，特别是 2013 年美国"棱镜门"事件曝光震惊全球，引爆了全球网络空间的连锁反应，催化了国际网络空间格局的急剧

变革，促使国际社会对网络安全的重视程度陡然上升。

二是加快网络备战，对我构成战略威慑。个别国家在网络战上确立先发制人的策略，以我国为假想敌开展网络攻防演习，借造谣、炒作中国黑客攻击，在网络空间扩军备战，在指挥体系、作战队伍及网络战武器等方面已构建完备，随时可以对我发动网络战，对我国家安全构成严重威胁。我国有近百个大型专网，有 14 万个重要信息系统和大型公共服务平台，国家经济发展、社会运转严重依赖这些关键信息基础设施。我们的网络安全防护能力不够强，而我们的对手是世界头号强国，如果对手对我网络基础设施发动网络攻击，后果将不堪设想。

三是使用各种方法、利用各种途径，对我国家关键信息基础设施进行控制、攻击和窃密，攻击方法多，控制范围大。监测数据显示：境外有 2 万多个 IP 地址通过植入后门对我境内 4 万余个网站实施远程控制；在网络钓鱼攻击方面，针对我国的钓鱼站点有 90% 位于境外，共有 6000 多个境外 IP 地址承载近 10 万个针对我国境内网站的仿冒页面；在木马和僵尸网络方面，我国境内 1000 多万台主机被境外 4 万多个服务器控制。同时，网络监控手段不断增强。通过被曝光的"棱镜门"等事件可知，美国中央情报局、国家安全局等情报部门建立了包括从企业服务器大量获取数据的"棱镜"项目、通过骨干网获取数据的"上行"项目等监控项目，采取了大数据技术及数据解密技术、信息还原技术、数据分类技术、语言识别技术和文本处理技术等高新技术，对获取的数据进行存储、处理、分析和应用。2017 年，某国黑客组织对我网络实施攻击，我国 400 多个 IP 地址被其控制，形成了强大的僵尸网络，公安机关立即开展调查，提取木马样本，分析攻击路径，及时将僵尸网络打掉，保卫了国家重大活动期间的网络安全。

3. 黑客组织对我国家政治安全、政权安全、网络安全构成严重威胁

一是黑客组织的攻击威胁日益严重。近年来，黑客组织频繁对我国基础信息网络和重要信息系统等进行入侵攻击、控制和突破，攻击我国政府网站，篡改网页。

二是网络恐怖成为国家安全新的重大威胁。敌对分子利用互联网进行渗透，传播宗教极端思想和暴恐音视频，宣扬圣战极端思想，组织实施暴恐活动，直接威胁我国家安全和社会稳定。

4. 互联网快速发展给国家政治安全、经济安全带来了严重挑战

一是互联网的"双刃剑"作用突显。近年来，我国互联网发展迅速，网站数量、网民规模、手机用户数量、电子商务交易规模都已达到世界水平。传统互联网服务与移动网络快速融合，即时通信、电子邮件、论坛、微博、微信、App 等互联网服务得到广泛应用。然而，互联网具有鲜明的"双刃剑"作用，已经深度融入我政治、军事、经济、文化、社会公共安全等领域。互联网上有害信息频发多发，敲诈勒索、造谣传谣、淫秽色情等时有发生。特别是网上的隐匿行为和勾联活动，极易产生"温水煮青蛙"的效果，成为我国家安全面临的最大威胁和挑战之一。

二是互联网产业发展给社会稳定带来新的风险隐患。近年来，我国电子商务快速发展，不仅成为互联网应用的重要方面，更成为国家经济新的增长点。同时，电子商务面临的安全威胁日益严重，大量企业及公民个人信息被盗用、贩卖，对企业及公民个人资产造成了重大损失，给国家经济安全带来了严重挑战。随着我国互联网向纵深发展，互联网应用业态会越来越丰富多样，带来的安全风险也会越来越大。

5. 网络违法犯罪活动快速增长，给国家经济安全、社会稳定带来了重大影响

随着我国"互联网+"战略的快速发展，不法分子也在搞"互联网+"，互联网+网络攻击、窃密、贩枪、贩毒、诈骗、赌博、淫秽色情等网络违法犯罪花样繁多。当前，我国的网络犯罪活动处于快速上升的活跃期，最近 5 年平均增长 30% 以上，网上贩卖枪支弹药等违禁物品、网络淫秽色情、网络赌博等违法犯罪活动把犯罪平台从境内转移到境外，打击难度增大；互联网金融犯罪严重影响国家经济安全；网上造谣诽谤、盗窃诈骗和各种假、恶、丑现象还大量存在；一些不法人员相互勾结，犯罪活动呈现出低龄化、泛众化和区域化、团伙化、产业化等特征，有的形成了网络黑恶势力，严重侵害人民群众的网络权益。网络违法犯罪呈现形式多样化、组织团伙化、利益链条化等特点，给公安机关侦查办案和打击网络违法犯罪带来了新的挑战。

一是网络诈骗犯罪已成为一种新的社会公害。当前，网络诈骗已占网络违法犯罪的 40% 以上，不法人员结成组织严密、分工明确的犯罪团伙，对非特定网络用户实施诈骗活动，受害群众量大面广，社会危害极大。

二是网上侵害公民信息等新型犯罪不断增多，并衍生出其他犯罪活动，严重损害群众权益。一些不法人员利用各种手段窃取、贩卖公民个人信息，有的用于从事各种违法犯罪活动，被窃取、贩卖或泄露的信息涉及金融、电信、教育、社会保障、物业、快递等重要行业，危害重要行业生产业务安全。

三是网络攻击、窃密、非法牟利的违法犯罪活动不断增加。我国网络、信息系统、网站等安全防护能力不强，病毒木马、僵尸网络等安全威胁呈增长态势，黑客攻击入侵等违法犯罪活动呈急剧增加趋势。

四是一些传统的犯罪更多地利用互联网实施和针对关键信息基础设施、大数据实施，网络攻击、网上窃密、网上盗窃等违法犯罪活动日益猖獗，构成了利益链条，形成了地下网络黑色产业链。

6. 新技术、新应用的加速发展给网络安全带来了更大的风险和隐患

一是新技术、新应用进一步支撑经济发展和社会进步。随着我国信息化进程全面加快，基于 IPv6 的下一代互联网、物联网、云计算、大数据、移动互联网等新技术、新应用正在加速应用到电力、电信、石油、交通等重要行业，推动着我国的技术进步、管理创新和经济发展，实现"智能电网""智能油田""智慧城市""智慧家庭"等。我国的国民经济发展和社会进步已严重依赖网络，在未来现代化进程中，涉及国计民生的各种急迫问题及社会难点的优化和解决，必将依靠网络空间提供的快速、便捷、低廉的解决方案。

二是新技术、新应用给网络社会管理带来新的风险和挑战。以 IPv6 为基础的下一代互联网和 4G 网络，以及移动互联网、无线局域网，使上网行为从键盘加速向摄像头、麦克风转移，网络技术迅猛发展对网络安全监管提出了更高的要求；三网融合、物联网、云计算技术迅速发展，加快了大数据时代的步伐，并衍生出云物联、云存储、云社交等新应用，网络数据集中汇聚，给网络海量数据资源安全带来了新的更大风险和挑战。一些不良企业只顾经济效益，置国家安全、社会公共安全于不顾，违法违规获取大量公民信息，并通过境内皮包公司向境外提供。敌对分子通过这些数据，利用大数据分析技术，很容易掌握我国经济、文化、社会等深层次情况，这种隐性的危害已经成为我国家安全、经济安全、社会发展、公共安全的最严重威胁和挑战之一。

三是云计算、大数据等新技术、新应用的自身安全问题日益凸显。随着国家信息化建设的加快，关系国计民生的大规模网络、业务系统及大数据的安全风险显著增加，更易成为网络攻击的目标，网络安全保障保卫任务将更加繁重。云计算的虚拟化、集约化的安全，物联网感知层、传输层的安全，智能位置服务的位置隐私安全，大数据的海量数据安全，移动互联网的智能端安全，成为网络安全新的挑战。基础网络发展IP 化、移动化、高速化、泛在化，网络承载业务呈现通信统一化、媒体化、商业化、娱乐化，给网络安全管理带来新的挑战。在大数据时代，数据就是资本、数据就是金钱，甚至数据就是石油，有数据就有资源。大数据都是关联的，数据到了一定规模，就不是个人隐私的问题了，而是公共安全问题，是国家政治安全、经济安全问题，这些问题都需要我们认真研究。我们在网络安全工作中还有很多不适应的地方，首先是思想认识不到位，其次是缺少有效的措施。

四是工业控制系统安全隐患更大。我国大型企业高度重视网络安全，采取了较为科学的网络安全防护策略和保护措施，行业主管部门加强对行业网络安全工作的领导，使大型行业工业控制系统安全得到了基本保障。但我国行业网络安全发展不平衡，全国工业控制系统安全问题非常突出，主要体现在：部分企业和地方企业对网络安全重视不够，安全防范能力差，与国有大企业存在较大差距；我国能源、金融、交通等重要行业的工业控制系统大都使用国外产品，隐患严重，被植入了多少病毒木马尚不清楚；我国工控系统与企业综合业务系统、电子商务系统相联，PLC 设备、安防监控设备及网络打印机等暴露在互联网上，存在着高危险等级的可利用漏洞。通过这些漏洞，攻击者可以实施远程控制工控设备启停、获取密码信息等直接获得工控设备最高权限的威胁行为，还可以通过拒绝服务等攻击使得企业业务无法正常运行，甚至通过漏洞攻击造成工业现场爆炸等重大安全事故。

五是新技术的发展与传统行业结合，给安全带来了新的风险和隐患。近年来，随着信息化科技发展进步和加速应用到传统领域，带动了传统行业技术、设备的改造和发展。然而，传统行业的安全意识不强、措施和方法缺乏，给传统行业网络安全带来了新的风险和隐患。例如，媒体曝光的某厂商的安防视频监控设备存在重大安全隐患，部分设备已经被境外 IP 地址控制的事件，就充分说明了这个问题。传统的视频监控设备采用模拟信号方式进行图像传输，而现在的视频监控设备采用数字信号模式，并大多采用 Linux 等操作系统，其管理也利用 Web 等通用应用服务，因此视频监控系统存在与传统信息系统类似的安全漏洞和风险。

1.1.3　我国网络安全存在的突出问题

我国网上斗争能力不强，攻防能力不强，反制能力不强，打防管控的综合防控能力不强，无法适应日益严峻的网络安全形势。网络安全工作虽然取得了很大成效，但在基础保障、国家监管、改革创新、重点行业部门和地方等方面还存在一些突出问题和困难。

1.　网上斗争能力不适应保卫国家网络空间安全的需要

一是对严峻形势看不清，认识不到位。一些单位部门和地方政府领导对网络空间的迅速发展变化，影响国家政治安全的程度，面临的严峻形势、严重威胁，以及自身存在的突出问题等看不清，认识不到位，严重制约了党中央网络安全重大决策部署的有效落实。

二是对对手情况摸不清。对敌对组织、敌对分子在网络空间对我实施渗透、攻击、控制、窃密等危害我关键信息基础设施安全的情况掌握不够，底数不清，情况不明。同时，关键信息基础设施采用的国外产品存在的各种漏洞和后门不断被曝光，而对这一情况我们不能完全掌握，更不能主动掌握。

三是侦察打击能力不强。一些国家在商业等领域对我大肆进行窃密活动，我们的侦察能力不强，无法有效实施追踪、定位和反制。

2.　网络安全基础不牢成为我网络安全的致命弱点

我核心技术及产品受制于人。国外产品中的后门和漏洞客观上成为某些国家对我国实施窃密的渠道和网络攻击的通道。我国的信息化建设是先发展、后治理，先发展、后安全，加上我国采取大量引进、跨越式发展的模式，决定了我国需要大量引进西方的核心技术和一些基础设施，网络基础设施建设严重依赖国外。

3. 关键信息基础设施安全防护能力差，难以有效应对网络攻击窃密

保障国家关键信息基础设施安全是敌我网上斗争的重要内容，更是常态化、动态化攻防能力的较量。然而，我国关键信息基础设施安全防护能力差，应对网络威胁的能力整体不足，无法抵御大规模、有组织的网络攻击。

一是主动发现能力差。缺少实时监测攻击和窃密的技术手段，安全技术措施和管理措施不落实，主动发现敌对分子入侵攻击和窃密的能力差，主动发现网络系统安全隐患和问题的能力差。

二是主动防护能力差。防攻击、防窃密、防篡改等技术措施和管理措施不落实，关键信息基础设施安全隐患严重，核心要害系统防不住，大面积、大范围、多领域地遭到敌对分子的攻击、控制、窃密。

三是应急处置能力不强。一些单位没有制定网络安全应急处置预案；没有开展应急演练，应急预案不能发挥作用；缺少有效的容灾系统和备份措施。

4. 基础保障差距大，国家监管力度不强

我国网络安全在法律、资金、人员、技术、产品等保障方面还存在一定差距。

一是国家监管力度不强。在国家层面，对网络安全工作落实情况监管力度不强，对发生的重大网络安全案事件（事故）问责追责不够，已有法律、政策、战略、标准、规范缺乏有效落实。一方面，一些重点行业部门、大型服务网站和互联网服务商没有按照国家有关法律法规要求落实网络安全等级保护制度，缺少必要的安全管理措施和技术保护措施，导致国家大量商业秘密、公民信息频遭窃取；另一方面，部分互联网产品和服务提供商没有落实应尽的责任和义务，有的客观上为网络犯罪活动提供了便利。

二是改革创新能力差。在引导支持策略、技术、产品等方面的改革创新不够。政府采购采取低价中标机制，使得安全建设、服务难以得到保障，给我国网络安全产业发展造成了制约和阻碍。科技竞争的总体实力偏弱，科技创新基础不牢，自主创新原创力不强，核心技术受控于人，关键核心技术和产品（例如大型数据库、ERP 系统）受制于人的格局没有从根本上改变。密码体系尚未建立完善，重要行业主要应用国外

密码算法，失窃密问题突出，网络信任体系建设滞后。

三是法律法规政策有待完善。目前，我国虽然出台了《网络安全法》，但与之配套的针对个人信息保护、大数据安全保护的专门法规，以及预防和打击网络违法犯罪的法律法规还没有出台。与网络安全相关的法规和部门规章在数量上有了一定的规模，但仍比较分散，部分内容滞后于网络的发展。特别是随着云计算、物联网、大数据等新技术、新应用的快速发展，网络和信息系统形态发生了变化，保护重点发生了变化，出现了新型的网络违法犯罪，这些都需要在法律、政策、标准等层面进行健全完善，以适应打击网络犯罪、保护关键信息基础设施的新需求。

四是专业队伍、人才匮乏。我国网络安全专门队伍、专业队伍规模小，缺少有效的留人、用人机制。网络安全人才不足，缺少网络攻防技术、网络侦察技术、网络对抗技术、保密技术、密码技术等核心技术人才，安全监管技术力量匮乏，缺乏有效的网络专门人才选拔机制。

五是资金投入不足。政府部门关键信息基础设施安全保护没有专门经费，企业在网络安全方面投入资金不足，关键信息基础设施安全保护的连续性得不到保障，部分网络设备得不到升级更新。

5. 部分重点行业重视不够，网络安全工作存在较大差距

一是部分重要行业对网络安全的认识和重视程度不够。一些涉及国计民生的部门对网络安全认识不到位，重建设、轻安全现象严重，对网络安全面临的威胁和形势不了解，对网络安全事件（事故）可能引发的危害和后果认识不清，网络安全责任意识和忧患意识不强，重视不够。缺少全局性的政策文件和标准，缺乏对全行业网络安全工作的组织领导和统筹协调，地市级、区县级等下属单位的网络安全问题十分突出。

二是缺乏顶层设计和规划，缺乏统一领导、行业统筹。大部分单位未能实现网络安全措施与信息化设施的"同步规划、同步建设、同步实施"。由于缺少专业的网络安全咨询和建设整改服务体系，难以对网络安全规划、方案设计和安全建设工作给予有力的支持，无法提供满足网络安全要求的总体规划和解决方案。

三是管理体制机制不顺。管理制度不健全，责任部门、责任人不落实，安全责任不落实，职责不清，分工不明。行业部门与公安机关、通信保障部门、电力部门等的协调配合机制缺失；网络安全事件应急处置体系不完善，重大安全事件应急处置和联动机制不完善。

四是重点工作不落实。网络安全等级保护、安全监测、通报预警、应急演练、灾备、安全检查等工作不深入。对在安全检查过程中发现的问题和情况不重视、不整改，对安全检查、审计日志分析和安全事件的处理尚停留在技术层面解决，对事件性质不做深度调查，难以真正有效落实相关保护措施。

五是网络安全基础保障力量不足。部分行业主管部门、政府部门和企事业单位缺乏在机构设置、人员配备、机制、能力等方面的整体安排，缺少专门的网络安全机构，缺乏网络安全专职人员，一人多岗现象突出；资金投入不足，网络安全管理人员、技术人员网络安全专业能力差，缺乏有效的监督管理机制，网络安全保障能力不强。

六是安全保护策略不科学。对影响国家安全、社会稳定的核心要害网络和系统，缺少有效的防护策略和方法。缺乏在防护策略、技术、产品等方面的创新，利用云计算、大数据等新技术解决安全问题的意识和能力不强。对网络缺乏全生命周期管理，在网络规划、开发、运维、更新等阶段，"重开发、重应用、轻安全"。

七是技术防护能力不强。大多数单位的网络和信息系统处于被动防护、简单防护阶段，缺少整体防护意识和技术手段，缺少集态势感知、风险监测、通报预警、应急处置、情报信息、安全防范于一体的网络安全综合防控体系和平台。

1.2　我国网络安全工作的指导思想和主要任务

1.2.1　我国网络安全工作的基本遵循

近年来，中央召开了多次网络安全和信息化领导小组会议，习近平总书记亲自主持会议并做重要讲话。总书记和党中央高度重视网络安全工作，高瞻远瞩，审时度势，把网络安全提升到了国家战略的高度，提升到了国家政治安全、政权安全的高度，总揽全局，准确把握国内国外两个大局，统筹网上网下两个战场，作出了一系列重要指示，科学回答了关于网络安全和信息化的重大理论和现实问题，具有很强的思想性、针对性、指导性，是我们当前和今后一个时期的指导思想和基本遵循。认真学习、深刻领会习近平总书记指示精神，并坚决贯彻落实，是我们当今最重要的任务，应该从以下八个方面进行把握。

一是要深刻领会总书记关于"没有网络安全就没有国家安全，没有信息化就没有现代化"的重要指示精神。作为总体国家安全观的重要组成部分，网络安全与政治安全、经济安全、国土安全、社会安全并列作为当前国家安全工作的五个重点领域。国家网络安全和信息化，是事关国家安全、政权安全和国家发展的重大战略问题，我们要充分认识当前网络安全面临的严峻性和复杂性，以及加快开展网络安全工作的极端重要性和紧迫性。网络空间已成为关系国家主权、安全和发展利益的新疆域，网络安全也已成为国家安全的核心内容和重要组成部分，必须予以高度重视。当前国家安全最现实的、日常大量发生的威胁不是来自海上、陆地、领空、太空，而是来自被称为第五疆域的网络空间。

二是要深刻领会总书记提出的"建设网络强国"战略目标，建设网络强国是以习近平同志为核心的党中央应对新挑战的英明决策和战略抉择。目前，我国面临着历史发展机遇，在信息化全面发展的背景下，网络安全的大国博弈日益激烈，西方国家抢占了发展先机，我国处于劣势。基于这个大势，习近平总书记提出了建设网络强国战略。我们要统筹谋划，加强领导，全面努力实现总书记提出的"建设网络强国"的战略目标；要清醒认识面临的威胁，搞清楚哪些是潜在的，哪些是现实的；哪些可能变成真正的攻击，哪些可以通过政治经济外交等手段予以化解；哪些需要密切监视防患于未然，哪些必须全力予以打击；哪些可能造成不可弥补的损失，哪些损失可以容忍，减少不计成本的过度防范。

三是要将打赢网上斗争作为维护国家安全的首要任务。总书记强调，无论是国家网络安全战略，还是信息化发展战略，都要紧紧围绕打赢网上斗争来部署推进。网上斗争是在网络空间开展反渗透、反颠覆、反恐怖、反分裂、反邪教斗争的新形态，我们能否顶得住、打得赢，直接关系我国的政治安全、政权安全。建设网络强国，维护网络安全，迫切需要加强网上斗争。

四是要按照总书记提出的"网络安全和信息化是一体之两翼、驱动之双轮，必须统一谋划、统一部署、统一推进、统一实施，做到协调一致、齐头并进"要求，正确处理发展和安全的关系，以安全保发展、以发展促安全，努力建久安之势、成长治之业。网络安全是整体的而不是割裂的，是动态的而不是静态的，是开放的而不是封闭的，是相对的而不是绝对的，是共同的而不是孤立的。我们应以需求为牵引，以问题为导向，采取综合手段和强有力的措施，坚定不移地贯彻落实总书记的重要指示和要求，坚决维护网络空间的国家安全、国家主权和国家利益。

五是要按照总书记"三个坚定不移"的要求，在国家总体安全观的统领下，筑牢战略屏障。维护网络主权坚定不移，要理直气壮宣示我们的网络主权。维护国家利益坚定不移，综合利用好国际国内两个市场、两种资源，加强保护和底线管理。依靠群众力量坚定不移，加强对全党、全社会网络安全意识的培养，发动全社会参与维护国家网络空间安全。为此，要组织各行业、各地区、各重要部门、私有企业、专家等认真学习总书记的一系列讲话，利用党校学习、干部培训、交流会等多种渠道、多种方式进行学习和交流，达到深刻领会、统一思想、提高认识的目的，用总书记的讲话精神指导我们的行动。

六是要按照总书记的指示要求，全面加强关键信息基础设施安全保卫、保护和保障。我国网络安全保障和防护仍处于较低水平，不仅体现在硬件上，也体现在软件上，更体现在安全意识和安全标准上。网络属非传统领域，这方面的风险与威胁更具有杀伤力和破坏性，必须引起我们高度重视。我国关键信息基础设施防控还比较薄弱，各部门必须守土尽责，密切配合，完善预案，积极应对，切实强化国家关键信息基础设施防护，确保整个网络安全。坚决改变只重技术不重安全的做法，加快构建关键信息基础设施安全保障体系，实现全天候全方位感知和有效防护。建立健全重大安全事件处置联动机制，确保不出现大的网络安全事件。

七是要按照总书记提出的以人民为中心的发展思想和人才建设要求。坚持网络安全为人民，网络安全靠人民，必须坚定不移依靠群众力量。网络空间天朗气清、生态良好，符合人民利益；网络空间乌烟瘴气、生态恶化，不符合人民利益。网络空间的竞争归根结底是人才竞争，要进一步加大引进人才的力度，进一步加大人才体制机制改革的步子，把人才资源汇聚起来，建成一支政治强、业务精、作风好的强大网军。

八是要按照总书记提出的国际互联网治理的中国方案。坚持尊重网络主权、维护和平安全、促进开放合作、构建良好秩序的四个原则；加快全球网络基础设施建设、打造网上文化交流共享平台、推进网络经济创新、保障网络安全、构建互联网治理体系的五点主张；共同构建和平、安全、开放、合作的网络空间，建立多边、民主、透明的全球互联网治理体系，打造网络空间命运共同体。

2017年5月19日，习近平总书记在全国公安系统英雄模范立功集体表彰大会上的讲话中明确指出：发展是硬道理，安全也是硬道理。

2017年10月，习近平总书记在中国共产党第十九次全国代表大会上明确指出：国家安全是安邦定国的重要基石，维护国家安全是全国各族人民根本利益所在；健全国家安全体系，加强国家安全法制保障，提高防范和抵御安全风险能力；坚持总体国家安全观，统筹外部安全和内部安全、国土安全和国民安全、传统安全和非传统安全、自身安全和共同安全。

1.2.2　网络安全的基本属性

当前世界大国网络空间博弈加剧，网络空间军事化趋势明显，网络问题已成为大国互动的新焦点、大国战略关系走向的重大课题。

网络安全的本质是网上斗争，包括网上政治斗争、军事斗争、经济斗争和文化斗争。网络安全包括意识形态安全、技术安全、数据安全、应用安全、边防安全、资本安全和渠道安全等七个重点内容，涉及国家安全（政权、国防、经济、文化）、关键信息基础设施安全、社会公共安全和公民个人信息安全四个层面。

网络安全是整体的、发展的、非传统的安全。网络安全是一个系统工程，需要全社会共同努力承担责任及义务；网络安全不是绝对的，它是动态的、相对的；网络安全不是一个国家能完全控制的问题，具有全球化特点，应从全球信息化角度考虑和布局；网络安全不是一个孤立的问题，应在系统建设过程中充分考虑；网络安全属于非传统安全问题，不能用传统的办法来解决非传统的安全问题，要有新的思路和手段，需要综合运用政策、法律、管理、技术等各种手段。

1.2.3　我国网络安全工作的确立

1. 党中央、国务院高度重视网络安全保障工作

2003 年 7 月，国家信息化领导小组第三次会议专门研究信息安全问题，审议通过《国家信息化领导小组关于加强信息安全保障工作的意见》（中办发〔2003〕27 号，下称"27 号文件"），首次明确了今后一段时期我国信息安全保障工作的总体要求、主要原则和重点任务，对加强信息安全保障工作做出了重要部署，要求建立国家信息安全保障体系。

27 号文件确立了我国信息安全保障工作坚持"积极防御、综合防范"的方针，全面提高信息安全防护能力，重点保障基础信息网络和重要信息系统安全，创建安全健康的网络环境，保障和促进信息化发展，保护公众利益，维护国家安全。信息安全保障体系的主要内容包括：信息安全等级保护制度；加强以密码技术为基础的信息保护和网络信任体系建设；建设和完善信息安全监控体系；重视信息安全应急处理工作；加强信息安全技术研究开发，推进信息安全产业发展；加强信息安全法制建设和标准化建设；加快信息安全人才培养，增强全民信息安全意识；保证信息安全资金；加强对信息安全工作的领导，建立健全信息安全责任制。

2005 年 5 月，国家信息化领导小组发布了《国家信息安全战略报告》（国信〔2005〕2 号），确定了一段时期国家信息安全的战略布局和长远规划。

2012 年 6 月，国务院出台《国务院关于大力推进信息化发展和切实保障信息安全的若干意见》（国发〔2012〕23 号）。

2. 全国人大发布《关于加强网络信息保护的决定》

2012 年 12 月 28 日，第十一届全国人大常委会第三十次会议通过《关于加强网络信息保护的决定》，对收集、存储、使用公民个人电子信息的行为进行了明确规定。

一是国家保护能够识别公民个人身份和涉及公民个人隐私的电子信息。任何组织和个人不得窃取或者以其他非法方式获取公民个人电子信息，不得出售或者非法向他人提供公民个人电子信息。

二是网络服务提供者和其他企业事业单位在业务活动中收集、使用公民个人电子信息，应当遵循合法、正当、必要的原则，明示收集、使用信息的目的、方式和范围，并经被收集者同意，不得违反法律、法规的规定和双方的约定收集、使用信息。网络服务提供者和其他企业事业单位收集、使用公民个人电子信息，应当公开其收集、使用规则。

三是网络服务提供者和其他企业事业单位及其工作人员对在业务活动中收集的公民个人电子信息必须严格保密，不得泄露、篡改、毁损，不得出售或者非法向他人提供。

四是网络服务提供者和其他企业事业单位应当采取技术措施和其他必要措施，确保信息安全，防止在业务活动中收集的公民个人电子信息泄露、毁损、丢失。在发生或者可能发生信息泄露、毁损、丢失的情况时，应当立即采取补救措施。

五是网络服务提供者应当加强对其用户发布的信息的管理，发现法律、法规禁止发布或者传输的信息的，应当立即停止传输该信息，采取消除等处置措施，保存有关记录，并向有关主管部门报告。

六是网络服务提供者为用户办理网站接入服务，办理固定电话、移动电话等入网手续，或者为用户提供信息发布服务，应当在与用户签订协议或者确认提供服务时，要求用户提供真实身份信息。

七是任何组织和个人未经电子信息接收者同意或者请求，或者电子信息接收者明确表示拒绝的，不得向其固定电话、移动电话或者个人电子邮箱发送商业性电子信息。

八是公民发现泄露个人身份、散布个人隐私等侵害其合法权益的网络信息，或者受到商业性电子信息侵扰的，有权要求网络服务提供者删除有关信息或者采取其他必要措施予以制止。

九是任何组织和个人对窃取者以其他非法方式获取、出售或者非法向他人提供公民个人电子信息的违法犯罪行为及其他网络信息违法犯罪行为，有权向有关主管部门举报、控告；接到举报、控告的部门应当依法及时处理。被侵权人可以依法提起诉讼。

十是有关主管部门应当在各自职权范围内依法履行职责，采取技术措施和其他必要措施，防范、制止和查处窃取或者以其他非法方式获取、出售或者非法向他人提供公民个人电子信息的违法犯罪行为及其他网络信息违法犯罪行为。有关主管部门依法履行职责时，网络服务提供者应当予以配合，提供技术支持。国家机关及其工作人员对在履行职责中知悉的公民个人电子信息应当予以保密，不得泄露、篡改、毁损，不得出售或者非法向他人提供。

十一是对有违反本决定行为的，依法给予警告、罚款、没收违法所得、吊销许可证或者取消备案、关闭网站、禁止有关责任人员从事网络服务业务等处罚，记入社会信用档案并予以公布；构成违反治安管理行为的，依法给予治安管理处罚。构成犯罪的，依法追究刑事责任。侵害他人民事权益的，依法承担民事责任。

3. 习近平总书记和党中央、国务院高度重视网络安全工作

一是党中央确立了新的领导体制。2014 年 2 月 27 日，中央成立了由习近平总书记任组长的网络安全和信息化领导小组，并召开了第一次会议，确立了我国网络安全新的领导体制。中央网络安全和信息化领导小组出台了年度工作要点，特别是习近平总书记的一系列指示精神，确定了国家网络安全和信息化发展的大政方针和路线。

二是我国网络安全保障体系初步建立。中央综治办印发年度社会治安综合治理工作（平安建设）考核评价实施细则，将"网络安全保障工作"纳入全国综治考核，明确了各级政府的网络安全保障责任。公安部按照中央综治办要求，下发考核要点，组织对地方党委政府的网络安全等级保护、网络安全通报预警、打击网络违法犯罪、互联网安全管理、网络违法犯罪情况等开展年度考核，督促地方政府落实网络安全责任。我国网络信任体系、应急容灾体系、监控审计体系、检测与防护体系等国家网络安全保障基础建设不断进步。大力实施网络安全专项和重大工程，为网络安全基础研究、产业发展和技术进步提供了有力支持。网络安全创新能力不断提高，国家发改委批准的网络安全应急技术、网络安全等级保护关键技术、计算机病毒防治技术、工业

控制系统安全技术等一批国家工程实验室正在加快建设，为网络安全基础研究和技术发展提供了重要保障。

4. 公安机关牵头全面落实国家网络安全等级保护制度和信息通报机制，加强网络安全监管和打击网络违法犯罪

一是国家网络安全等级保护制度得到基本落实。按照国家法律法规和中央文件要求，公安部会同原国信办、国家保密局、国家密码管理局，自 2006 年起在全国范围内组织开展网络安全等级保护工作。组织全国开展了信息系统定级备案、等级测评和安全建设整改等一系列工作，制定出台了一系列政策和技术标准，建立了等级保护测评体系，基本掌握了网络和信息系统底数及国家关键信息基础设施安全保护状况，成立了网络安全等级保护专家组，建立了网络安全等级保护技术支撑体系，确立了具有中国特色的国家网络安全基本制度和基本国策。公安部按照中央领导批示要求组织开展各项重点工作，组织开展国家信息安全专项和新标准制定，以及下一代互联网IPv6、云计算、物联网、移动互联网、工控系统的等级保护工作。

二是国家网络与信息安全信息通报机制基本完善。国家建立了由公安部牵头、80家部委和 120 家央企为成员单位、77 家技术支持单位及 50 余人组成的专家队伍参加的信息通报预警机制，全国网络与信息安全信息通报体系基本形成。14 年来，国家网络与信息安全信息通报中心（挂靠在公安部）共发布通报 1230 余期，专题研究报告 180 余期，预警处置了 200 多起重大网络安全威胁与事件，组织通报机制成员单位和技术支持单位开展了北京奥运会、上海世博会、党的十七大、党的十八大、抗战胜利 70 周年纪念活动、G20 杭州峰会、"一带一路"高峰论坛、厦门金砖国家领导人会晤、党的十九大等重大活动网络安保工作，发布国家网络安全保障工作年度报告和技术报告，在国家网络安全保障工作中发挥了重要作用。

三是认真组织开展网络安全执法大检查和技术检测。为落实中央要求和法律赋予的职责任务，及时发现并督促整改关键信息基础设施安全的突出问题，自 2010 年起，公安部每年组织部、省、市三级公安机关在全国开展网络安全专项检查工作。截至目前，全国公安机关共出动警力 22 万人次，检查单位 7 万家，检查重要信息系统和政府网站 13 万个，发现安全漏洞和隐患 33 万个，出具检查意见、整改通知和隐患告知

等 9 万份。公安机关培养了 150 余家安全测评机构和 6000 多名安全测评师，对全国重要信息系统开展等级测评。通过大检查和等级测评，有力地促进了重要行业部门工作的开展，有效地防范了重大网络安全事件（事故）的发生。

四是打击整治网络违法犯罪活动取得重大成效。针对网上有组织制造和传播谣言等违法犯罪行为，以及网络诈骗、黑客攻击破坏、侵害公民个人信息等网络犯罪高发态势，公安机关会同有关部门，组织开展了严打整治"伪基站"、有组织造谣、网络诈骗等重大专项行动，打掉了以"秦火火""立二拆四"为首的以非法牟利为目的的制谣传谣团伙，抓获了利用互联网敲诈勒索的周禄宝等违法犯罪分子，严厉打击了网络赌博、诈骗、贩枪、贩毒及网上"助考"等违法犯罪活动，有力维护了网络秩序和群众合法权益。

五是进一步加强了关键信息基础设施安全保障。公安部按照习近平总书记等中央领导的批示精神，认真组织开展国家级重要信息系统调查工作，与电信、电力、电信、银行、证券、税务等 47 个行业主管部门认真研究，甄别梳理出 500 个涉及国计民生的国家级重要信息系统，涉及 276 个单位，进一步明确了国家和行业的重点保护对象，确定了一批国家关键信息基础设施。为了进一步加强国家关键信息基础设施安全保障，2014 年，公安部与国家发改委、财政部联合出台了《关于加强国家级重要信息系统安全保障工作有关事项的通知》，公安机关在打击网络攻击、等级保护、通报预警、应急处置方面加强保障，国家发改委、财政部在信息安全专项、政府采购、经费方面给予保障。

六是进一步加强了对政府网站的安全监管。2013 年和 2015 年，针对全国政府网站大量被攻击篡改、被控制等突出问题，公安部组织力量对全国 16 万个政府网站开展了全面的技术检测，发现 25% 的网站存在直接被入侵的漏洞或已被恶意入侵篡改。检测结果形成《我国政府网站安全隐患突出需高度重视》报告上报了中央，并通报了各部委。针对技术检测中发现的问题，各级公安机关向政府网站责任单位发送《政府网站安全隐患告知书》19438 份，及时督促整改。

七是组织开展网站安全专项整治行动。公安部会同中央网信办、中编办、工信部联合印发了《党政机关、事业单位和国有企业互联网网站安全专项整治行动方案》（公信安〔2015〕2562 号）。2015 年 8 月至 2016 年 6 月，公安部、中央网信办、中央编办、工信部联合在全国范围内组织开展了党政机关、事业单位和国有企业互联网网站安全专项整治行动，大力整改了网站安全的突出问题，提高了网站的安全保护能力。

八是组织开展邮件系统安全专项整治行动。为提高党政机关、事业单位和国有企业互联网电子邮件系统的安全防护水平，防范和打击境内外不法分子利用邮件系统实施的网络攻击窃密活动，保障党政机关、事业单位和国有企业电子邮件安全，进一步落实《网络安全法》《保守国家秘密法》和网络安全等级保护制度，公安部、工业和信息化部、国家保密局联合印发了《党政机关事业单位和国有企业互联网电子邮件系统安全专项整治行动方案》（公信安〔2017〕2615 号）的通知，决定自 2017 年 10 月至 2018 年 12 月，在全国范围内组织开展党政机关、事业单位和国有企业互联网电子邮件系统安全专项整治行动。

过去几年，国家网络安全工作取得重大成效和进展，得益于习近平总书记和党中央、国务院的高度重视和坚强领导，得益于各部门强有力的统筹规划和重要举措的有力实施，得益于有关部门的密切配合，得益于专家及网络安全企业的大力支持，这些宝贵的经验和做法，需要我们坚定不移地坚持下去。

1.2.4　网络安全工作的主要内容

1. 指导思想

以习近平新时代中国特色社会主义思想、邓小平理论、"三个代表"重要思想和科学发展观为指导，深入贯彻落实党的十八大、党的十九大会议精神，按照习近平总书记提出的建设网络强国的战略目标，统筹国内国外两个大局，坚持"积极防御、主动应对、严厉打击、依法监管、强化控制"的总方针，加强顶层设计和统一领导，正确处理发展和安全的关系，以安全保发展、以发展促安全，在开放中谋发展，在大国博弈中寻求战略平衡，在创新中提高技术能力，有效维护网络空间国家安全、国家主权和国家关键信息基础设施安全。

2. 工作原则

一是加强领导统筹。在中央网络安全和信息化领导小组的统一领导下，各地区、各部门要按照国家网络安全战略总体要求，强化领导和统筹，全面加强网络安全工作，坚决维护网络空间国家安全、关键信息基础设施安全、社会公共安全和公民信息安全。

二是加强顶层设计。坚持问题导向，加强顶层设计，统筹各方资源，坚持走自主创新、技术先进和安全可控的发展道路，引导在安全策略、技术、产品等方面的改革创新。聚焦关键领域，加强法律、政策、人才、队伍、经费、装备保障，加快建设完善国家网络安全保障体系，建设平安网络和网络强国。

三是强化国家监管。从意识形态安全、技术安全、数据安全、应用安全、边防安全、资本安全、渠道安全七个方面，强化国家级监管力度，落实重大网络安全案事件（事故）问责追责制度，坚持"依法用网、依法治网、依法管网"，严格落实安全责任。

四是坚持攻防并重。以提高网络空间威慑能力为目标，按照攻防兼备的原则，加强军、警、民协同配合，充分发挥各自优势，充分调动人力、物力资源，建立军地联合、平战结合的网络攻击和反制体系，强化网络空间反渗透、反颠覆、反侦察、反攻击训练，全面提高我抵御和反制大规模、高强度网络攻击的能力。

五是积极抢占制高点。以实现"技术要强，内容要强，基础要强，人才要强，国际话语权要强"为目标，积极抢占未来网络空间制高点，加强对网络空间基础设施、信息资源、国际规则、关键技术等的掌控，提高我国参与网络空间规则制定的主动权，坚决维护我网络空间的国家利益。

六是发展和安全同步推进。发展才是最大的安全，发展也是最大的政治。坚持发展和安全并重，放手发展，以速度换平衡，以发展保安全。在开放环境中谋发展，在开放环境下确定我们的安全策略、方法和重大举措，确保我网络空间的主权、安全和国家利益。

七是网络安全和信息化统筹发展。网络安全和信息化是一体之两翼、驱动之双轮，必须统一谋划、统一部署、统一推进、统一实施，做到协调一致、齐头并进。正确处理网络安全和信息化的关系，协调一致、齐头并进，严格落实网络安全技术措施与信息化建设"同步规划、同步建设、同步使用"的"三同步"要求，确保核心要害系统和基础网络安全稳定运行。

八是明确安全责任和责任主体。明确国家、军队、网络安全职能部门、行业主管部门（含行业监管部门，下同）、国有企事业单位、私营企业、公民个人的法律责任和有限责任，区分国家事权和地方事权。正确处理国家与行业、主管与监管、保护与保卫之间的关系，做到任务明确、分工明确、责任明确，将责权利相统一，构建统一领导、各负其责、共同担当的最佳格局。

九是发挥市场主导作用。坚持政府引导，发挥市场主体作用，调动各方积极性，将优质资源、人才、资金引入网络安全领域。以市场为导向，充分发挥信息安全企业、IT 企业和专家的主动性，全面提升自主可控 IT 产品和服务竞争力，提高民族企业的国际竞争力和影响力及核心技术的自主可控能力，加快摆脱对国外产品和服务的依赖。

3. 主要任务

坚决贯彻落实习近平总书记关于加强网络安全的一系列重要指示精神，深入开展网上斗争，全力维护网络空间国家政治安全和政权安全；严厉打击严密防范网络恐怖活动，维护国家统一和安全；严厉打击网络违法犯罪，维护社会大局稳定；建立"打防管控"一体化网络社会综合防控体系，提高网络社会综合防控能力；加强网络信息内容监管，确保网络社会秩序稳定；完善网络安全等级保护制度，加强网络与信息安全信息通报预警机制建设，强化关键信息基础设施保护，提高网络安全综合防范能力；加强公民个人信息保护，维护群众合法权益；加强新技术、新应用的安全研究，提高安全可控能力；加强网络外交，把握大国关系主动权；加强网络安全保密工作，提高反间谍、反窃密能力；加强密码管理和应用，提高安全保密技术水平；全面实施安全可控战略，解决重大安全隐患；大力推进网络安全技术研究和产业发展，缩短与世界先进水平的差距。

1.2.5　保障网络安全的主要措施

1. 统一领导，加强组织实施

在中央网络安全和信息化领导小组的领导下，进一步完善网络安全相关职能部门的职责任务。中央网信办加强统筹协调，加强顶层设计和规划实施，建立分工明确、密切协作的协调配合机制，形成工作合力。依托中央网信领导小组联络员机制，加强组织实施和情报信息共享，落实各项重大任务，加强对各项任务的督导检查。

2. 加强监督，强化落实

一是加强国家层面对网络安全工作落实情况的监管。建立激励机制，对网络安全工作的落实情况进行监督考核和评价，监督规划落实。国家出台法律政策，建立"首席网络安全官"制度，确定"首席网络安全官"的职责、任务和待遇。重要行业部门、企事业单位都要设立"首席网络安全官"，参与部门决策，对网络安全进行协调、督办。

二是建立监督考核和评价机制、责任追究机制。各有关部门严格执行网络安全相关法律、法规、政策和标准，出台配套政策措施，建立网络安全规划实施的统计监测、绩效评估、动态调整和监督考核机制，落实网络安全投入、用户信息保护、事件报告通报、应急处置恢复等安全责任，实施责任倒查制度，对违法违规造成重大网络安全事件的责任人员建立并实行行业禁入制度。逐步建立互联网企业信用等级管理制度。

3. 加强资金税收保障，规范投入

一是加大财税金融政策扶持力度。积极发挥财税金融政策的杠杆作用，引导金融机构信贷投放向新一代信息技术应用和产业化倾斜，完善信息服务业创业投资扶持政策。充分利用国家科技计划、科技重大专项、有关产业发展专项等，加快推进信息技术研发和产业化。

二是加强财政重点支持。对国家级重要信息系统安全保障工作予以财政支持，实施国家级重要信息系统装备安全可控战略。改变招投标制度，将价格、安全方案、企

业研发能力、技术管理能力、服务能力等按权重计分，综合分数排名最高者中标。

三是加强专业队伍经费保障。对于国家专职网络安全队伍建设，加大国家在科研经费和工程经费方面的投入力度，给予充裕的经费保障，形成以科研为先导的激励机制，鼓励大胆探索和创新，促进先进科研成果的工程化应用；拓宽资金投入渠道，建立快速审批机制，提高资金投入的灵活性和及时性。

四是多渠道资金投入。制定鼓励研发和创新的引导政策，形成国家专业队伍、高校研究机构、高新技术企业联合投入，中央与地方联合投入，军队与地方联合投入的多渠道资金投入体系。

4. 加强法律法规和政策建设，提高依法治网能力

一是加强立法。坚决贯彻落实党的十八届四中全会关于"加强互联网领域立法，完善网络信息服务、网络安全保护、网络社会管理等方面的法律法规，依法规范网络行为"的任务要求，积极推动网络安全立法工作。进一步确定网络安全总体框架和基本法律，科学规划我国网络空间有关法律法规。

二是全面贯彻落实《网络安全法》。实施《网络安全法》，加快出台关键信息基础设施保护条例、网络安全等级保护条例，进一步实施网络安全等级保护制度，解决关键信息基础设施重点保护、数据保护和公民个人信息保护等突出问题，维护国家安全、公共安全、社会公共利益和公民个人合法权益，强化网络运营者的安全责任义务，明确相关主管部门的职责任务，落实法律责任追究。

三是加快推进网络实名制政策规范。制定相关规则与规范，推动网站、手机实名制，微博、微信、QQ 等互联网应用后台实名制的落实。网络实名制与匿名制适度并存，在关系到个人隐私和可能影响公民生活的领域适当采取匿名制；建立网络信用评级体制，并建立全国联网数据库，把信用等级与银行、工商业务挂钩。

四是制定出台网络安全监管法律法规。明确执法机关的安全监管、安全执法的法定职责和主体地位，解决职责法定问题。

五是完善网络安全产业政策。取消或下放一批网络安全和信息领域的行政审批事项和行政管理事项，优化确需保留的行政审批程序；完善信息技术应用政策，加大

信息技术创新产品的政府采购力度。

5. 加强标准规范体系建设，提高管理和技术规范能力

一是加强标准制定的顶层设计。加强网络安全标准化战略与基础理论研究，强化网络安全标准的自主研制、验证和推广实施机制，全面提升网络安全标准的质量和实施成效。积极参与网络安全国际标准化活动及工作规则制定，逐步提升我国在网络安全国际标准化组织中的影响力。加强各行业标准与密码标准的相互融合，在有关行业标准规范中明确密码相关政策法规和标准的要求。

二是加强重点标准应用工作。围绕网络安全等级保护、关键基础设施安全防护、信息技术产品和服务安全审查、新技术新应用领域的网络安全保障重点工作，制定信息技术产品与服务供应行为准则等标准。加强与标准配套的法律法规体系建设，配合主管部门网络安全保障工作，组织开展重点网络安全标准应用试点示范及全面应用。

6. 加强网络安全专业力量和人才队伍建设

一是加强专业力量建设。加强国家网络安全专业力量建设，扩充国家级网络安全技术队伍数量，提高国家队的技术能力和水平。加强行业专业队伍建设。引导各行业、各领域建设和培养创新理念领先、技术能力过硬的网络安全队伍。加强各层面、跨行业、跨领域的人才交流和培训，形成稳定、可靠、有力的行业网络安全人才队伍。

二是加强人才培养。面向国家和社会需求，以网络安全学科专业建设为龙头，教研条件建设为重点、师资队伍建设为关键，不断提高人才培养质量，完善网络与信息安全人才培养、引进、吸收、留用等人才机制，构建本、硕、博、继续教育、技能培训和研究型、应用型、工程开发型等多层次人才培养体系，完善人才队伍建设配套措施和体制，为国家网络安全保障体系建设和网络安全产业发展提供科技、人才和智力支撑。

三是加强学科建设。网络空间安全已成为一级学科，在此基础上，高等院校、研究机构、政府部门、企业、专家要齐心协力，共同构建完备的网络安全学科体系，加快网络安全各类专门人才的培养。

7. 加强宣传教育

提高网络安全宣传教育工作的针对性和有效性，不断提升全民网络安全意识。建设多渠道、多方式、全面参与的网络安全宣传教育体系，建设有效的网络安全宣传教育阵地，将网络安全纳入中小学、高校教育计划，发挥高校、社会培训机构、专业认证机构的作用，规划丰富的网络安全宣传教育活动。利用媒体对公众进行网络安全形势和典型事件的宣传教育，培养网民的网络威胁意识、网络责任意识和网络法律意识。

1.2.6 全力保卫国家大型活动网络安全

网络安全是国家重大活动安全保卫工作的重要组成部分，是国家重大活动成功举行的关键环节。公安部按照"打防管控"一体化的工作思路，组织协调有关部门和各方社会力量，综合采取扁平指挥、技术检测、督促整改、安全防护、监测预警、打击控制、应急处置等保障措施，圆满完成了北京奥运会、上海世博会、党的十七大、党的十八大、抗战胜利 70 周年纪念活动、G20 杭州峰会、"一带一路"高峰论坛、厦门金砖国家领导人会晤、党的十九大等国家重大活动网络安保工作，确保了网络基础设施安全、网络直播安全。

1. 建立跨部门、扁平化的指挥协调机制

在国家重大活动安全保卫领导小组的领导下，公安部牵头，会同工信部、安全部、教育部、新闻出版广播电视总局、国家能源局、交通运输部、民航局、铁路总公司、人民银行等部门成立网络安全保卫组，建立跨部门的指挥协调机制，统一指挥，加强协调，为网络安保提供组织保障；建立技术支持队伍和专家组，为网络安全专项保卫提供技术支持。

2. 突出重点，加强技术检测和安全监测

一是切实加强网络安全防范。公安部向各地和中央国家机关各部门印发通知，要求各地区、各单位、各部门切实加强网络安全防范工作。工信部对电信行业网络安全工作进行了专门部署，确保了电信基础设施、国家 .cn 域名系统等安全稳定运行。

二是明确安保重点目标。把重大活动官网和新闻中心、直播网站、党委政府重点

网站、水电气热等关键信息基础设施、网络基础设施、驻地支撑系统、显示屏和摄像头等重点对象确定为网络安全保卫目标，实施重点保护。明确重点保卫工作任务，逐一签订《安全责任承诺书》。

三是组织开展技术检测和风险探测。公安部组织公安机关技术力量、技术支持单位，集中对重点单位的网站、信息系统开展现场检测、交叉复测、远程技术检测和渗透，发现并整改重大安全隐患和高危漏洞。

四是加强网络安全风险和网络运行的实时监测。组织技术单位对重点保护目标和全国网络实行不间断监测，及时发现并处置网络异常情况和攻击行为。

3. 全面组织开展网络安全大检查

公安部组织全国公安机关对重点单位开展网络安全执法大检查，向被检查单位发放《网络安全整改通知书》《安全隐患告知书》《执法检查反馈意见书》，并督促被检查单位及时开展网络安全整改和加固工作。

4. 制定应急预案并快速应对处置网络安全事件

一是公安部牵头制定网络安全专项保卫总体方案，指导重点单位完善应急预案；指导重点直播网站和重要政府网站对可能遭受的拒绝服务攻击和域名劫持攻击等情况制定专门预案，建立技术支持单位与网站单位的直接对接。

二是针对各项应急处置预案，公安部组织开展网络攻防实战演习，发现并及时整改网络安全的深层次问题和隐患。

三是开展全国实时调度。各省级公安机关网安部门、通信管理部门的主要负责人在各地 24 小时值守，根据指挥部指令快速开展线索调查和应急处置，确保一查到底、督办到人、落实到位。

四是加强网络攻击事件的应急处置。针对重点保卫对象遭网络攻击的情况，第一时间启动应急预案，电信运营商紧急启动流量清洗，组织公安机关和技术支持单位立即赴现场开展现场勘验、追踪溯源、快速处置和侦查打击，有力地遏制了网络攻击和破坏活动。

5. 强化打击，有效防范并震慑了网络攻击破坏活动

为了确保国家重大活动期间的网络安全，公安机关部署开展打击黑客攻击专项行动，及时侦破网络攻击篡改、侵入控制计算机信息系统、制作传播木马病毒和黑客工具等案件，清理僵尸网络控制端和被控计算机，清理恶意移动程序，删除网站后门和被插入的暗链，关闭网站、栏目、通讯群组，有效震慑了网络违法犯罪。工信部组织国家互联网应急中心开展网络安全威胁治理，及时消除攻击隐患。

1.2.7　重要行业应重点加强的网络安全工作

一是加强对全行业、各部门网络安全工作的领导和指导。制定并实施行业网络安全"十三五"规划。以国家法律、政策、标准为依据，搞好行业网络安全规划，出台政策标准，指导全行业开展网络安全工作。

二是摸清底数。对政策文件、标准、管理规范，以及机构、人员、系统、数据、资产底数，做到"底数清、情况明"，在此基础上深化网络安全工作。

三是管控网络阵地、舆论阵地，全力维护本行业网络安全、数据信息安全、意识形态安全。

四是分步分类实施网络基础设施安全可控战略，实现网络设施和大数据安全可控。

五是实施大数据安全战略。数据是战略资源，数据是财富。应将大数据安全提升至国家安全的战略高度予以充分重视。

六是采取网站物理集中或逻辑集中方式，实施网站群建设，减少互联网出口，实现统一监测、统一管理、统一防护，提高网站抵御攻击篡改的能力。

七是深入开展网络等级保护工作，严格落实网络安全等级保护制度。组织开展网络定级备案、等级测评、安全建设整改等工作。

八是按照国家网络安全等级保护标准，落实网络安全措施与信息化建设"同步规划、同步建设、同步使用"的"三同步"要求。

九是认真组织全行业开展网络安全信息通报预警工作，加强实时监测、态势感

知、通报预警工作，做到"耳聪目明、信息通畅、及时预警、主动应对"。

十是建立与公安机关的网络安全案事件报告制度，与公安机关、工信部门一同构建"打防管控"一体化的网络安全综合防控体系。

十一是加强网络安全机构和队伍建设，加强培训和攻防演练，提高整个行业和队伍的工作水平和技术能力。

十二是利用管理和技术措施，解决网络安全重视程度的逐级衰减问题。加强行业网络安全工作的监管、评价、考核。

第 2 章　《网络安全法》解读

本章主要结合公安机关的执法实践，简要介绍《网络安全法》的主要内容，重点介绍《网络安全法》，结合《治安管理处罚法》《刑法》，对重点条款进行解读，使读者对《网络安全法》有一个概括性的了解，便于读者理解和应用。

2016 年 11 月 7 日，国家主席习近平同志签署第五十三号中华人民共和国主席令，《网络安全法》自 2017 年 6 月 1 日起实施。《网络安全法》共 7 章 79 条。第一章是总则，明确了立法目的，本法调整范围、调整对象、主要任务等内容；第二章是网络安全支持与促进；第三章是网络运行安全，包括一般规定和关键信息基础设施的运行安全；第四章是网络信息安全；第五章是监测预警与应急处置，主要规定了网络运营者及有关职能部门的责任义务；第六章是法律责任；第七章是附则。

《网络安全法》规范的对象是，在中华人民共和国境内从事网络建设、运营、维护和使用，以及网络安全管理的活动。网络安全法将网络安全的范围确定为网络运行安全和网络数据（含信息）安全，调整的范围主要包括如下方面。一是网络空间主权，包括国内管辖权、独立权、自卫权、依赖性主权；对境外攻击破坏行为的管辖权，包括防御防范网络攻击、惩治打击网络犯罪、外交制裁、冻结财产等手段。二是确立了国家网络安全等级保护制度。三是明确了关键信息基础设施保护，关键信息基础设施重要数据跨境传输要求。四是明确了网络运营者、网络产品和服务提供者的责任义务。五是保障网络信息安全和个人信息保护。六是采取监测预警与应急处置等重要措施。

《网络安全法》的实施，将有力保障网络安全，维护网络空间主权和国家安全、社会公共利益，保护公民、法人和其他组织的合法权益，促进经济社会信息化健康发展。

2.1 国家应承担的网络安全义务和主要任务

网络安全属于国家安全的范畴，是基础性、全局性的安全。网络安全与政治安全、经济安全、国土安全、社会安全并列为当前国家安全工作的五个重点领域。国家安全最现实的、日常大量发生的威胁不是来自海上、陆地、领空、太空，而是来自被称为第五疆域的网络空间。因此，我们要以最强对手的网络攻击能力为标尺，举国家之力，强化网络安全保卫、保护、保障，打合成仗、整体仗，维护国家网络空间主权，提升我国网络空间的综合防控能力。

网络空间主权主要包括：国家对其领土范围内的网络设备设施、网络活动和数据、信息的管辖权；拥有对跨界网络活动的管理权，需依赖国家间合作配合；拥有独立制定政策、自主处理国内外网络事务、不受他国干涉的权力；拥有对他国的网络攻击采取自卫措施的权力。

《网络安全法》规定了国家在网络安全方面应承担的责任义务和主要任务。这里主要介绍其中的 14 条内容，其他责任义务和主要任务将在后面的内容中说明。

第三条 国家坚持网络安全与信息化发展并重，遵循积极利用、科学发展、依法管理、确保安全的方针，推进网络基础设施建设和互联互通，鼓励网络技术创新和应用，支持培养网络安全人才，建立健全网络安全保障体系，提高网络安全保护能力。

本条明确了我国网络安全与信息化发展的基本原则和方针。习近平总书记指出：要正确处理安全和发展的关系，以安全保发展、以发展促安全；网络安全和信息化是一体之两翼、驱动之双轮，必须统一谋划、统一部署、统一推进、统一实施；网络安全是整体的而不是割裂的，是动态的而不是静态的，是开放的而不是封闭的，是相对的而不是绝对的，是共同的而不是孤立的。因此，我们要深刻理解网络安全的本质，按照总书记的指示精神和法律规定，统筹协调安全和发展的关系，科学谋划网络安全和信息化工作，加快推进网络基础设施建设和互联互通，加强网络技术创新、应用和人才培养，建立健全网络安全保障体系，提高网络安全保护能力。

第四条 国家制定并不断完善网络安全战略，明确保障网络安全的基本要求和主

要目标，提出重点领域的网络安全政策、工作任务和措施。

本条规定国家要制定出台并不断完善网络安全战略，解决国家网络安全顶层设计问题。网络安全战略是国家网络安全的纲领，具有综合性、长远性、全局性的本质特点，法律要求国家制定完善网络安全战略，以便指导和统领全国网络安全各项工作和各项重点任务的落实。美国先后出台了网络空间国家战略、网络空间国际战略、网络空间行动战略。我国先后出台了信息安全战略、国家网络空间安全战略，结合国家网络安全政策，形成了具有中国特色的网络安全战略布局，明确了今后一段时期的重大任务和举措。

第五条　国家采取措施，监测、防御、处置来源于中华人民共和国境内外的网络安全风险和威胁，保护关键信息基础设施免受攻击、侵入、干扰和破坏，依法惩治网络违法犯罪活动，维护网络空间安全和秩序。

本条规定了国家应承担的主要任务，解决了行业、部门自身力量不足的问题。军队、公安机关和国家有关部门，应充分发挥职能作用，利用自身强大力量、技术手段，开展实时监测、态势感知、通报预警、应急处置、追踪溯源、侦查打击、情报侦察、等级保护、指挥调度等重要工作，建设网络安全综合防控平台，研发先进技术手段，提高"打防管控"一体化的网络安全综合防御能力，处置来自境内外的网络安全威胁和风险，依法打击网络恐怖、网络入侵攻击、网络窃密、网络贩枪贩毒、网络淫秽色情等网络违法犯罪，维护网络空间秩序，保护网络空间安全和关键信息基础设施安全。

第六条　国家倡导诚实守信、健康文明的网络行为，推动传播社会主义核心价值观，采取措施提高全社会的网络安全意识和水平，形成全社会共同参与促进网络安全的良好环境。

本条规定了国家采取措施，调动各方积极性和主动性，推动全社会建立诚实守信、健康文明的良好的网络环境。习近平总书记明确提出以人民为中心的发展思想，指出网络空间天朗气清、生态良好，符合人民利益；网络空间乌烟瘴气、生态恶化，不符合人民利益；网络安全为人民，网络安全靠人民，必须坚定不移依靠群众力量。党委政府、企事业单位、社会组织和公民个人，都要参与到国家网络安全行动中，推动传播社会主义核心价值观，发挥各自优势，才能形成良好的局面和环境。

第七条　国家积极开展网络空间治理、网络技术研发和标准制定、打击网络违法犯罪等方面的国际交流与合作，推动构建和平、安全、开放、合作的网络空间，建立多边、民主、透明的网络治理体系。

本条表明了我国在网络空间的国际合作态度和构建什么样的网络空间，提出了中国方案。习近平总书记对网络空间治理提出四个原则（即尊重网络主权、维护和平安全、促进开放合作、构建良好秩序）和五点主张（即加快全球网络基础设施建设、打造网上文化交流共享平台、推进网络经济创新、保障网络安全、构建互联网治理体系），向全世界发出"共同构建和平、安全、开放、合作的网络空间，建立多边、民主、透明的全球互联网治理体系，打造网络空间命运共同体"的号召。我们要按照习近平总书记的指示要求，依法在网络空间治理、网络技术研发和标准制定、打击网络违法犯罪等方面积极开展国际交流与合作，推动构建和平、安全、开放、合作的网络空间，建立多边、民主、透明的网络治理体系。近年来，公安部牵头，有关部门参加，与美国、俄罗斯、英国、德国等国建立了执法与网络安全高级别对话机制，在打击网络犯罪、关键基础设施保护、网络空间治理等方面加强合作，有力维护了我国与有关国家的大局稳定，取得了良好成效。

第十二条　国家保护公民、法人和其他组织依法使用网络的权利，促进网络接入普及，提升网络服务水平，为社会提供安全、便利的网络服务，保障网络信息依法有序自由流动。

任何个人和组织使用网络应当遵守宪法法律，遵守公共秩序，尊重社会公德，不得危害网络安全，不得利用网络从事危害国家安全、荣誉和利益，煽动颠覆国家政权、推翻社会主义制度，煽动分裂国家、破坏国家统一，宣扬恐怖主义、极端主义，宣扬民族仇恨、民族歧视，传播暴力、淫秽色情信息，编造、传播虚假信息扰乱经济秩序和社会秩序，以及侵害他人名誉、隐私、知识产权和其他合法权益等活动。

本条第一款规定了国家应采取提高网络普及率、提升网络服务质量和水平、提供安全和便利的网络环境等措施，保护公民、法人和其他组织依法用网的权利，保障网络信息依法有序自由流动；第二款规定了任何个人和组织在使用网络过程中，应当遵守宪法法律，履行法律责任和义务，严禁从事违法犯罪活动。网络空间是法制空间，不是法外之地，任何个人和组织在网络空间违法，必然会受到法律的追究。

第十三条　国家支持研究开发有利于未成年人健康成长的网络产品和服务，依法惩治利用网络从事危害未成年人身心健康的活动，为未成年人提供安全、健康的网络环境。

本条规定了国家应采取措施，保护未成年人的网上活动。随着互联网的快速发展，网络赌博、网络淫秽色情、网络攻击等违法犯罪活动猖獗，网络谣言、网络游戏等问题突出，严重影响未成年人身心健康，诱发犯罪。如果不高度重视、不认真解决这个问题，互联网的发展对未成年人的健康成长将带来致命的影响和危害。因此，企业要研发和提供有利于未成年人健康成长的网络产品和服务，公安机关要严厉打击利用网络从事危害未成年人身心健康的活动，全社会要共同努力，为未成年人提供安全、健康的网络环境。

第十五条　国家建立和完善网络安全标准体系。国务院标准化行政主管部门和国务院其他有关部门根据各自的职责，组织制定并适时修订有关网络安全管理以及网络产品、服务和运行安全的国家标准、行业标准。

国家支持企业、研究机构、高等学校、网络相关行业组织参与网络安全国家标准、行业标准的制定。

本条规定了国家应强化网络安全标准体系建设，国务院标准化行政主管部门和其他有关部门应组织企业、研究机构、高等学校、网络相关行业等力量，加快制定、修订国家标准和行业标准，适应网络安全发展需要，为全国开展网络安全工作提供保障。十多年来，公安部在有关部门、企业、研究机构、专家的大力支持下，牵头制定了一系列网络安全等级保护标准，包括网络安全等级保护基本要求、安全设计要求、测评要求、定级指南、实施指南等，以及几十种网络安全产品标准；电力、税务、金融、石油石化、海关、民航、军工等重点行业，根据国家标准，结合行业网络安全实际，也出台了本行业的网络安全等级保护标准，构建了国家网络安全等级保护的标准体系，解决了网络基础设施、信息系统、大数据、云平台、物联网、工控系统、移动互联网等保护对象的安全建设标准问题。

第十六条 国务院和省、自治区、直辖市人民政府应当统筹规划，加大投入，扶持重点网络安全技术产业和项目，支持网络安全技术的研究开发和应用，推广安全可信的网络产品和服务，保护网络技术知识产权，支持企业、研究机构和高等学校等参与国家网络安全技术创新项目。

本条规定了国家应统筹规划，加大投入，支持网络安全技术和产业发展，解决投入不足问题。各级人民政府，特别是财政、发改、科技、编制等部门，在经费、机构、人员、装备、科研、工程等方面，应该加大投入，支持网络安全产业发展和技术研究，加强技术创新，推广安全可信的网络产品和服务，保护网络技术知识产权，为网络安全提供重要的基础保障。

第十七条 国家推进网络安全社会化服务体系建设，鼓励有关企业、机构开展网络安全认证、检测和风险评估等安全服务。

本条规定了国家应加强网络安全社会化服务体系建设，出台有关政策，支持和扶持有关企业、机构开展网络安全认证、等级测评、风险评估、产品检测等第三方的安全服务，形成社会广泛参与的良好局面。第三方服务机构应加强自身能力建设，提高技术检测能力和水平。等级测评机构应当按照国家网络安全等级保护管理制度和相关标准要求，为网络运营者提供安全、客观、公正的等级测评服务。

第三方服务机构应当与网络运营者签署安全服务协议，不得泄露在安全服务中知悉的国家秘密、商业秘密、重要敏感信息和个人信息；不得擅自发布、披露在安全服务中收集掌握的网络信息和系统漏洞、恶意代码、网络侵入等网络安全信息，防范安全服务风险。第三方服务机构应当对服务人员进行安全保密教育，与其签订安全保密责任书，明确服务人员的安全保密义务和法律责任；组织服务人员参加专业培训，提高安全服务能力和水平。

第十八条 国家鼓励开发网络数据安全保护和利用技术，促进公共数据资源开放，推动技术创新和经济社会发展。

国家支持创新网络安全管理方式，运用网络新技术，提升网络安全保护水平。

本条规定了国家鼓励和支持网络数据利用、网络数据安全保护技术创新和网络安全管理方式创新。全球数字化时代已经来临，21 世纪的全球化是数字全球化。全球化动力已从贸易投资增长转向数据流动增长，数字化改变了传统贸易方式，数字平台"大可敌国"。卫星互联网发展步伐加快，大数据中心建设将会蓬勃发展，以大数据带动传统专业发展和新兴产业发展。国家应优先建设信息基础设施，发挥数字经济市场优势。运用大数据技术，有效加强政府网络管控和社会管理，改善城市治理。

2015 年，国务院印发了《促进大数据发展行动纲要》，引领和带动大数据应用、发展和安全保护。数据跨境流动呈爆发式增长，势不可当。大数据管理至关重要，大数据影响政治运作、社会治理，既可善行也可为恶，需要科学地管理和应用；大数据涉及国家政治安全、经济安全、文化安全和社会公共安全，其广泛应用带来的安全挑战日渐凸显，应切实采取措施，实现全天候全方位感知和有效防护，加强跨境数据保护，加强对大数据的安全监管和防护，消除危及国家安全的隐患；加快立法，加强数据保护执法，加强审查和宣传教育；加快大数据基础设施建设，创新大数据实际应用；加快大数据安全产业发展、人才培养，加强国际合作。

网络运营者可采取主动防御、可信计算、云计算、大数据、人工智能等技术，创新网络安全技术保护措施，提升网络安全保护能力。网络运营者应当按照有关法律法规和网络安全等级保护制度要求，对云计算、大数据、物联网、工控系统和移动互联网等新技术在应用中带来的安全风险，采取管控措施，消除风险隐患。

第十九条　各级人民政府及其有关部门应当组织开展经常性的网络安全宣传教育，并指导、督促有关单位做好网络安全宣传教育工作。

大众传播媒介应当有针对性地面向社会进行网络安全宣传教育。

本条规定了各级人民政府及有关部门，利用各自方式和渠道，组织有关单位、部门和大众，开展多种形式的教育，提高全社会网络安全意识，掌握网络安全基础知识、基本技能，提高网络安全业务能力和水平。近年来，公安机关大力开展教育训练体系建设，组织企业、研究机构，研发培训教育平台，组织师资队伍，开展网上在线培训、网下集中培训考试，网上网下集中训练、演练、演习，取得了显著成效。各级人民政府及其有关部门应当加强网络安全宣传教育，提升社会公众的网络安全防范意识。国家鼓励和支持企事业单位、高等院校、研究机构等开展网络安全教育与培训，加强网络安全管理和技术人才培养。

2016 年 1 月，我国某企业遭电子邮件诈骗。作案人利用黑客技术盗取企业邮箱密码、截留业务往来邮件，冒充董事长向公司财务人员发送带有董事长签名的电子邮件。财务人员按照伪造董事长签名的指令分批向境外账户汇出 5400 万欧元（约合 4 亿人民币），给企业造成了重大经济损失。该案件说明，许多单位和个人缺乏网络安全意识，缺少应有的网络安全措施。

第二十条 国家支持企业和高等学校、职业学校等教育培训机构开展网络安全相关教育与培训，采取多种方式培养网络安全人才，促进网络安全人才交流。

本条规定了国家应加强保障，加快教育训练，解决人才不足问题。2015 年，教育部将网络空间安全设为一级学科，许多高校开设博士点、硕士点，培养专门人才。习近平总书记指出，网络空间的竞争归根结底是人才竞争，网信领域引进人才的力度要进一步加大，人才体制机制改革步子要进一步加大。建设网络强国，就要把人才资源汇聚起来，建成一支政治强、业务精、作风好的强大网军。因此，国家应支持企业和高等学校、职业学校等教育培训机构，开展网络安全教育、培训，建立培训基地，建设网络靶场和网络攻防实验室，开展攻防对抗，全面提升网上行动能力，主要包括情报侦察能力、进攻能力、实时监测能力、技术检测能力、通报预警能力、应急处置能力、追踪溯源能力、综合防御能力、态势感知能力、固证打击能力、技术反制能力、数据获取能力。

第二十九条 国家支持网络运营者之间在网络安全信息收集、分析、通报和应急处置等方面进行合作，提高网络运营者的安全保障能力。

有关行业组织建立健全本行业的网络安全保护规范和协作机制，加强对网络安全风险的分析评估，定期向会员进行风险警示，支持、协助会员应对网络安全风险。

本条规定了国家支持网络运营者在网络安全方面开展合作，支持行业组织在网络安全方面开展协作。网络的所有者、管理者和网络服务提供者之间，包括行业组织，可以在管理措施、技术措施、技术力量、数据信息等方面加强合作，充分发挥各自优势，在网络安全防护、安全监测、技术检测、通报预警、应急处置、态势感知、情报信息等方面进行合作，共同防范和处置网络攻击及网络威胁风险。

2.2　职责分工和有关责任义务

国家网信部门、国务院公安部门、电信主管部门在国家网络安全工作中是最重要的职能部门，因此，本法中明确了三个部门的网络安全保护和监督管理职责，对其他有关机关概括性地提出了要求。网络安全行业、有关组织和个人在网络安全保障工作中要发挥支持、配合和协助义务，因此，本法也对此进行了明确。

第八条　国家网信部门负责统筹协调网络安全工作和相关监督管理工作。国务院电信主管部门、公安部门和其他有关机关依照本法和有关法律、行政法规的规定，在各自职责范围内负责网络安全保护和监督管理工作。

县级以上地方人民政府有关部门的网络安全保护和监督管理职责，按照国家有关规定确定。

本条规定了国家有关部门的职责分工，以及本法与其他法律法规的关系。按照国务院有关文件规定和中央编制部门下发的"三定"方案，中央网信办负责网络安全工作的统筹协调，国家互联网信息办公室负责互联网信息内容管理工作及监督管理执法；工信部作为电信行业管理部门，负责电信行业网络安全管理、互联网行业管理、通信保障、应急管理和处置等工作；公安部负责网络安全保卫、监督检查指导网络安全保护工作、防范打击网络违法犯罪活动。《网络安全法》实施后，有关法律法规并未废止，《网络安全法》与有关法律法规配合使用，才能取得最佳法律效果。

第十一条　网络相关行业组织按照章程，加强行业自律，制定网络安全行为规范，指导会员加强网络安全保护，提高网络安全保护水平，促进行业健康发展。

本条规定了网络安全行业要加强自律。网络安全学会、协会、联盟和其他有关行业自律组织，要制定出台行业管理规范和行为准则，加强对企业、机构、人员的日常规范管理，清理违规企业和机构；组织培训，提高相关企业、机构、人员的业务能力和水平。同时，要加强行业自身的网络安全防范工作，排查消除网络系统和人员风险。有关网络安全学会、协会、联盟的指导单位，要加强指导，规范管理，促进网络安全行业的健康发展。

第十四条 任何个人和组织有权对危害网络安全的行为向网信、电信、公安等部门举报。收到举报的部门应当及时依法作出处理；不属于本部门职责的，应当及时移送有权处理的部门

有关部门应当对举报人的相关信息予以保密，保护举报人的合法权益。

本条规定任何组织和个人对危害网络安全的行为具有举报义务。当发现有危害网络安全的违法犯罪活动时，公民、法人和其他组织有义务向公安机关、网信部门、电信管理部门举报；有关部门依据法定职责进行处理，及时向举报人反馈处理结果，并对举报人、举报内容严格保密，保护举报人的合法权益。

2.3 国家网络安全等级保护制度

1994 年《中华人民共和国计算机信息系统安全保护条例》（国务院令第 147 号）及 2003 年《国家信息化领导小组关于加强信息安全保障工作的意见》（中办发〔2003〕27 号），规定了国家实施信息安全等级保护制度，这个实施了十几年的制度是国家网络安全的基本制度、基本国策、基本方法。根据法律授权，2007 年，公安部会同国家保密局、国家密码管理局等有关部门制定出台了《信息安全等级保护管理办法》，并组织在全国实施。《网络安全法》将信息安全等级保护制度上升为法律，并根据本法统一用语，修改为"网络安全等级保护制度"。同时，本法定了国家关键信息基础设施与网络安全等级保护制度的关系。

第二十一条 国家实行网络安全等级保护制度。网络运营者应当按照网络安全等级保护制度的要求，履行下列安全保护义务。

本条规定了国家实行网络安全等级保护制度，标志着从 1994 年的国务院条例（国务院令第 147 号）上升到国家法律；标志着国家实施十余年的信息安全等级保护制度进入 2.0 阶段；标志着以保护国家关键信息基础设施安全为重点的网络安全等级保护制度依法全面实施。中央关于加强社会治安防控体系建设的意见、公安改革若干重大问题的框架意见要求"健全完善信息安全等级保护制度"。习近平总书记等中央领导批示要求：健全完善以保护国家关键信息基础设施安全为重点的网络安全等级保护

制度。党政机关、企事业单位、其他组织、个人等网络运营者，必须依法落实网络安全等级保护制度，履行网络安全保护责任和义务，公安机关、保密部门、密码部门依法实施监管。有关网络运营者落实网络安全等级保护制度的具体义务，见 2.4 节。

第三十一条 国家对公共通信和信息服务、能源、交通、水利、金融、公共服务、电子政务等重要行业和领域，以及其他一旦遭到破坏、丧失功能或者数据泄露，可能严重危害国家安全、国计民生、公共利益的关键信息基础设施，在网络安全等级保护制度的基础上，实行重点保护。

本条规定了国家关键信息基础设施的保护要求。关系国家重大利益、人民群众生命财产安全和社会生产生活秩序，一旦遭到破坏、丧失功能或者数据泄露，可能严重危害国家安全、国计民生、公共利益的网络设施、信息系统和数据资源，属于关键信息基础设施。网络运营者应当在第三级以上的网络中，确定关键信息基础设施。关键信息基础设施运营者，一是落实网络安全等级保护制度，开展定级备案、安全建设整改、等级测评、安全自查等工作，建设关键信息基础设施综合防御体系，确保关键信息基础设施安全；二是在网络安全等级保护制度基础上实施重点保护。

2.4 网络运营者的基本责任义务

《网络安全法》重点规定了网络运营者的责任义务，共七条。网络运营者是指网络的所有者、管理者和网络服务提供者。在其他法律法规中，使用较多的是"网络服务提供者"。在网络安全工作中，涉及的对象比较多，网络服务提供者不能涵盖所有对象，因此，本法对网络运营者的定义比较准确，涵盖全面，对网络运营者在网络安全方面规定了基本的责任义务，这是本法的重点内容之一。

第九条 网络运营者开展经营和服务活动，必须遵守法律、行政法规，尊重社会公德，遵守商业道德，诚实信用，履行网络安全保护义务，接受政府和社会的监督，承担社会责任。

本条规定了网络运营者的基本责任义务，是履行网络安全保护义务。网络运营者包括党政机关、企事业单位、民营企业、机构、行业组织、法人、公民个人等，在经营和服务活动中，一是要守法，二是要遵守道德底线、诚实守信，三是要履行保护义务，四是要接受监督，五是要承担社会责任。

第十条 建设、运营网络或者通过网络提供服务，应当依照法律、行政法规的规定和国家标准的强制性要求，采取技术措施和其他必要措施，保障网络安全、稳定运行，有效应对网络安全事件，防范网络违法犯罪活动，维护网络数据的完整性、保密性和可用性。

本条规定了网络运营者的保护重点：一是网络和信息系统的运行安全；二是数据和信息安全，特别是公民个人信息安全；三是采取管理和技术措施，防范网络攻击、网络窃密等危害国家安全、社会公共安全和公民合法权益的网络违法犯罪，有效应对网络安全事件。

第二十一条 国家实行网络安全等级保护制度。网络运营者应当按照网络安全等级保护制度的要求，履行下列安全保护义务，保障网络免受干扰、破坏或者未经授权的访问，防止网络数据泄露或者被窃取、篡改：

（一）制定内部安全管理制度和操作规程，确定网络安全负责人，落实网络安全保护责任；

（二）采取防范计算机病毒和网络攻击、网络侵入等危害网络安全行为的技术措施；

（三）采取监测、记录网络运行状态、网络安全事件的技术措施，并按照规定留存相关的网络日志不少于六个月；

（四）采取数据分类、重要数据备份和加密等措施；

（五）法律、行政法规规定的其他义务。

本条规定了国家实行网络安全等级保护制度，网络运营者按照等级保护制度要求，依照网络安全等级保护基本要求、安全设计技术要求、测评要求，定级指南，实施指南等一系列国家标准和行业标准，依法开展网络系统定级、备案、安全建设整改、等级测评、安全检查等强制性规定性工作，从管理和技术两方面，采取防护措施，按照网络系统的等级，分级开展防护保护，保护网络安全，保障网络免受干扰、破坏或者未经授权的访问，防止网络数据泄露或者被窃取、篡改。网络安全等级保护标准，涵盖了网络、信息系统、信息、云计算、大数据、物联网、工控系统、移动互联等保护对象的保护要求、测评要求和安全设计技术要求，明确了新的定级方法，网络运营者应该按照新标准开展网络安全等级保护工作。

为了突出重点，本条还专门提出网络运营者应落实的几个关键措施：一是制定内部管理制度和规范，落实责任制；二是落实防范网络攻击的技术措施；三是落实监测和记录措施，要求网络日志留存六个月；四是落实数据保护措施，包括分类、备份、加密等措施；五是落实法律法规的其他措施。

2017年7月6日，某省发生网上报税系统遭攻击案，纳税人账户被恶意报税和扣款。公安机关立案侦查，通过勘察固证、定位，将5名犯罪嫌疑人抓获。检查发现，该系统运营者未落实网络安全等级保护制度，缺乏技术防护措施，缺少日志留存措施，因此受到公安机关的处罚。

黑客进入网络系统的方法和途径主要有：一是系统管理员监守自盗；二是利用硬件漏洞，防范难度大；三是利用操作系统漏洞，漏洞不断发布、层出不穷；四是利用应用软件漏洞，实施有目的的网络攻击；五是利用网页攻击，属于针对特定上网人群的攻击；六是邮件攻击，远程跨站，瞬间中招；七是针对联网计算机终端攻击，这是主要的攻击入口；八是利用移动存储介质实施"摆渡"，使其成为攻击工具的最可靠载体；九是攻击手机等设备，使其成为木马攻击的摆渡船。

第二十四条　网络运营者为用户办理网络接入、域名注册服务，办理固定电话、移动电话等入网手续，或者为用户提供信息发布、即时通信等服务，在与用户签订协议或者确认提供服务时，应当要求用户提供真实身份信息。用户不提供真实身份信息的，网络运营者不得为其提供相关服务。

国家实施网络可信身份战略，支持研究开发安全、方便的电子身份认证技术，推动不同电子身份认证之间的互认。

本条规定了网络运营者要落实网络实名制要求，国家支持网络可信身份认证技术，提高网络身份认证能力和水平。网络实名制主要包括网络接入、域名注册、电话入网、信息服务提供、手机认证等网络用户身份管理要求，是维护国家网络空间安全的重要基础。如果不落实网络实名制，不法分子将利用网络的虚拟性、隐匿性，登记虚假信息，实施网络攻击、网络窃密、网络诈骗、网络盗窃、网络贩枪、网络贩毒、网络恐怖等非法活动，导致违法犯罪成本低、取证查处难，给国家有关部门实施网络安全监管和打击犯罪、维护国家安全、社会公共安全带来困难。2012 年全国人大常委会通过的《关于加强网络信息保护的决定》，确立了网络身份管理制度。2015 年《反恐怖主义法》对电信部门、互联网业务经营者、服务提供者落实网络实名制要求作出了明确规定。网信办出台了《互联网用户账号名称管理规定》，工信部出台了《电话用户真实身份信息登记规定》。实施网络可信身份战略，是构建安全、可信网络环境的重要基础，企业和研究机构要加大力度，研究开发安全方便的电子身份认证技术及不同电子身份认证之间的互认技术，提高网络身份认证的能力和水平。

第二十五条 网络运营者应当制定网络安全事件应急预案，及时处置系统漏洞、计算机病毒、网络攻击、网络侵入等安全风险；在发生危害网络安全的事件时，立即启动应急预案，采取相应的补救措施，并按照规定向有关主管部门报告。

本条规定了网络运营者防范和应对网络安全事件的要求。网络运营者应采取措施，防范网络入侵攻击、计算机病毒爆发、系统漏洞隐患等网络安全事件；针对各种网络安全事件制定应急预案，建立应急处置机制，组织应急处置队伍，当发生网络安全事件时，及时启动预案，果断进行应急处置，使危害降到最低；当发生网络安全事件时，应当保护现场和证据，并向公安机关、行业主管部门和有关部门报告。发生重大网络安全事件时，有关部门应按照国家网络安全事件应急预案要求，开展应急处置。公安机关应当根据有关规定处置网络安全事件，开展事件调查，认定事件责任，查处危害网络安全的违法犯罪活动。电信业务经营者、互联网服务提供者应当为重大网络安全事件处置和恢复提供支持和协助。

第二十六条 开展网络安全认证、检测、风险评估等活动，向社会发布系统漏洞、计算机病毒、网络攻击、网络侵入等网络安全信息，应当遵守国家有关规定。

本条规定了第三方机构开展网络安全服务要守法。网络安全保障工作，离不开系统集成商、互联网企业、网络安全企业、检测机构等第三方机构的支持。第三方服务机构在开展产品研发、销售，系统设计、建设、运维，安全认证、安全监测、现场检测、远程渗透、技术支持，等级测评、风险评估，云服务，以及向社会发布信息等活动时，一定要遵纪守法，遵守国家有关规定。同时，第三方服务机构要努力提高业务能力和技术水平，提高服务质量。凡是借服务之机，实施开后门、种木马、窃取用户数据、远程控制等违法犯罪活动，必然会受到公安机关的打击处理。

第二十八条　网络运营者应当为公安机关、国家安全机关依法维护国家安全和侦查犯罪的活动提供技术支持和协助。

本条规定了网络运营者为有关机关提供技术支持和协助义务。《国家安全法》《反恐怖主义法》《反间谍法》《刑事诉讼法》规定，任何组织和公民个人对有关机关维护国家安全和犯罪侦查，都有义务提供支持和协助。当公安机关、国家安全机关依法维护国家安全，开展情报侦察、侦查打击犯罪活动时，电信业务经营者、网络的所有者、管理者和网络服务提供者都要依法提供技术支持和协助，保护犯罪现场和犯罪证据，提供技术接口和解密等技术支持，提供数据支持。

2.5　关键信息基础设施的运行安全

本法第三章第二节规定了关键信息基础设施的运行安全，包括关键信息基础设施的范围，关键信息基础设施保护的主要内容、与网络安全等级保护制度的关系，以及国家安全审查。

第三十一条　国家对公共通信和信息服务、能源、交通、水利、金融、公共服务、电子政务等重要行业和领域，以及其他一旦遭到破坏、丧失功能或者数据泄露，可能严重危害国家安全、国计民生、公共利益的关键信息基础设施，在网络安全等级保护制度的基础上，实行重点保护。关键信息基础设施的具体范围和安全保护办法由国务院制定。

国家鼓励关键信息基础设施以外的网络运营者自愿参与关键信息基础设施保护体系。

本条规定了关键信息基础设施保护，以及与与网络安全等级保护制度的关系。关系国家重大利益、人民群众生命财产安全和社会生产生活秩序，一旦遭到破坏、丧失功能或者数据泄露，可能严重危害国家安全、国计民生、公共利益的网络设施、信息系统和数据资源等，属于关键信息基础设施。习近平总书记指出：我国网络安全保障和防护仍处于较低水平，不仅体现在硬件上，也体现在软件上，更体现在安全意识和安全标准上；网络属非传统领域，这方面的风险与威胁更具有杀伤力和破坏性，必须引起我们高度重视；我国关键信息基础设施防控还比较薄弱，各部门必须守土尽责，密切配合，完善预案，积极应对，切实强化国家关键信息基础设施防护，确保整个网络安全；坚决改变只重技术不重安全的做法，加快构建关键信息基础设施安全保障体系，实现全天候全方位感知和有效防护。

保护国家关键信息基础设施的指导思想：一是以最强大对手的网络攻击能力为标尺，举国家之力，强化保卫、保护、保障，打合成仗、整体仗，提升我国网络空间的攻防能力，同时充分发挥军队、公安机关的保卫职能作用，网络运营者加强保护，综合部门在机构、人员、编制、经费、工程项目等方面给于保障，形成合力；二是以网络安全等级保护为抓手，以信息通报为平台，以情报侦察为突破，以侦查打击为支撑，构建"侦攻防管控"一体化的国家关键信息基础设施综合防控体系，坚决打赢网上斗争；三是以网络安全案（事）件为主线，强化实时监测、通报预警、快速处置、追踪溯源、态势感知、情报信息、侦查打击、等级保护、指挥调度；四是关键信息基础设施综合防御能力、水平和技术，要针对最强大对手去设计、去提升、去创新，防御要专业化、集团化、集约化，攻防协同、打防协同、情报协同、能力协同；五是全面提升网上行动能力，包括情报侦察能力、进攻能力、实时监测能力、技术检测能力、通报预警能力、应急处置能力、追踪溯源能力、综合防御能力、态势感知能力、固证打击能力、技术反制能力、数据获取能力。

公安机关在国家关键信息基础设施安全中的职责任务主要有：一是保卫关键信息基础设施安全；二是监督、检查、指导关键信息基础设施安全保护工作；三是防范打击危害关键信息基础设施安全的违法犯罪活动。

第三十二条 按照国务院规定的职责分工，负责关键信息基础设施安全保护工作的部门分别编制并组织实施本行业、本领域的关键信息基础设施安全规划，指导和

监督关键信息基础设施运行安全保护工作。

本条规定了负责关键信息基础设施安全保护工作的部门组织开展关键信息基础设施安全保护、监督和指导等工作。一是行业主管部门要组织制定并实施本行业、本领域关键信息基础设施安全规划，监督、指导本行业、本领域关键信息基础设施安全保护工作，落实主管责任。二是国家网信、公安、保密、密码、安全等部门，按照法律赋予的职责，根据任务分工，分别组织制定并实施关键信息基础设施安全保护规划，统筹协调，监督检查指导行业主管部门、网络运营者落实安全规划，开展关键信息基础设施安全保护各项工作，落实责任制，加强考核和督办。

第三十三条　建设关键信息基础设施应当确保其具有支持业务稳定、持续运行的性能，并保证安全技术措施同步规划、同步建设、同步使用。

本条规定了关键信息基础设施的功能性能要求和"三同步"要求。重要行业部门建设关键信息基础设施时，着重考虑两个要素：一个是功能、性能要求；另一个是安全要求。建设关键信息基础设施投资较大，在规划设计阶段，要充分论证，以满足业务需求，保证业务的连续性和稳定性。同时，关键信息基础设施在规划设计阶段，一定要同步规划、同步设计安全技术措施和管理措施，安全保护设施与信息化设施同步建设、同步使用，确保关键信息基础设施的功能、性能能正常发挥。为了保证该项规定的落实，业务部门和信息化部门在制定网络、系统建设方案时，一定要确定关键信息基础设施安全保护等级，根据其安全等级，按照国家标准和行业标准同步制定安全建设方案，聘请专家进行评审，方案通过后方可进行建设、运行。关键信息基础设施在上线之前，还要进行源代码检测、等级测评、风险评估，确保网络系统运行安全和数据、信息安全。

2015 年，国家两个重要部门联合开发运行了一个网站，支撑在互联网上开展某项业务工作，但网站没有定级，也没有按照国家标准制定安全建设方案，缺少基本的安全技术措施和管理措施，从网上收集重要敏感信息并明文存储，致使网站上线后，被有关部门在安全检测中攻入网站后台，获取大量重要数据。该网站被及时关闭、下线，开展整改。在有关部门指导下，重新开展网站定级，制定网站安全建设方案，排除了从网站直接收集用户信息的做法，经等级测评、风险评估合格后，网站重新上线，确保了网站运行安全和数据安全。这个案例说明，某些重要单位缺乏网络安全意识，对国家网络安全等级保护制度缺乏了解掌握，没有开展定级、备案、等级测评、安全建设等等级保护工作，更没有落实"三同步"要求。

第三十四条 除本法第二十一条的规定外，关键信息基础设施的运营者还应当履行下列安全保护义务：

（一）设置专门安全管理机构和安全管理负责人，并对该负责人和关键岗位的人员进行安全背景审查；

（二）定期对从业人员进行网络安全教育、技术培训和技能考核；

（三）对重要系统和数据库进行容灾备份；

（四）制定网络安全事件应急预案，并定期进行演练；

（五）法律、行政法规规定的其他义务。

本条规定了关键信息基础设施运营者应落实的重点措施。关键信息基础设施运营者除落实本法第二十一条规定的措施外，还要落实几项重点措施。一是建立完善领导体系，成立专门的网络安全管理机构，明确专门负责网络安全的领导，确保政令畅通。二是对负责人、管理员、运维人员等关键岗位人员进行背景审查，确保关键岗位、部门的人员可靠。三是建设或利用合作单位培训、训练环境，采取网上网下等多种形式，对关键岗位人员、从业人员进行意识教育、网络安全技术培训及攻防对抗演练，提高网络安全业务能力和实战能力。四是对有关岗位人员进行分级分类管理，分类考核，将考核成绩纳入年终考评。五是对重要系统和数据库进行容灾备份，包括同城、异地方式及冷备、热备方式，保证系统运行安全、数据和信息安全。六是制定网络安全事件应急预案，备建队伍、装备，建立与有关部门、企业的配合机制，并定期进行演练，以检验预案的有效性和针对性。六是落实《国家安全法》《反恐怖主义法》《中华人民共和国计算机信息系统安全保护条例》等法律、行政法规规定的其他义务。

第三十五条 关键信息基础设施的运营者采购网络产品和服务，可能影响国家安全的，应当通过国家网信部门会同国务院有关部门组织的国家安全审查。

本条规定了非常态的网络产品和服务的国家安全审查机制。2015 年出台的《国家安全法》确立了国家安全审查制度。在采购网络产品和服务时，如果影响国家安全，用户按照世界贸易组织规则，可以按照国家安全例外原则，对采购的产品和服务进行限制。关键信息基础设施安全涉及国家安全，因此，关键信息基础设施运营者在采购网络产品和服务时，对可能影响国家安全的，应当由国家网信部门会同国务院有关部门组织开展国家安全审查，审查通过的，方可采购。本条规定了国家安全审查机制是非常态化的，只有在可能影响国家安全的特殊情况下才能启动，不是对网络产品和服务开展的常态的网络安全认证和检测。

第三十六条　关键信息基础设施的运营者采购网络产品和服务，应当按照规定与提供者签订安全保密协议，明确安全和保密义务与责任。

本条规定了关键信息基础设施运营者、服务商在采购网络产品和服务时的安全责任和义务，防范外包服务安全，关注供应链安全。产品和服务是关键信息基础设施建设、运维中的重要内容，是供应链安全的核心，而供应链安全又是容易被用户疏忽的网络安全的重要内容。因此，关键信息基础设施运营者在采购网络产品和服务时：一要采购符合国家有关规定的网络产品和服务，慎重选择提供者；二要与网络产品和服务提供者签订安全保密协议，明确其安全保密责任和义务；三要采取有效措施，监督网络产品和服务提供者落实安全保密责任和义务。

2016年2月，公安机关接到一重要行业部门报案，称多家企业内部网络发现异常网络活动，立即立案侦查。2016年3月，案件侦破，犯罪嫌疑人被抓获。经审讯获知，犯罪嫌疑人利用对企业提供软件开发服务的机会，将大量木马植入重要系统，实时获取重要数据，进一步实施经济犯罪。该非法植入木马窃取重要数据案说明，关键信息基础设施运营者要关注网络供应链安全，要防范服务商、产品供应商利用服务机会窃取数据、信息，危害关键信息基础设施安全。

第三十七条　关键信息基础设施的运营者在中华人民共和国境内运营中收集和产生的个人信息和重要数据应当在境内存储。因业务需要，确需向境外提供的，应当按照国家网信部门会同国务院有关部门制定的办法进行安全评估；法律、行政法规另有规定的，依照其规定。

本条规定了对关键信息基础设施运营者的数据留存和提供的要求。大数据涉及国家安全的方方面面，其广泛应用带来的安全挑战日渐凸显，应切实采取措施，加强对关键信息基础设施和大数据安全的监管和防护。国家将出台关键信息基础设施数据对外提供的安全评估办法，有关部门将对关键信息基础设施运营者的数据留存和提供进行监督、检查，以确保重要数据安全符合国家法律法规和有关标准要求。数据保护的主要环节包括数据采集、存储、处理、应用、流动、提供和销毁。大数据的基本特征是体量大、种类多、聚合快、价值高，受到破坏、泄露或篡改会对国家安全、社会秩序或公共利益造成严重影响，因此，大数据安全保护的原则是以数据为核心，以数据保护环节为主线，落实不同安全保护等级的数据在保护环节中的基本要求。

在我国境内运营中收集和产生的个人信息和重要数据，应当在境内存储。因业务需要，确需向境外提供的，应当进行安全评估。个人信息出境，应向个人信息主体说明数据出境的目的、范围、内容、接收方及接收方所在的国家或地区，并经其同意。行业主管部门负责本行业数据出境安全评估工作，定期组织开展本行业数据出境安全检查。

网络运营者应在数据出境前，自行组织对数据出境进行安全评估，并对评估结果负责。数据出境安全评估应重点评估以下内容：数据出境的必要性；涉及个人信息情况，包括个人信息的数量、范围、类型、敏感程度，以及个人信息主体是否同意其个人信息出境等；涉及重要数据情况，包括重要数据的数量、范围、类型及其敏感程度等；数据接收方的安全保护措施、能力和水平，以及所在国家和地区的网络安全环境等；数据出境及再转移后被泄露、毁损、篡改、滥用等风险；数据出境及出境数据汇聚可能对国家安全、社会公共利益、个人合法利益带来的风险。

第三十八条　关键信息基础设施的运营者应当自行或者委托网络安全服务机构对其网络的安全性和可能存在的风险每年至少进行一次检测评估，并将检测评估情况和改进措施报送相关负责关键信息基础设施安全保护工作的部门。

本条规定了关键信息基础设施运营者开展安全检测评估的规定。安全检测评估活动主要包括等级测评、风险评估、渗透测试等第三方检测机构的技术服务活动。关键信息基础设施运营者开展检测评估，分为两种方式。一种方式是自行检测评估，利用自己的技术力量开展，属于自评估性质；另一种方式是委托网络安全服务机构开展评估，是按照国家有关要求实施。对于后一种方式，关键信息基础设施运营者要按照国家网络安全等级保护制度要求，聘请符合有关要求的第三方测评机构，对第三级以上网络系统，每年应开展一次等级测评、风险评估工作。这两种方式不能混淆，不能相互替代，都要开展。

2014年8月1日，浙江温州有线数字电视网被黑客攻击，影响50万用户、30万台机顶盒，电视屏幕上出现大量违法信息和图片，造成了严重的政治影响。案发原因是有线数字电视网与互联网非法连接，说明网络运营者网络安全管理不规范，既缺乏监测手段，也没有及时开展安全检测并及时发现非法外联。

第三十九条 国家网信部门应当统筹协调有关部门对关键信息基础设施的安全保护采取下列措施：

（一）对关键信息基础设施的安全风险进行抽查检测，提出改进措施，必要时可以委托网络安全服务机构对网络存在的安全风险进行检测评估；

（二）定期组织关键信息基础设施的运营者进行网络安全应急演练，提高应对网络安全事件的水平和协同配合能力；

（三）促进有关部门、关键信息基础设施的运营者以及有关研究机构、网络安全服务机构等之间的网络安全信息共享；

（四）对网络安全事件的应急处置与网络功能的恢复等，提供技术支持和协助。

本条规定了关键信息基础设施保护中应当统筹协调采取的措施。国家网信部门应当统筹协调有关部门积极支持，网络安全职能部门、行业主管部门、信息安全企业等充分发挥作用，形成合力，支持关键信息基础设施运营者对关键信息基础设施的安全保护采取安全监测、通报预警、态势感知、风险评估、应急演练、信息共享、应急处置等措施，建立关键信息基础设施综合防御体系，提高综合防御能力。

2.6　网络数据和信息安全

网络数据和信息的安全是网络运营者应该保护的重点内容。本法规定了个人信息的含义、权利、匿名化处理，个人信息保护专门立法，网络实名制，网络运营者处置违法信息的义务，电子信息发送服务提供者和应用软件下载服务提供者处置违法信息的义务，主管部门处置违法信息的权力，网络运营者的技术支持、配合、协助义务。

第四十条　网络运营者应当对其收集的用户信息严格保密，并建立健全用户信息保护制度。

本条规定了网络运营者应建立用户信息保护制度。用户信息包括公民个人、法人和其他组织的信息、数据。网络运营者在用户信息、数据的采集、存储、处理、应用、流动、提供和销毁过程中，应当采取管理和技术措施，建立用户信息、数据保护制度，对用户信息、数据进行保护和保密。

第四十一条　网络运营者收集、使用个人信息，应当遵循合法、正当、必要的原则，公开收集、使用规则，明示收集、使用信息的目的、方式和范围，并经被收集者同意。

网络运营者不得收集与其提供的服务无关的个人信息，不得违反法律、行政法规的规定和双方的约定收集、使用个人信息，并应当依照法律、行政法规的规定和与用户的约定，处理其保存的个人信息。

本条规定了网络运营者在收集、使用、处理个人信息时应遵循的原则和规则。个人信息是指以电子或者其他方式记录的能够单独或者与其他信息结合识别自然人个人身份的各种信息，包括但不限于自然人的姓名、出生日期、身份证件号码、个人生物识别信息、住址、电话号码等。网络运营者在收集、使用、处理个人信息时：一是遵循合法原则，即有法可依、有合法依据，且方法符合法律规定，禁止通过非法手段获取、使用个人信息；二是遵循正当性原则，即应当有明确目的、特定要求，而不能超范围收集使用个人信息，也不能将个人信息用于特定目的之外的活动；三是遵循必要原则，按照最低限度要求收集、使用、处理个人信息；四是遵循公开透明原则，向个人信息主体公开收集、使用、处理个人信息的目的、范围、方式等，保障信息主体的知情权。

2012 年 10 月，某境外公司采取欺诈方式，利用境内空壳代理公司，假借"互联网精准广告业务"的名义，与中国企业签订互联网合作协议。2012 年 11 月至 2015

年1月，境外某公司非法大量获取中国公民网络账号、密码和电子邮箱地址等信息，非法将信息通过云平台传输到境外。案件发生后，公安部高度重视，即组织地方公安机关开展侦查，案件迅速告破。该案件说明网络运营者不重视公民个人信息保护，违规收集、使用公民个人信息，违反了《网络安全法》的规定。

第四十二条 网络运营者不得泄露、篡改、毁损其收集的个人信息；未经被收集者同意，不得向他人提供个人信息。但是，经过处理无法识别特定个人且不能复原的除外。

网络运营者应当采取技术措施和其他必要措施，确保其收集的个人信息安全，防止信息泄露、毁损、丢失。在发生或者可能发生个人信息泄露、毁损、丢失的情况时，应当立即采取补救措施，按照规定及时告知用户并向有关主管部门报告。

本条规定了网络运营者对个人信息保护的责任和义务。一是不得泄露、篡改、毁损其收集的个人信息；二是未经被收集者同意，不得向他人提供；三是应当采取管理和技术措施，保护个人信息安全，防止未经授权的获取、使用、修改、提供、处置，防止信息泄露、毁损、丢失；四是当发生信息泄露、毁损、丢失等情况时，应当立即采取应急补救措施，及时告知用户并向有关主管部门报告。

经过处理无法识别特定个人且不能复原的信息称为匿名化信息，匿名化信息不属于本条第一款约束的范围。

第四十三条 个人发现网络运营者违反法律、行政法规的规定或者双方的约定收集、使用其个人信息的，有权要求网络运营者删除其个人信息；发现网络运营者收集、存储的其个人信息有错误的，有权要求网络运营者予以更正。网络运营者应当采取措施予以删除或者更正。

本条规定了网络运营者对个人信息的删除、更正义务。个人发现网络运营者违反法律、行政法规的规定或者双方的约定，收集、存储、使用、传输其个人信息的，有权要求网络运营者予以删除；发现网络运营者收集、存储、使用、传输的其个人信息有错误的，有权要求网络运营者予以更正。对信息主体的上述要求，网络运营者应当采取措施予以删除或者更正。

第四十四条 任何个人和组织不得窃取或者以其他非法方式获取个人信息，不得非法出售或者非法向他人提供个人信息。

本条规定了任何个人和组织禁止对个人信息的非法行为，包括实施网络入侵攻击，窃取、非法获取个人信息，非法出售、非法提供个人信息等违法活动。

第四十五条 依法负有网络安全监督管理职责的部门及其工作人员，必须对在履行职责中知悉的个人信息、隐私和商业秘密严格保密，不得泄露、出售或者非法向他人提供。

本条规定了网络安全监管部门和工作人员对个人信息的保密义务。国家机关及其工作人员在履行职责中，能够接触许多个人信息、隐私和商业秘密，应依据本法和有关法律法规的规定，在收集、存储、使用中采取必要的措施对其予以保密，不得泄露、出售或者非法向他人提供。

第四十六条 任何个人和组织应当对其使用网络的行为负责，不得设立用于实施诈骗，传授犯罪方法，制作或者销售违禁物品、管制物品等违法犯罪活动的网站、通讯群组，不得利用网络发布涉及实施诈骗，制作或者销售违禁物品、管制物品以及其他违法犯罪活动的信息。

本条规定了任何个人和组织不得建立用于实施违法犯罪活动的网站、通讯群组及发布违法信息的规定。网站及 QQ 群、微信群等通讯群组是目前人们获取信息、交流信息、发布信息的重要手段，不法分子利用这些手段实施网络诈骗、网络贩枪、网络贩毒、网络赌博、网络色情等违法犯罪活动越来越猖獗。因此，本条规定，任何个人和组织不得设立用于实施诈骗，传授犯罪方法，制作或者销售违禁物品、管制物品等违法犯罪活动的网站、通讯群组，不得利用网络发布涉及实施诈骗，制作或者销售违禁物品、管制物品及其他违法犯罪活动的信息。

第四十七条 网络运营者应当加强对其用户发布的信息的管理，发现法律、行政法规禁止发布或者传输的信息的，应当立即停止传输该信息，采取消除等处置措施，防止信息扩散，保存有关记录，并向有关主管部门报告。

本条规定了网络运营者对违法信息传播的阻断和报告义务。2000 年全国人大通过的《关于维护互联网安全的决定》，2012 年全国人大通过的《关于加强网络信息保护的决定》，2000 年国务院发布的《互联网信息服务管理办法》，对网络运营者的责任义务都作了明确规定。网络运营者为用户发布信息提供网络平台，应履行法律法规规定的义务，建立用户发布信息管理制度；当发现用户发布或者传输法律、行政法规禁止的信息时，应当立即阻断发布或传输，采取消除等处置措施，防止信息扩散，保存有关记录，并向有关主管部门报告。

第四十八条 任何个人和组织发送的电子信息、提供的应用软件，不得设置恶意程序，不得含有法律、行政法规禁止发布或者传输的信息。

电子信息发送服务提供者和应用软件下载服务提供者，应当履行安全管理义务，知道其用户有前款规定行为的，应当停止提供服务，采取消除等处置措施，保存有关记录，并向有关主管部门报告。

本条规定了禁止任何个人和组织传播违法信息、服务提供者阻断违法信息传播的义务。网络空间是法制空间，不是非法之地，任何个人和组织无论在现实社会，还是在网络领域，都要守法，发送的电子信息、提供的应用软件，不得设置恶意程序，不得含有法律、行政法规禁止发布或者传输的信息。本法第十二条第二款规定，任何个人和组织使用网络应当遵守宪法法律，遵守公共秩序，尊重社会公德，不得危害网络安全，不得利用网络从事危害国家安全、荣誉和利益，煽动颠覆国家政权、推翻社会主义制度，煽动分裂国家、破坏国家统一，宣扬恐怖主义、极端主义，宣扬民族仇恨、民族歧视，传播暴力、淫秽色情信息，编造、传播虚假信息扰乱经济秩序和社会秩序，以及侵害他人名誉、隐私、知识产权和其他合法权益等活动。

电子信息发送服务提供者和应用软件下载服务提供者等网络运营者，应当履行信息安全管理义务，知道其用户有违法违规行为的，应当停止提供服务，采取消除等处置措施，保存有关记录，并向有关主管部门报告。

第四十九条 网络运营者应当建立网络信息安全投诉、举报制度，公布投诉、举报方式等信息，及时受理并处理有关网络信息安全的投诉和举报。

网络运营者对网信部门和有关部门依法实施的监督检查，应当予以配合。

本条规定了网络运营者受理和处置用户投诉、举报义务和配合义务。对危害网络安全的行为，任何组织和个人都有监督和举报权利。因此，本条第一款要求网络运营者应当建立网络信息安全投诉、举报制度，公布投诉、举报方式等信息，及时受理并处理有关网络信息安全的投诉和举报。公安机关、网信部门、电信主管部门及有关行业主管部门承担网络安全监管职责，对于有关部门履行职责，开展网络安全监督管理工作，本条第二款要求网络运营者应配合有关部门开展监督检查。

第五十条 国家网信部门和有关部门依法履行网络信息安全监督管理职责，发现法律、行政法规禁止发布或者传输的信息的，应当要求网络运营者停止传输，采取消除等处置措施，保存有关记录；对来源于中华人民共和国境外的上述信息，应当通知有关机构采取技术措施和其他必要措施阻断传播。

本条规定了国家网信部门、公安机关、电信主管部门和有关部门应依法履行网络信息安全监督管理职责，采取措施，及时监测发现网上违法信息，并要求网络运营者采取措施，停止传输，采取消除等处置措施，保存有关记录，为侦查打击网络违法犯罪提供支持；对来源于中华人民共和国境外的违法信息，国家网信部门、公安机关、电信主管部门等应通知有关机构采取技术措施和其他必要措施，阻断违法信息传播。

2.7 监测预警与应急处置

本法要求国家建立统一的监测预警、信息通报和应急处置制度和体系，建立健全网络安全风险评估和应急工作机制，建立各领域的网络安全监测预警、信息通报和应急处置制度和体系，开展网络安全信息的监测、分析和预警、网络安全事件的应急处置工作，采取网络通信管制等措施，保障网络安全。

第五十一条 国家建立网络安全监测预警和信息通报制度。国家网信部门应当统筹协调有关部门加强网络安全信息收集、分析和通报工作，按照规定统一发布网络安全监测预警信息。

本条规定国家建立网络安全监测预警和信息通报制度。信息通报作为国家网络安全保障体系的重要组成部分，在协调有关部门，整合各方资源力量，实现网络安全综合防控、主动防范、应急处置等方面发挥着重要作用，是维护我国网络与信息安全的重要制度。2003 年 3 月，中央决定建立网络安全信息通报机制，以利加强安全防范。2004 年 8 月，国家成立了网络与信息安全信息通报中心（挂靠在公安部），组织开展网络安全信息通报预警和应急处置工作。按照中央关于加强社会治安防控体系建设的文件要求，公安部依托各级网络与信息安全信息通报中心，建立完善国家网络安全监测预警和通报处置工作机制，建立了覆盖部省市三级、200 个重要行业、横纵通畅的立体化全国网络安全监测预警通报处置体系，成立了专家组，建立了技术支持队伍，开展网络安全信息收集汇总、分析研判、上报反馈工作，以及固定证据、追踪溯源、侦查打击、应急处置、情报信息等工作。国家网信部门作为统筹协调部门，统筹协调有关部门，加强网络安全信息收集、分析和通报工作，按照规定统一发布网络安全监测预警信息。

第五十二条　负责关键信息基础设施安全保护工作的部门，应当建立健全本行业、本领域的网络安全监测预警和信息通报制度，并按照规定报送网络安全监测预警信息。

本条规定重点行业、部门建立健全网络安全监测预警和信息通报制度。国家网络与信息安全信息通报中心下发了《国家网络与信息安全信息通报工作规范（试行）》《公安机关网络与信息安全信息通报工作规范（试行）》。重点行业、部门要在国家网络与信息安全信息通报中心指导下，建立完善网络安全监测预警和信息通报制度，开展信息通报预警工作，并按照规定报送网络安全监测预警信息。

第五十三条　国家网信部门协调有关部门建立健全网络安全风险评估和应急工作机制，制定网络安全事件应急预案，并定期组织演练。

负责关键信息基础设施安全保护工作的部门应当制定本行业、本领域的网络安全事件应急预案，并定期组织演练。

网络安全事件应急预案应当按照事件发生后的危害程度、影响范围等因素对网络安全事件进行分级，并规定相应的应急处置措施。

本条规定建立应急机制和开展应急演练的要求。国家网信部门会同公安、工信等部门，协调电力、金融、电信、交通等有关部门，建立健全网络安全风险评估和应急工作机制，制定出台网络安全事件应急预案，对网络安全事件进行分级处置，并定期组织开展应急演练，提高处置网络安全突发事件的能力。

重点行业、部门按照国家要求，制定出台本行业、本领域的网络安全事件应急预案，并定期组织开展应急演练。

第五十四条 网络安全事件发生的风险增大时，省级以上人民政府有关部门应当按照规定的权限和程序，并根据网络安全风险的特点和可能造成的危害，采取下列措施：

（一）要求有关部门、机构和人员及时收集、报告有关信息，加强对网络安全风险的监测；

（二）组织有关部门、机构和专业人员，对网络安全风险信息进行分析评估，预测事件发生的可能性、影响范围和危害程度；

（三）向社会发布网络安全风险预警，发布避免、减轻危害的措施。

本条规定省级以上人民政府有关部门开展网络安全监测预警要求。省级以上人民政府网信部门、公安机关、电信管理部门、保密部门、密码管理部门等，要组织力量，建设网络安全监测预警平台，开展网络安全实时监测、风险分析研判、通报预警等工作，提高预警能力，及时化解网络安全风险和威胁。

第五十五条 发生网络安全事件，应当立即启动网络安全事件应急预案，对网络安全事件进行调查和评估，要求网络运营者采取技术措施和其他必要措施，消除安全隐患，防止危害扩大，并及时向社会发布与公众有关的警示信息。

本条规定网络安全事件应急处置要求。当发生网络安全事件时，网信部门、公安机关、电信管理部门、保密部门、密码管理部门等职能部门，以及重要行业部门，应当立即启动应急预案，对事件开展处置、调查和评估，消除危害。网络运营者应按照应急预案和有关部门要求，采取应急措施，防止危害扩大。有关部门应按要求及时向社会发布警示信息。

第五十六条 省级以上人民政府有关部门在履行网络安全监督管理职责中，发现网络存在较大安全风险或者发生安全事件的，可以按照规定的权限和程序对该网络的运营者的法定代表人或者主要负责人进行约谈。网络运营者应当按照要求采取措施，进行整改，消除隐患。

本条规定了网络安全管理中进行约谈的要求。约谈是网络安全行政管理部门对行政管理相对人进行的行政指导行为，具有警示告诫、督促其履行义务、教育指导和要求整改的作用。因此，本条规定，省级以上网信部门、公安机关、电信管理部门、保密部门、密码管理部门等职能部门，以及行业主管部门，在履行网络安全监督管理职责中，发现网络运营者的网络存在较大安全风险或者发生安全事件的，可以按照规定的权限和程序对法定代表人或者主要负责人进行约谈。网络运营者应当按照要求采取措施，进行整改，消除隐患。如果网络运营者不接受约谈、不接受意见或拒不整改，约谈部门可以对其采取进一步的监管和追责措施，迫使网络运营者履行义务。

第五十七条　因网络安全事件，发生突发事件或者生产安全事故的，应当依照《中华人民共和国突发事件应对法》《中华人民共和国安全生产法》等有关法律、行政法规的规定处置。

本条规定了网络安全事件引发其他事件事故的处置要求。由于网络安全事件，引发其他事故灾难、社会公共安全事件、公共卫生事件等突发事件或者生产安全事故的，有关部门应当依照《中华人民共和国突发事件应对法》《中华人民共和国安全生产法》等有关法律、行政法规的规定进行处置，防止事故或灾害进一步扩大，减少人员伤亡和财产损失。

第五十八条　因维护国家安全和社会公共秩序，处置重大突发社会安全事件的需要，经国务院决定或者批准，可以在特定区域对网络通信采取限制等临时措施。

本条规定了临时网络通信管制要求。因维护国家安全和社会公共秩序，处置重大突发社会安全事件，及时控制事态、消除危害的需要，经国务院决定或者批准，可以在特定区域对网络通信采取限制等临时措施。危害消除后，应停止网络通信限制等措施。

2.8　禁止行为和法律责任

本法对网络运营者、关键信息基础设施运营者、有关职能部门、机构、组织、个人等不履行本法所设定的义务，设置了警告、罚款、暂停相关业务、停业整顿、关闭网站、吊销相关业务许可证或者吊销营业执照、冻结财产、拘留、依法处分等处罚措施。违反本法规定，构成违反治安管理行为的，依法给予治安管理处罚；构成犯罪的，依法追究刑事责任。

第二十七条 任何个人和组织不得从事非法侵入他人网络、干扰他人网络正常功能、窃取网络数据等危害网络安全的活动；不得提供专门用于从事侵入网络、干扰网络正常功能及防护措施、窃取网络数据等危害网络安全活动的程序、工具；明知他人从事危害网络安全的活动的，不得为其提供技术支持、广告推广、支付结算等帮助。

本条规定了禁止危害网络安全的行为。任何个人和组织不得利用技术手段、提供工具、提供帮助，从事危害网络安全的活动：一是不得从事危害网络基础设施安全、网络运行安全和数据安全及侵害公民个人信息等活动；二是不得提供专门用于从事危害网络安全活动的程序、工具；三是不得为他人从事危害网络安全的活动，故意提供技术支持或帮助。

第五十九条 网络运营者不履行本法第二十一条、第二十五条规定的网络安全保护义务的，由有关主管部门责令改正，给予警告；拒不改正或者导致危害网络安全等后果的，处一万元以上十万元以下罚款，对直接负责的主管人员处五千元以上五万元以下罚款。

关键信息基础设施的运营者不履行本法第三十三条、第三十四条、第三十六条、第三十八条规定的网络安全保护义务的，由有关主管部门责令改正，给予警告；拒不改正或者导致危害网络安全等后果的，处十万元以上一百万元以下罚款，对直接负责的主管人员处一万元以上十万元以下罚款。

本条规定了网络运营者不履行本法规定的网络安全义务应承担的法律责任。本条第一款规定了网络运营者不履行本法第二十一条、第二十五条规定的网络安全保护义务，即不落实网络安全等级保护制度，不落实网络安全责任，缺乏技术防范措施，日志留存少于六个月，数据缺乏分类、备份、加密等措施，不制定应急预案，不及时处置网络安全事件，不按规定向有关部门报告等，由公安机关、保密、密码管理等部门依据各自职责，对网络运营者责令改正，根据情节给予警告、罚款等处罚。

本条第二款规定了关键信息基础设施运营者不履行本法第三十三条、第三十四条、第三十六条、第三十八条规定的网络安全保护义务的，即不履行"三同步"原则，不设置专门机构，不组织教育培训、考核，缺乏容灾备份措施，不制定应急预案和开展演练，不与网络产品和服务提供者签订安全保密协议，每年不开展等级测评、风险评估等安全检测评估等的，由公安机关、保密、密码管理等部门依据各自职责，对关键信息基础设施运营者责令改正，根据情节给予警告、罚款等处罚。

本条与《刑法》第二百八十六条之一进行了衔接，对网络运营者、关键信息基础设施运营者不履行网络安全管理义务的进行刑罚。

《刑法》第二百八十六条之一【拒不履行信息网络安全管理义务罪】规定，网络服务提供者不履行法律、行政法规规定的信息网络安全管理义务，经监管部门责令采取改正措施而拒不改正，有下列情形之一的，处三年以下有期徒刑、拘役或者管制，并处或者单处罚金：一是致使违法信息大量传播的；二是致使用户信息泄露，造成严重后果的；三是致使刑事案件证据灭失，情节严重的；四是有其他严重情节的。

单位犯前款罪的，对单位判处罚金，并对其直接负责的主管人员和其他直接责任人员，依照前款的规定处罚。

有前两款行为，同时构成其他犯罪的，依照处罚较重的规定定罪处罚。

2016 年 8 月 19 日，山东省临沂市高考录取新生徐玉玉被不法分子冒充教育、财政部门工作人员诈骗 9900 元，导致受害人猝死。犯罪嫌疑人杜某利用技术手段攻击了"山东省 2016 普通高校招生考试信息平台"并植入木马，获取了网站后台登录权限，盗取了包括徐玉玉在内的大量考生报名信息。案件发生后，公安部高度重视，立即组织山东等地公安机关开展侦查，案件迅速告破。徐玉玉案件说明网络运营者不重视网络安全工作，没有落实保护网络运行安全、业务信息系统安全及数据、公民个人信息安全的责任和义务。《网络安全法》实施后，与《刑法》进行了有效衔接，网络运营者应承担相应的法律责任。

第六十条 违反本法第二十二条第一款、第二款和第四十八条第一款规定，有下列行为之一的，由有关主管部门责令改正，给予警告；拒不改正或者导致危害网络安全等后果的，处五万元以上五十万元以下罚款，对直接负责的主管人员处一万元以上十万元以下罚款：

（一）设置恶意程序的；

（二）对其产品、服务存在的安全缺陷、漏洞等风险未立即采取补救措施，或者未按照规定及时告知用户并向有关主管部门报告的；

（三）擅自终止为其产品、服务提供安全维护的。

本条规定了个人、组织、网络产品和服务提供者在产品和服务等方面违法的处罚。有下列违法行为之一的，由公安机关、工信、保密、密码管理等部门责令改正，根据情节给予警告、罚款等处罚：一是设置后门、种植木马和病毒等恶意程序的；二是对其产品、服务存在的安全缺陷、漏洞、隐患等风险未立即采取补救措施，或者未按照规定及时告知用户并向有关主管部门报告的；三是擅自终止为其产品、服务提供安全维护的。

第六十一条 网络运营者违反本法第二十四条第一款规定，未要求用户提供真实身份信息，或者对不提供真实身份信息的用户提供相关服务的，由有关主管部门责令改正；拒不改正或者情节严重的，处五万元以上五十万元以下罚款，并可以由有关主管部门责令暂停相关业务、停业整顿、关闭网站、吊销相关业务许可证或者吊销营业执照，对直接负责的主管人员和其他直接责任人员处一万元以上十万元以下罚款。

本条规定了对网络运营者违反用户身份管理规定的处罚。网络运营者的如下行为均属于违法行为：一是为用户办理网络接入、域名注册服务，办理固定电话、移动电话等入网手续，或者为用户提供信息发布、即时通信等服务，在与用户签订协议或者确认提供服务时，未要求用户提供真实身份信息；二是为不提供真实身份信息的用户提供了相关服务。由电信主管部门、公安机关、有关业务主管部门、有关证照颁发部门等，依据各自职责，对网络运营者责令改正，根据情节给予警告、罚款、暂停相关业务、停业整顿、关闭网站、吊销相关业务许可证或者吊销营业执照等处罚。

第六十二条 违反本法第二十六条规定，开展网络安全认证、检测、风险评估等活动，或者向社会发布系统漏洞、计算机病毒、网络攻击、网络侵入等网络安全信息的，由有关主管部门责令改正，给予警告；拒不改正或者情节严重的，处一万元以上十万元以下罚款，并可以由有关主管部门责令暂停相关业务、停业整顿、关闭网站、吊销相关业务许可证或者吊销营业执照，对直接负责的主管人员和其他直接责任人员处五千元以上五万元以下罚款。

本条规定了对有关机构、组织、个人在网络安全服务中违法行为的处罚。有关机构、组织、个人违反本法第二十六条规定，开展网络安全认证、检测、风险评估等活动，或者向社会发布系统漏洞、计算机病毒、网络攻击、网络侵入等网络安全信息的，由工信部门、公安机关、有关业务主管部门、有关证照颁发部门等，依据各自职责，对第三方服务机构或个人责令改正，根据情节给予警告、罚款、暂停相关业务、停业整顿、关闭网站、吊销相关业务许可证或者吊销营业执照等处罚。

第六十三条 违反本法第二十七条规定，从事危害网络安全的活动，或者提供专门用于从事危害网络安全活动的程序、工具，或者为他人从事危害网络安全的活动提供技术支持、广告推广、支付结算等帮助，尚不构成犯罪的，由公安机关没收违法所得，处五日以下拘留，可以并处五万元以上五十万元以下罚款；情节较重的，处五日以上十五日以下拘留，可以并处十万元以上一百万元以下罚款。

单位有前款行为的，由公安机关没收违法所得，处十万元以上一百万元以下罚款，并对直接负责的主管人员和其他直接责任人员依照前款规定处罚。

违反本法第二十七条规定，受到治安管理处罚的人员，五年内不得从事网络安全管理和网络运营关键岗位的工作；受到刑事处罚的人员，终身不得从事网络安全管理和网络运营关键岗位的工作。

本条规定了公安机关对个人和组织危害网络安全行为的处罚。个人和组织违反本法第二十七条规定，从事危害网络安全的活动（一是从事非法侵入他人网络、干扰他人网络正常功能、窃取网络数据等危害网络安全的活动；二是提供专门用于从事侵入网络、干扰网络正常功能及防护措施、窃取网络数据等危害网络安全活动的程序、工具；三是明知他人从事危害网络安全的活动的，为其提供技术支持、广告推广、支付结算等帮助），或者提供专门用于从事危害网络安全活动的程序、工具，或者为他人从事危害网络安全的活动提供技术支持、广告推广、支付结算等帮助，尚不构成犯罪的，由公安机关没收违法所得，根据情节处以拘留、罚款等处罚。

本条第二款规定了单位实施危害网络安全行为应承担的法律责任；第三款规定了对从事危害网络安全行为的人员的从业禁止措施。

本条与《治安管理处罚法》第二十九条（对危害网络安全的行为进行治安管理处罚）进行了衔接。对于危害网络安全的行为，《治安管理处罚法》第二十九条规定，有下列行为之一的，处五日以下拘留；情节较重的，处五日以上十日以下拘留：一是违反国家规定，侵入计算机信息系统，造成危害的；二是对计算机信息系统功能进行删除、修改、增加、干扰，造成计算机信息系统不能正常运行的；三是对计算机信息系统中存储、处理、传输的数据和应用程序进行删除、修改、增加的；四是故意制作、传播计算机病毒等破坏性程序，影响计算机信息系统正常运行的。

本条与《刑法》第二百八十五条、二百八十六条、二百八十七条之二（分别对非法侵入计算机信息系统罪、破坏计算机信息系统罪、帮助信息网络犯罪活动罪的处罚）进行了衔接，为公安机关打击网络违法犯罪提供了有力保障。

《刑法》第二百八十五条【非法侵入计算机信息系统罪；非法获取计算机信息系统数据、非法控制计算机信息系统罪；提供侵入、非法控制计算机信息系统程序、工具罪】规定，违反国家规定，侵入国家事务、国防建设、尖端科学技术领域的计算机信息系统的，处三年以下有期徒刑或者拘役。

违反国家规定，侵入前款规定以外的计算机信息系统或者采用其他技术手段，获取该计算机信息系统中存储、处理或者传输的数据，或者对该计算机信息系统实施非法控制，情节严重的，处三年以下有期徒刑或者拘役，并处或者单处罚金；情节特别严重的，处三年以上七年以下有期徒刑，并处罚金。

提供专门用于侵入、非法控制计算机信息系统的程序、工具，或者明知他人实施侵入、非法控制计算机信息系统的违法犯罪行为而为其提供程序、工具，情节严重的，依照前款的规定处罚。

单位犯前三款罪的，对单位判处罚金，并对其直接负责的主管人员和其他直接责任人员，依照各该款的规定处罚。

《刑法》第二百八十六条【破坏计算机信息系统罪；网络服务渎职罪】规定，违反国家规定，对计算机信息系统功能进行删除、修改、增加、干扰，造成计算机信息系统不能正常运行，后果严重的，处五年以下有期徒刑或者拘役；后果特别严重的，处五年以上有期徒刑。

违反国家规定，对计算机信息系统中存储、处理或者传输的数据和应用程序进行删除、修改、增加的操作，后果严重的，依照前款的规定处罚。

故意制作、传播计算机病毒等破坏性程序，影响计算机系统正常运行，后果严重的，依照第一款的规定处罚。

单位犯前三款罪的，对单位判处罚金，并对其直接负责的主管人员和其他直接责任人员，依照第一款的规定处罚。

《刑法》第二百八十七条之二【帮助信息网络犯罪活动罪】规定，明知他人利用信息网络实施犯罪，为其犯罪提供互联网接入、服务器托管、网络存储、通讯传输等技术支持，或者提供广告推广、支付结算等帮助，情节严重的，处三年以下有期徒刑或者拘役，并处或者单处罚金。

单位犯前款罪的，对单位判处罚金，并对其直接负责的主管人员和其他直接责任人员，依照第一款的规定处罚。

有前两款行为，同时构成其他犯罪的，依照处罚较重的规定定罪处罚。

第六十四条 网络运营者、网络产品或者服务的提供者违反本法第二十二条第三款、第四十一条至第四十三条规定，侵害个人信息依法得到保护的权利的，由有关主管部门责令改正，可以根据情节单处或者并处警告、没收违法所得、处违法所得一倍以上十倍以下罚款，没有违法所得的，处一百万元以下罚款，对直接负责的主管人员和其他直接责任人员处一万元以上十万元以下罚款；情节严重的，并可以责令暂停相关业务、停业整顿、关闭网站、吊销相关业务许可证或者吊销营业执照。

违反本法第四十四条规定，窃取或者以其他非法方式获取、非法出售或者非法向他人提供个人信息，尚不构成犯罪的，由公安机关没收违法所得，并处违法所得一倍以上十倍以下罚款，没有违法所得的，处一百万元以下罚款。

本条规定了对网络运营者、网络产品或服务提供者侵害个人信息的处罚。网络运营者、网络产品或服务提供者违反本法第二十二条第三款、第四十一条至第四十三条规定的（未明示或未征得用户同意收集用户信息的；未按照合法、正当、必要原则收集、使用个人信息，扩大范围收集个人信息，违约保存或处理个人信息的；未落实个人信息保护措施，致使个人信息遭泄露、篡改、损毁等，非法向他人提供的；不及时向有关主管部门报告的；拒绝删除和更正个人信息等，侵害个人信息依法得到保护权利的），由工信部门、公安机关、有关业务主管部门、有关证照颁发部门等，依据各自职责，责令其改正，根据情节给予警告、罚款、暂停相关业务、停业整顿、关闭网站、吊销相关业务许可证或者吊销营业执照等处罚。

本条第二款规定，违反本法第四十四条规定，窃取或者以其他非法方式获取、非法出售或者非法向他人提供个人信息，尚不构成犯罪的，由公安机关没收违法所得，并处罚款。

本条与《刑法》第二百五十三条之一进行了衔接。

《刑法》修正案（九）第二百五十三条之一规定，违反国家有关规定，向他人出售或者提供公民个人信息，情节严重的，处三年以下有期徒刑或者拘役，并处或者单处罚金；情节特别严重的，处三年以上七年以下有期徒刑，并处罚金。

违反国家有关规定，将在履行职责或者提供服务过程中获得的公民个人信息，出售或者提供给他人的，依照前款的规定从重处罚。

窃取或者以其他方法非法获取公民个人信息的，依照第一款的规定处罚。

单位犯前三款罪的，对单位判处罚金，并对其直接负责的主管人员和其他直接责任人员，依照各该款的规定处罚。

第六十五条 关键信息基础设施的运营者违反本法第三十五条规定，使用未经安全审查或者安全审查未通过的网络产品或者服务的，由有关主管部门责令停止使用，处采购金额一倍以上十倍以下罚款；对直接负责的主管人员和其他直接责任人员处一万元以上十万元以下罚款。

本条规定了关键信息基础设施运营者违反规定采购网络产品和服务的处罚。关键信息基础设施运营者采购网络产品和服务，可能影响国家安全的，应当通过国家网信部门会同国务院有关部门组织的国家安全审查；使用未经安全审查或者安全审查未通过的网络产品或者服务的，由工信部门、公安机关、保密部门、密码管理部门等有关主管部门依据职责，责令其停止使用，处以罚款。

第六十六条　关键信息基础设施的运营者违反本法第三十七条规定，在境外存储网络数据，或者向境外提供网络数据的，由有关主管部门责令改正，给予警告，没收违法所得，处五万元以上五十万元以下罚款，并可以责令暂停相关业务、停业整顿、关闭网站、吊销相关业务许可证或者吊销营业执照；对直接负责的主管人员和其他直接责任人员处一万元以上十万元以下罚款。

本条规定了关键信息基础设施运营者违反数据存储、提供的处罚。关键信息基础设施运营者收集和产生的个人信息和重要数据应当在境内存储；因业务需要，确需向境外提供的，应当进行安全评估。违反规定，在境外存储网络数据，或者向境外提供网络数据的，由工信部门、公安机关、保密部门、密码管理部门、有关业务主管部门、有关证照颁发部门等，依据各自职责，责令其改正，根据情节给予警告、罚款、暂停相关业务、停业整顿、关闭网站、吊销相关业务许可证或者吊销营业执照等处罚。

第六十七条　违反本法第四十六条规定，设立用于实施违法犯罪活动的网站、通讯群组，或者利用网络发布涉及实施违法犯罪活动的信息，尚不构成犯罪的，由公安机关处五日以下拘留，可以并处一万元以上十万元以下罚款；情节较重的，处五日以上十五日以下拘留，可以并处五万元以上五十万元以下罚款。关闭用于实施违法犯罪活动的网站、通讯群组。

单位有前款行为的，由公安机关处十万元以上五十万元以下罚款，并对直接负责的主管人员和其他直接责任人员依照前款规定处罚。

本条规定了对个人、组织、机构违法设立网站、通讯群组，或者发布涉及实施违法犯罪活动信息的处罚。个人、组织、机构设立用于实施违法犯罪活动的网站、通讯群组，或者利用网络发布涉及实施违法犯罪活动的信息，尚不构成犯罪的，由公安机关处以罚款、拘留，关闭网站、通讯群组。

本条与《刑法》第二百八十七条之一进行了衔接。

《刑法》修正案（九）第二百八十七条之一规定，利用信息网络实施下列行为之一，情节严重的，处三年以下有期徒刑或者拘役，并处或者单处罚金：一是设立用于实施诈骗、传授犯罪方法、制作或者销售违禁物品、管制物品等违法犯罪活动的网站、通讯群组的；二是发布有关制作或者销售毒品、枪支、淫秽物品等违禁物品、管制物品或者其他违法犯罪信息的；三是为实施诈骗等违法犯罪活动发布信息的。

单位犯前款罪的，对单位判处罚金，并对其直接负责的主管人员和其他直接责任人员，依照第一款的规定处罚。

有前两款行为，同时构成其他犯罪的，依照处罚较重的规定定罪处罚。

第六十八条 网络运营者违反本法第四十七条规定，对法律、行政法规禁止发布或者传输的信息未停止传输、采取消除等处置措施、保存有关记录的，由有关主管部门责令改正，给予警告，没收违法所得；拒不改正或者情节严重的，处十万元以上五十万元以下罚款，并可以责令暂停相关业务、停业整顿、关闭网站、吊销相关业务许可证或者吊销营业执照，对直接负责的主管人员和其他直接责任人员处一万元以上十万元以下罚款。

电子信息发送服务提供者、应用软件下载服务提供者，不履行本法第四十八条第二款规定的安全管理义务的，依照前款规定处罚。

本条规定了对网络运营者、电子信息发送服务提供者、应用软件下载服务提供者不履行网络安全管理义务的处罚。网络运营者对法律、行政法规禁止发布或者传输的信息未停止传输、采取消除等处置措施、保存有关记录的，电子信息发送服务提供者、应用软件下载服务提供者对其用户发布或者传输违法信息未停止传输、采取消除等处置措施、保存有关记录的，由工信部门、公安机关、有关业务主管部门、有关证照颁发部门等有关部门，依据各自职责，责令其改正，根据情节给予警告、罚款、暂停相关业务、停业整顿、关闭网站、吊销相关业务许可证或者吊销营业执照等处罚。

第六十九条 网络运营者违反本法规定，有下列行为之一的，由有关主管部门责令改正；拒不改正或者情节严重的，处五万元以上五十万元以下罚款，对直接负责的主管人员和其他直接责任人员，处一万元以上十万元以下罚款：

（一）不按照有关部门的要求对法律、行政法规禁止发布或者传输的信息，采取停止传输、消除等处置措施的；

（二）拒绝、阻碍有关部门依法实施的监督检查的；

（三）拒不向公安机关、国家安全机关提供技术支持和协助的。

本条规定了对网络运营者不履行协助配合义务的处罚。网络运营者，一是不对违法信息采取停止传输、消除等处置措施的，二是拒绝、阻碍公安机关、保密部门、密码管理部门等有关部门依法实施的监督检查的，三是拒不向公安机关、国家安全机关提供技术支持和协助的，由有关主管部门责令改正，或根据情节处以罚款。

第七十条　发布或者传输本法第十二条第二款和其他法律、行政法规禁止发布或者传输的信息的，依照有关法律、行政法规的规定处罚。

本条规定了对个人、组织发布或传输违法信息的处罚。任何组织和个人发布本法第十二条第二款和其他法律、行政法规禁止发布或者传输的信息的，依照行政法规、治安管理处罚法、刑法等有关法律、行政法规的规定进行处罚。

本条与《刑法》第一百二十条之三、第二百九十一条之一第二款进行了衔接。

《刑法》第一百二十条之三规定，以制作、散发宣扬恐怖主义、极端主义的图书、音频视频资料或者其他物品，或者通过讲授、发布信息等方式宣扬恐怖主义、极端主义的，或者煽动实施恐怖活动的，处五年以下有期徒刑、拘役、管制或者剥夺政治权利，并处罚金；情节严重的，处五年以上有期徒刑，并处罚金或者没收财产。

《刑法》第二百九十一条之一第二款【虚假信息编造传播罪】规定，编造虚假的险情、疫情、灾情、警情，在信息网络或者其他媒体上传播，或者明知是上述虚假信息，故意在信息网络或者其他媒体上传播，严重扰乱社会秩序的，处三年以下有期徒刑、拘役或者管制；造成严重后果的，处三年以上七年以下有期徒刑。

第七十一条　有本法规定的违法行为的，依照有关法律、行政法规的规定记入信

用档案，并予以公示。

本条规定了对个人、组织实施信用惩戒。任何组织和个人有本法规定的违法行为的，网信部门、工信部门、公安机关、保密部门、密码管理部门、有关业务主管部门、有关证照颁发部门等有关部门，应按照各自职责，依照有关法律、行政法规的规定，将违法行为人、违法信息及处罚情况记入信用档案，并同时予以公示。

第七十二条　国家机关政务网络的运营者不履行本法规定的网络安全保护义务的，由其上级机关或者有关机关责令改正；对直接负责的主管人员和其他直接责任人员依法给予处分。

本条规定了对国家机关政务网络运营者不履行网络安全义务的处罚。国家机关政务网络的运营者不履行本法规定的网络安全保护义务的，由其上级机关或者有关机关责令改正；对直接负责的主管人员和其他直接责任人员，根据违法性质、情节和危害程度，依法给予警告、记过、记大过、降级、撤职或者开除等处分。

第七十三条　网信部门和有关部门违反本法第三十条规定，将在履行网络安全保护职责中获取的信息用于其他用途的，对直接负责的主管人员和其他直接责任人员依法给予处分。

网信部门和有关部门的工作人员玩忽职守、滥用职权、徇私舞弊，尚不构成犯罪的，依法给予处分。

本条规定了对网络安全监管渎职行为的处罚。网信部门、工信部门、公安机关、保密部门、密码管理部门和有关业务主管部门，将在履行网络安全保护职责中获取的信息用于其他用途的，对直接负责的主管人员和其他直接责任人员依法给予处分。上述部门工作人员玩忽职守、滥用职权、徇私舞弊，尚不构成犯罪的，根据违法性质、情节和危害程度，依法给予警告、记过、记大过、降级、撤职或者开除等处分。

第七十四条　违反本法规定，给他人造成损害的，依法承担民事责任。

违反本法规定，构成违反治安管理行为的，依法给予治安管理处罚；构成犯罪的，依法追究刑事责任。

本条规定了个人、组织违反本法的民事责任、治安管理处罚和刑事责任。任何组织和个人，违反本法规定，给他人造成损害的，依法承担民事责任；构成违反治安管理行为的，依法给予治安管理处罚；构成犯罪的，依法追究刑事责任。

对违反本法规定的行为，应依据《治安管理处法》给予治安管理处罚的情形，在《治安管理处法》第二十九条第一项、第二十九条、第四十二条第五项、第四十七条有明确规定。

对违反本法规定的行为，应依据《刑法》给予刑事处罚的犯罪行为主要包括：一是《刑法》第二百五十三条之一，对侵犯公民个人信息罪的处罚；二是《刑法》第二百八十五条第一款，对非法侵入计算机信息系统罪的处罚；三是《刑法》第二百八十五条第二款，对非法获取计算机信息系统数据罪、非法控制计算机信息系统罪的处罚；四是《刑法》第二百八十五条第三款，对提供侵入、非法控制计算机信息系统程序、工具罪的处罚；五是《刑法》第二百八十五条，对破坏计算机信息系统罪的处罚；六是《刑法》第二百八十六条之一，对拒不履行信息网络安全管理义务罪的处罚；七是《刑法》第二百八十七条之一，对非法利用信息网络罪的处罚；八是《刑法》第二百八十七条之二，对帮助信息网络犯罪活动罪的处罚；九是《刑法》第二百九十一条之一第二款，对编造、故意传播虚假信息罪的处罚。

第七十五条　境外的机构、组织、个人从事攻击、侵入、干扰、破坏等危害中华人民共和国的关键信息基础设施的活动，造成严重后果的，依法追究法律责任；国务院公安部门和有关部门并可以决定对该机构、组织、个人采取冻结财产或者其他必要的制裁措施。

本条规定了对境外机构、组织、人员对我关键信息基础设施实施网络攻击的制裁措施。境外的机构、组织、个人从事攻击、侵入、干扰、破坏等危害我国关键信息基础设施的活动，造成严重后果的，依法追究法律责任；公安机关可以通过国际警方合作机制对境外违法犯罪嫌疑人进行抓捕和打击；公安部和有关部门并可以决定对该机构、组织、个人采取冻结财产或者其他必要的制裁措施。

第3章 网络安全等级保护制度

本章主要介绍国家网络安全等级保护制度的有关法律、政策、标准及主要内容，等级保护制度的基本内涵及其与国家关键信息基础设施的关系，以及等级保护工作的主要环节、流程和职责分工等，使读者对国家网络安全等级保护制度有一个基本了解。

3.1 网络安全等级保护的基本含义

多年来，对信息安全、网络安全、信息网络安全、网络信息安全等概念，我国在有关法律法规和文件中通常采用"信息安全"这个关键词。《网络安全法》出台之后，国家有关法律法规和文件中将"信息安全"调整为"网络安全"，将"信息安全等级保护制度"调整为"网络安全等级保护制度"。因此，本书在使用有关名词术语时，将根据历史客观事实，介绍信息安全等级保护制度、网络安全等级保护制度及网络、信息系统，虽然称谓不同，但本质是一致的。

3.1.1 开展网络安全等级保护工作的法律依据

《中华人民共和国人民警察法》第六条第十二款规定，人民警察履行"监督管理计算机信息系统的安全保护工作"的职责。

1994年《中华人民共和国计算机信息系统安全保护条例》（国务院令第147号）第九条明确规定，"计算机信息系统实行安全等级保护，安全等级的划分标准和安全等级保护的具体办法，由公安部会同有关部门制定"。该条明确了三方面内容：一是确立等级保护是计算机信息系统安全保护的一项制度；二是出台配套的规章和技术标准；三是明确公安部在等级保护工作中的牵头地位。

2008 年国务院"三定"方案，赋予公安部"监督、检查、指导信息安全等级保护工作"法定职责。

2017 年《网络安全法》第二十一条规定，国家实行网络安全等级保护制度。网络运营者应当按照网络安全等级保护制度的要求，履行安全保护义务，保障网络免受干扰、破坏或者未经授权的访问，防止网络数据泄露或者被窃取、篡改。第三十一条规定，国家关键信息基础设施在网络安全等级保护制度的基础上，实行重点保护。

3.1.2　开展网络安全等级保护工作的政策依据

2003 年，《国家信息化领导小组关于加强信息安全保障工作的意见》（中办发〔2003〕27 号）明确指出，"实行信息安全等级保护。要重点保护基础信息网络和关系国家安全、经济命脉、社会稳定等方面的重要信息系统，抓紧建立信息安全等级保护制度，制定信息安全等级保护的管理办法和技术指南"，标志着等级保护从计算机信息系统安全保护的一项制度提升到国家信息安全保障工作的基本制度。同时，27 号文件明确了各级党委和政府在信息安全保障工作中的领导地位，以及"谁主管谁负责，谁运营谁负责"的信息安全保障责任制。

2004 年 7 月 3 日，国家网络与信息安全协调小组第三次会议审议通过了《关于信息安全等级保护工作的实施意见》（公通字〔2004〕66 号），指出信息安全等级保护制度是国民经济和社会信息化的发展过程中，提高信息安全保障能力和水平，维护国家安全、社会稳定和公共利益，保障和促进信息化建设健康发展的一项基本制度。进一步明确公安机关负责全国信息安全等级保护工作的监督、检查和指导工作，并指出"要建立专门的等级保护监督检查机构和技术支撑体系，组织研制、开发科学、实用的检查、评估工具，充实力量，加强建设，切实承担信息安全等级保护监督、检查和指导的职责"。

2007 年，公安部、国家保密局、国家密码管理局等四部门联合出台的《信息安全等级保护管理办法》（公通字〔2006〕43 号，下称《管理办法》）详细阐述了公安机关的具体工作任务。公安部牵头，会同国家保密局、国家密码管理局等部门共同组织全国各单位、各部门实施信息安全等级保护工作。同时，公安机关还承担信息安全等级保护监督、检查、指导的任务。这是党中央、国务院交给公安机关的新任务，也是信息化时代公安机关巩固党的执政地位、维护国家长治久安、保障人民安居乐业的新职责。

2008 年，国家发改委、公安部、国家保密局联合印发了《关于加强国家电子政务工程建设项目信息安全风险评估工作的通知》（发改高技〔2008〕2071 号），要求国家电子政务项目中非涉及国家秘密的信息系统，按照国家信息安全等级保护制度要求开展等级测评和风险评估。

2008 年，国家发改委印发了《国家发展改革委关于进一步加强国家电子政务工程建设项目管理工作的通知》（发改高技〔2008〕2544 号），要求国家电子政务项目的信息安全工作，按照国家信息安全等级保护制度要求，项目建设部门在电子政务项目的需求分析报告和建设方案中应同步落实等级测评要求。

2010 年，公安部、国资委联合下发《关于进一步推动中央企业信息安全等级保护工作的通知》（公通字〔2010〕70 号），要求中央企业落实国家信息安全等级保护制度。

2012 年，《国务院关于推进信息化发展和切实保障信息安全的若干意见》（国发〔2012〕23 号）规定，"落实信息安全等级保护制度，开展相应等级的安全建设和管理，做好信息系统定级备案、整改和监督检查"。

2012 年，国家发改委、公安部、财政部、国家保密局、国家电子政务内网建设和管理协调小组办公室联合印发了《关于进一步加强国家电子政务网络建设和应用工作的通知》（发改高技〔2012〕1986 号），要求按照信息安全等级保护要求建设和管理国家电子政务外网。

2014 年 12 月，中办、国办下发《关于加强社会治安防控体系建设的意见》，要求"完善国家网络安全监测预警和通报处置工作机制，推进完善信息安全等级保护制度"。

2014 年 12 月，中央批准实施的《关于全面深化公安改革若干重大问题的框架意见》指出，"推进健全信息安全等级保护制度，完善网络安全风险监测预警、通报处置机制"。

2015 年，中央下发中央网络安全和信息化领导小组 2015 年工作要点，要求"落实国家信息安全等级保护制度"。

2015 年 7 月，教育部、公安部联合下发《教育部、公安部关于全面推进教育行业信息安全等级保护工作的通知》（教技〔2015〕2 号），组织全国教育管理部门、学校、教育机构深入推进信息安全等级保护工作。

2016 年 3 月，国家网络安全政策重点任务中，要求健全完善国家信息安全等级保护制度。

2017 年，中央出台加强网络安全和信息化工作的意见，要求"完善国家网络安全等级保护制度"。

3.1.3　什么是网络安全等级保护

1. 基本概念

网络安全等级保护是指对网络（含信息系统、数据，下同）实施分等级保护、分等级监管，对网络中使用的网络安全产品实行按等级管理，对网络中发生的安全事件分等级响应、处置。

"网络"是指由计算机或者其他信息终端及相关设备组成的按照一定的规则和程序对信息进行收集、存储、传输、交换、处理的系统，包括网络设施、信息系统、数据资源等。

2. 网络安全等级保护工作的内涵

简单来说，网络安全等级保护是对网络进行分等级保护、分等级监管，是将信息网络、信息系统、网络上的数据和信息，按照重要性和遭受损坏后的危害性分成五个安全保护等级（从第一级到第五级，逐级增高）；等级确定后，第二级（含）以上网络到公安机关备案，公安机关对备案材料和定级准确性进行审核，审核合格后颁发备案证明；备案单位根据网络的安全等级，按照国家标准开展安全建设整改，建设安全设施、落实安全措施、落实安全责任、建立和落实安全管理制度；选择符合国家要求的测评机构开展等级测评；公安机关对第二级网络进行指导，对第三、第四级网络定期开展监督、检查。

3. 开展网络安全等级保护工作的流程

根据《信息安全等级保护管理办法》的规定，等级保护工作主要分为五个环节，分别是定级、备案、建设整改、等级测评和监督检查。开展网络安全等级保护工作，涉及公安机关、保密部门、密码管理部门、网信部门等职能部门，以及网络运营者、第三方测评机构、网络安全企业、专家队伍等。各方应按照国家网络安全等级保护制度要求，按照职责和分工，找准各自定位，密切配合，共同落实《网络安全法》和网络安全等级保护制度，依法维护网络安全。开展网络安全等级保护工作的流程如下。

一是定级。网络运营者根据《网络安全等级保护定级指南》（GA/T 1389—2017）拟定网络的安全保护等级，组织召开专家评审会，对初步定级结果的合理性进行评审，出具专家评审意见，将初步定级结果上报行业主管部门进行审核。

二是备案。网络运营者将网络定级材料向公安机关备案，公安机关对定级准确、符合要求的网络发放备案证明。

三是等级测评。网络运营者选择符合国家规定条件的测评机构，对第三级以上网络（含国家关键信息基础设施）每年开展等级测评，查找发现问题隐患，提出整改意见。

四是安全建设整改。网络运营者根据网络的安全保护等级，按照国家标准开展安全建设整改。

五是监督检查。公安机关每年对网络运营者开展网络安全等级保护工作的情况和网络的安全状况实施执法检查。

4. 网络安全等级保护制度是国家网络安全的基本制度、基本国策

网络安全等级保护是党中央、国务院决定在网络安全领域实施的基本国策。由公

安部牵头，经过十多年的探索和实践，网络安全等级保护的政策、标准体系已经基本形成，并已在全国范围内全面实施。

网络安全等级保护制度是国家网络安全工作的基本制度，是实现国家对重要网络、信息系统、数据资源实施重点保护的重大措施，是维护国家关键信息基础设施的重要手段。网络安全等级保护制度的核心内容是：国家制定统一的政策、标准；各单位、各部门依法开展等级保护工作；有关职能部门对网络安全等级保护工作实施监督管理。

《网络安全法》规定国家实行网络安全等级保护制度，标志着从 1994 年的国务院条例（国务院令第 147 号）上升到国家法律；标志着国家实施十余年的信息安全等级保护制度进入 2.0 阶段；标志着以保护国家关键信息基础设施安全为重点的网络安全等级保护制度依法全面实施。

网络安全等级保护制度是新时期国家网络安全的基本制度、基本国策，我们将构建网络安全等级保护新的法律和政策体系、新的标准体系、新的技术支撑体系、新的人才队伍体系、新的教育训练体系和新的保障体系。

网络安全等级保护制度进入 2.0 时代，其核心内容：一是将风险评估、安全监测、通报预警、案事件调查、数据防护、灾难备份、应急处置、自主可控、供应链安全、效果评价、综治考核等重点措施全部纳入等级保护制度并实施；二是将网络基础设施、信息系统、网站、数据资源、云计算、物联网、移动互联网、工控系统、公众服务平台、智能设备等全部纳入等级保护和安全监管；三是将互联网企业的网络、系统、大数据等纳入等级保护管理，保护互联网企业健康发展。

5. 网络安全等级保护是网络安全工作的基本方法

网络安全等级保护也是国家网络安全工作的基本方法。网络安全等级保护工作的目标就是维护国家关键信息基础设施安全，维护重要网络设施、重要信息系统、重要数据的安全。等级保护制度提出了一整套安全要求，贯穿网络和信息系统的设计、开发、实现、运维、废弃等系统工程的整个生命周期，引入了测评技术、风险评估、灾难备份、应急处置等技术。

　　按照等级保护制度中规定的"定级、备案、建设、测评、检查"这五个规定动作，各单位、各部门开展网络安全工作，先对所属网络、信息系统和数据开展调查摸底，再对网络进行定级。定级后，第二级以上网络要到公安机关备案，然后按标准进行安全建设整改，开展等级测评。公安机关对网络安全工作开展监督管理，按照不同的网络级别实施不同强度的监管，对进入重要信息系统的测评机构及信息安全产品分等级进行管理，对网络安全事件分等级响应和处置。通过开展一系列重点工作，采取一系列重要的安全管理和技术措施，将网络安全工作落到实处。

3.1.4　贯彻落实网络安全等级保护制度的原则

　　网络安全等级保护工作应当按照主动防御、整体防控、突出重点、综合保障的原则，重点保护关键信息基础设施和其他涉及国家安全、国计民生、公共利益的网络的运行安全和数据安全。网络运营者在网络建设过程中，应同步规划、同步建设、同步运行网络安全保护、保密和密码保护措施。国家网络安全等级保护坚持分等级保护、分等级监管的原则，对网络分等级进行保护，按标准进行建设、管理和监督。在落实网络安全等级保护制度中，还应遵循以下几点要求：

　　一是明确责任，共同保护。通过等级保护，组织和动员国家、法人和其他组织、公民共同参与网络安全保护工作；各方主体按照规范和标准分别承担相应的、明确具体的网络安全保护责任。

　　二是依照标准，开展保护。国家运用强制性法律及规范标准，要求网络运营者按照网络安全建设和管理要求，科学准确定级，实施保护策略和措施。

　　三是同步建设，动态调整。网络在新建、改建、扩建时应当同步建设网络安全设施，保障网络安全与信息化建设相适应。因网络的应用类型、范围等条件的变化及其他原因，安全保护等级需要变更的，应当根据等级保护的管理规范和技术标准的要求重新确定其安全保护等级。等级保护的管理规范和技术标准应按照等级保护工作开展的实际情况适时修订。

　　四是指导监督，重点保护。国家指定网络安全监管职能部门通过备案、指导、检查、督促整改等方式，对网络安全保护工作进行指导监督。国家重点保护涉及国家安全、经济命脉、社会稳定的关键信息基础设施，主要包括：电信网、广电网、互联网、移动互联网、物联网、行业专网等网络基础设施；各行业、各部门、各单位的指挥调度、内部办公、管理控制、生产作业、公众服务等业务信息系统和网站；能源、交通、水利、市政等领域的工业控制系统；互联网企业的网络平台、重要业务系统和网站；数据中心、大数据服务平台、云计算服务平台、智能设备设施及数据资源；其他关系国家安全、社会秩序、公共利益以及公民、法人和其他组织的合法权益的网络和信息系统。

3.1.5　安全保护等级的划分与监管

1. 安全保护等级的划分

网络的安全保护等级应当根据网络在国家安全、经济建设、社会生活中的重要程度，以及网络遭到破坏后对国家安全、社会秩序、公共利益及公民、法人和其他组织的合法权益的危害程度等因素确定。网络安全等级保护制度将网络划分为如下五个安全保护等级，从第一级到第五级逐级增高。

第一级，属于一般网络，其一旦受到破坏，会对公民、法人和其他组织的合法权益造成损害，但不危害国家安全、社会秩序和社会公共利益。

第二级，属于一般网络，其一旦受到破坏，会对公民、法人和其他组织的合法权益造成严重损害，或者对社会秩序和社会公共利益造成危害，但不危害国家安全。

第三级，属于重要网络，其一旦受到破坏，会对公民、法人和其他组织的合法权益造成特别严重损害，或者会对社会秩序和社会公共利益造成严重危害，或者对国家安全造成危害。

第四级，属于特别重要网络，其一旦受到破坏，会对社会秩序和社会公共利益造成特别严重危害，或者对国家安全造成严重危害。

第五级，属于极其重要网络，其一旦受到破坏，会对国家安全造成特别严重危害。

2. 五级保护与监管

网络运营者依据《网络安全法》、网络安全等级保护制度要求和相关技术标准，对网络进行保护，国家有关网络安全监管部门对其网络安全等级保护工作进行监督管理。

第一级网络运营者，应当依据国家有关管理规范和技术标准进行保护。

第二级网络运营者，应当依据国家有关管理规范和技术标准进行保护。国家网络安全监管部门对该级网络安全等级保护工作进行指导。

第三级网络运营者，应当依据国家有关管理规范和技术标准进行保护。国家网络安全监管部门对该级网络安全等级保护工作进行监督、检查。

第四级网络运营者，应当依据国家有关管理规范、技术标准和业务专门需求进行保护。国家网络安全监管部门对该级网络安全等级保护工作进行强制监督、检查。

第五级网络运营者，应当依据国家管理规范、技术标准和业务特殊安全需求进行保护。国家指定专门部门对该级网络安全等级保护工作进行专门监督、检查。

3. 对网络安全产品管理和网络安全事件实行分等级响应、处置的制度

国家对网络安全产品的使用实行分等级管理制度。网络安全事件实行分等级响应、处置的制度，依据网络安全事件对网络、系统和数据信息的破坏程度、所造成的社会影响和涉及的范围确定事件等级。根据不同安全保护等级的网络中发生的不同等级事件制定相应的预案，确定事件响应和处置的范围、程度及适用的管理制度等。网络安全事件发生后，分等级按照预案响应和处置。

3.2　实行网络安全等级保护制度的必要性和紧迫性

3.2.1　为什么要强制实行网络安全等级保护制度

建立和落实网络安全等级保护制度是形势所迫、国情所需。随着我国信息化进程的全面加快，全社会特别是重要行业、重要领域对基础信息网络和重要信息系统的依

赖程度越来越高，基础信息网络和重要信息系统业已成为国家关键信息基础设施，其安全性直接关系到国家安全、公共安全、社会公众利益。可以预见，我国关键信息基础设施如果发生安全故障，将严重影响其保障服务的顺利进行；如果遭遇网络入侵攻击，将导致有关国家重要数据或敏感信息被窃取、被篡改，或系统不能正常运行；如果网站受到攻击，将致使政府门户网站和重点新闻网站访问被中断、页面被篡改，甚至系统瘫痪，对我国社会秩序、公共利益等造成严重影响。关键信息基础设施一旦出现大的网络安全问题，不仅影响本单位、本行业，还直接威胁国家安全、社会稳定、经济发展。因此，实施网络安全等级保护，将网络根据其重要程度和遭受破坏后的危害性进行分级，突出保护的重点，已成为各级领导、各部门及全社会的共识。国内外形势和国情现状决定了我国必须尽快建立一个适合国情的网络安全基本制度，突出重点，保护重点，统筹监管，保障网络基础设施安全、网络运行安全和数据安全，维护国家安全。

3.2.2　实施网络安全等级保护制度是落实习近平总书记指示的必然要求

习近平总书记明确指出，"要清醒认识我们面临的威胁，搞清楚哪些是潜在的，哪些是现实的；哪些可能变成真正的攻击，哪些可以通过政治经济外交等手段予以化解；哪些需要密切监视防患于未然，哪些必须全力予以打击；哪些可能造成不可弥补的损失，哪些损失可以容忍，减少不计成本的过度防范"。当前，我们要坚决按照习近平总书记和党中央对等级保护工作作出的新指示、提出的新要求，认清威胁和隐患，采取科学的方法和措施，坚定不移地贯彻实施国家网络安全等级保护制度，科学有效地维护国家关键信息基础设施安全。

一是要充分认识等级保护制度在新时期国家网络安全保障中的基础性地位。等级保护制度并不是我国独创的，而是我国长期跟踪、研究、借鉴美国关键信息基础设施保护的法律、政策、战略和经验，以及关键信息基础设施分级、分类保护的科学方法，结合我国国情，创造性地构建并实施的国家网络安全等级保护制度。党中央和国务院将这项工作交给了公安部等四部门，公安部作为执法机关牵头组织开展这项工作，体现了等级保护工作的极端重要性和任务的艰巨性、繁重性，体现了党中央和国务院对这项工作的高度重视。

二是要进一步完善和深化等级保护制度。对于传统的网络和信息系统，我们有了开展等级保护工作的方法和经验。随着科技和信息化的快速发展，出现了云计算、物联网、移动互联网、大数据、工控系统、位置智能服务、人工智能等新技术、新应用。近年来，在中央及有关部委出台的网络安全政策文件中，明确要求完善等级保护制度、深入开展等级保护工作。公安部正在会同有关部门研究完善等级保护法律政策，并组织有关研究机构和网络安全企业制定云计算、物联网、移动互联网、工控系统、大数据的等级保护标准，为各地区、各部门深入开展等级保护工作提供新的政策、标准保障。在此基础上，公安部将会同有关部门，在专家和网络安全企业的大力支持下，深入研究和完善网络安全等级保护制度，加快推进等级保护工作。

三是突出重点，保护核心系统和大数据安全。我国 47 个重点行业主管部门，要按照公安部、国家发改委、财政部三部委联合印发的《关于加强国家级重要信息系统安全保障工作有关事项的通知》要求，研究确定本行业国家级重要信息系统的安全保护政策和具体措施。276 个国家级重要信息系统所属单位，要全面深入开展网络安全等级保护工作，全面调查和掌握本部门、本行业网络和信息系统底数、安全状况及网络安全工作情况，落实网络安全与信息化建设"同步规划、同步设计、同步实施"的"三同步"要求。以等级保护工作为抓手，深入开展安全监测、通报预警、灾难备份、技术检测和应急保障等重点工作，落实本单位网络安全责任，加强对技术支持单位、产品提供商、服务商的安全要求，不断提高本部门网络安全综合保障能力。

四是加强监督检查和等级测评。各级公安机关要按照习近平总书记等中央领导的指示精神及公安部、国家发改委、财政部三部委文件的要求，会同有关部门，每年对第三级以上重要信息系统开展一次重点检查，及时查找问题和隐患并督促整改。同时，各级公安机关要将重要信息系统、政府网站和重点互联网网站纳入重点监管范围，开展执法检查，督促其落实网络安全等级保护要求。要认真指导 150 余家等级测评机构对重要信息系统开展等级测评和渗透性技术检测，提高技术检测力度，及时查找深层次安全漏洞和隐患，督促有关部门有针对性地进行整改。要组织开展好"智慧城市"网络安全建设、管理和评价工作，加快重要信息系统数据库建设和应用，配合有关部门做好关键信息基础设施安全可控工作。

3.2.3   实施网络安全等级保护制度能解决什么问题

通过开展网络安全等级保护工作，可以充分体现"明确重点、突出重点、保护重点"的目的，将有限的财力、物力、人力投入到国家关键信息基础设施安全保护中，按标准建设安全保护措施，建立安全保护制度，落实安全责任，有效保护基础信息网络和关系国家安全、经济命脉、社会稳定的重要信息系统、大数据的安全，有效提高国家关键信息基础设施的安全防护能力和我国网络安全保障工作的整体水平，有效解决我国网络安全面临的威胁和存在的主要问题。

网络安全等级保护是当今发达国家保护关键信息基础设施、保障网络安全的通行做法，也是我国多年来网络安全工作经验的总结。实施网络安全等级保护，有利于在信息化建设过程中同步建设网络安全设施，保障网络安全与信息化建设相协调；有利于为信息系统安全建设和管理提供系统性、针对性、可行性的指导和服务；有利于优化网络安全资源配置，对网络、系统分等级实施保护，重点保障国家关键信息基础设施安全；有利于明确国家、法人和其他组织、公民的网络安全责任，加强网络安全管理；有利于推动网络安全产业的发展，逐步探索出一种适应社会主义市场经济发展的网络安全模式。实践证明，等级保护工作是各单位、各部门开展网络安全保障工作的最重要抓手，也是网络安全保障工作的重要内容。

3.3   网络安全等级保护制度与关键信息基础设施保护的关系

网络安全等级保护制度是国家网络安全保障工作的基本制度，关键信息基础设施是网络安全等级保护的重点，网络安全等级保护制度涵盖关键信息基础设施保护。

1．什么是关键信息基础设施

美国国家关键基础设施的定义和范围是：国家关键基础设施是指对美国而言重要的实际或虚拟的系统和资产，此类系统和资产的缺乏或破坏将对国家安全、国家经济安全、国家公共健康和安全或上述事项的任何组合产生削弱影响。

2013 年 2 月，奥巴马政府发布的第 21 号总统令《提高关键基础设施的安全性和恢复力》，确定了 17 类关键基础设施部门，包括化学、商业设施、通信、关键制造、水利、国防工业基地、应急服务、能源、金融服务、食品和农业、政府设施、医疗保健和公共卫生、信息技术、核反应堆、材料和废弃物、运输系统、水及污水处理系统。

2. 国际上对关键信息基础设施的定义

国际上对关键信息基础设施（CII）的定义是：维系全球或国家的关键基础设施服务持续运转的基础网络、重要信息系统、信息数据等，是确保一国关键基础设施服务得以持续运转的不可或缺的要素，在很大程度上由信息和电信部门组成，还包括电信、计算机/软件、互联网、卫星、光纤等成分。这个术语还被用来统称相互连接的计算机、网络及在其上传送的关键信息流。

美国在 2009 年《国家基础设施保护计划》中定义了国家关键信息基础设施：通信和信息系统，以及这些系统中的信息数据，其中通信和信息系统由对各类型数据进行处理、储存和通信的软硬件组成，其包括计算机信息系统、控制系统和网络。

国际电信联盟的定义是：国家关键信息基础设施是指支撑物理国家关键基础设施的信息系统。

3. 我国关键信息基础设施概念的提出和范围的确定

关键信息基础设施这个概念中央第一次正式提出，是 2014 年 2 月 27 日召开的中央网络安全和信息化领导小组第一次会议，习近平总书记指示，"要抓紧制定互联网信息内容管理、国家关键信息基础设施保护等方面的专项法规，解决工作急需"，随后下发的文件中提到，要建设网络强国，要有良好的信息基础设施，形成实力雄厚的信息经济，要完善关键信息基础设施保护等法律法规等。

目前，我国法律、法规、规范性文件都没有对关键信息基础设施作出明确的解释。

网络安全等级保护制度在建立过程中，公安部和有关部门研究、借鉴了美国等西方国家保护关键信息基础设施的经验和做法。结合我国国情，研究认为：关键信息基础设施是指关系国家安全、国计民生的基础信息网络、重要信息系统、大数据和大型公共服务平台。电信网、广电网、互联网、移动互联网、物联网、大型业务专网等重要网络设施，重要行业部门的核心业务系统、卫星通信系统、工业控制系统、重点网站等重要信息系统，大型云计算中心、云服务平台、大数据中心等大型服务设施和大数据，涵盖在我国等级保护管理对象的范围内。

4. 正确理解网络安全等级保护制度与关键信息基础设施保护的关系

一是等级保护制度是普适性的制度，是关键信息基础设施保护的基础，关键信息基础设施是等级保护制度的保护重点。

二是等级保护制度和关键信息基础设施保护是网络安全的两个重要方面，不可分割。关键信息基础设施必须按照网络安全等级保护制度要求，开展定级备案、等级测评、安全建设整改、安全检查等强制性、规定性工作。

三是网络运营者应当在第三级（含）以上网络中确定关键信息基础设施。

四是关键信息基础设施保护，要落实公安机关、保密部门、密码部门的保卫、保护、监管责任，落实网络运营者和行业主管部门的主体责任。

五是公安机关在情报侦察、追踪溯源、快速处置、打击犯罪、等级保护、通报预警、互联网管理等方面，发挥职能作用和主力军作用，保卫关键信息基础设施安全。

5. 实施网络安全等级保护制度的根本目的就是保护国家关键信息基础设施

依据一：《国家信息化领导小组关于加强信息安全保障工作的意见》（中办发〔2003〕27 号）要求，"要重点保护基础信息网络和关系国家安全、经济命脉、社会稳定等方面的重要信息系统，抓紧建立信息安全等级保护制度"。

依据二：公安部、国家保密局、国家密码管理局和原国务院信息办联合印发的《关于信息安全等级保护工作的实施意见》（公通字〔2004〕66 号）规定，国家重点保护涉及国家安全、经济命脉、社会稳定的基础信息网络和重要信息系统。

依据三：公安部、国家保密局、国家密码管理局和原国务院信息办联合印发的《关于信息安全等级保护工作的实施意见》（公通字〔2004〕66 号）规定，信息和信息系统的安全保护等级共分为五级，第三级、第四级、第五级属于国家重要信息系统，涵盖所有关键信息基础设施。

网络安全等级保护与关键信息基础设施保护的关系：一是从保护的对象上看，网络安全等级保护包含全国所有第二级（含）以上安全保护对象，关键信息基础设施保护对象是网络安全等级保护对象中的一小部分；二是从保护的策略上看，网络安全等级保护是分等级进行的，所有网络划分为五个等级，对第三级（含）以上系统采取重点保护，而对关键信息基础设施同样实行重点保护；三是从保护的措施上看，第三级（含）以上网络采取的保护措施，与关键信息基础设施采取的保护措施基本一致；四是从发展上看，中央《关于加强社会治安防控体系建设的意见》《关于全面深化公安改革若干重大问题的框架意见》，要求健全网络安全等级保护制度。公安部正在会同有关部门研究落实健全网络安全等级保护制度的具体措施，覆盖所有保护对象和保护方法。

6. 国家关键信息基础设施已经纳入网络安全等级保护制度进行管理

近十余年，全国公安机关共受理了 7 万多家单位、近 14 万个信息系统的备案。根据习近平总书记等中央领导批示，公安部会同国家发改委、财政部等部门和行业主管部门，从国家层面加强对国家级重要系统的安全保护，确定了 47 个重要行业、276 家重点单位为网络安全重点保卫单位，确定了 500 个信息系统为国家级重要信息系统。公安部会同国家发改委、财政部联合出台了《关于加强国家级重要信息系统安全保障工作有关事项的通知》，实施重点保护。47 个行业涵盖电信、广电、电力、石油、银行、证券、保险、交通、民航、铁路、教育、卫生、税务、海关等国家关键信息基础设施领域。

3.4　网络安全等级保护制度的主要内容

网络安全等级保护工作应当按照主动防御、整体防控、突出重点、综合保障的原则，建立健全网络安全保障体系，重点保护关键信息基础设施和其他涉及国家安全、国计民生、社会公共利益的网络的基础设施安全、运行安全和数据安全。

3.4.1　网络安全等级保护工作中有关部门的责任和义务

国家、有关部门和企业在网络安全等级保护工作中有着不同的责任和义务。

1.国家层面

国家建立健全网络安全等级保护制度的组织领导体系、技术支持体系和保障体系；组织政府部门、重要行业、企事业单位、社会组织开展网络安全等级保护工作，监测、防御、处置来源于中华人民共和国境内外的网络安全风险和威胁，重点保护关键信息基础设施和其他涉及国家安全、国计民生、社会公共利益的网络免受攻击、侵入、干扰和破坏，依法惩治网络违法犯罪活动，维护网络空间安全和秩序；通过制定有关法律法规、管理规范和技术标准，组织公民、法人和其他组织对网络分等级实行安全保护，对等级保护工作的实施进行监督、管理。

地市级以上人民政府组织建立网络安全等级保护领导小组，协调政府部门、重要行业、社会力量，共同推进网络安全等级保护工作。各级人民政府应当对网络安全等级保护工作统筹规划，加大投入，将安全建设整改、等级测评、监督检查等经费纳入财政预算，扶持网络安全等级保护重点工程和项目，支持网络安全等级保护技术的研究开发和应用，推广安全可信的网络产品和服务。各级人民政府及有关单位和部门应当将网络安全等级保护工作纳入绩效考核评价体系、社会治安综合治理考核、审计范畴；应当加强网络安全等级保护制度的宣传教育，提升社会公众的网络安全防范意识。

国家建立完善网络安全等级保护标准体系。国务院标准化行政主管部门和国务院公安部门、国家保密行政管理部门、国家密码管理部门根据各自职责，组织制定网络安全等级保护的国家标准、行业标准。国家支持企业、研究机构、高等学校、网络相关行业组织参与网络安全等级保护国家标准、行业标准的制定。

国家组织社会力量，建设网络安全等级保护专家队伍和建设整改、等级测评、应急处置等技术支持体系，为落实网络安全等级保护制度提供支撑。国家鼓励和支持企事业单位、高等院校、研究机构等开展网络安全等级保护制度的教育与培训，加强网络安全等级保护管理和技术人才培养。国家鼓励利用新技术、新应用开展网络安全等级保护管理和技术防护，采取主动防御、可信计算、人工智能等技术，创新网络安全技术保护措施，提升网络安全防范能力和水平。国家对网络新技术、新应用的推广，组织开展网络安全风险评估，按照网络安全等级保护制度的要求，管控网络新技术、新应用的安全风险。

2. 网络安全监管部门

网络安全监管部门包括公安机关、保密部门、国家密码工作部门。组织制定等级保护管理规范和技术标准，组织公民、法人和其他组织对网络实行分等级安全保护，对等级保护工作的实施进行监督、管理。

国务院公安部门主管网络安全等级保护工作，负责网络安全等级保护工作的监督、检查、指导。国家保密行政管理部门负责网络安全等级保护工作中有关保密工作的监督、检查、指导。国家密码管理部门负责网络安全等级保护工作中有关密码管理工作的监督、检查、指导。其他有关部门依照有关法律法规的规定，在各自职责范围内开展网络安全等级保护相关工作。县（市）级以上地方人民政府有关部门依照《中华人民共和国计算机信息系统安全保护条例》（国务院令第 147 号）和有关法律法规规定，在各自职责范围内开展网络安全等级保护和监督管理工作。

在网络安全等级保护工作中坚持"分工负责、密切配合"的原则。公安机关牵头，负责全面工作的监督、检查、指导，国家保密工作部门、国家密码管理部门配合。因为在涉及国家秘密的信息系统中也会发生网络安全问题和密码问题，所以，涉及国家秘密的信息系统，主要由国家保密工作部门负责，其他部门参与、配合。因为非涉及国家秘密的信息系统中也会发生保密问题和密码问题，所以，非涉及国家秘密的信息系统，主要由公安机关负责，其他部门参与、配合。需要强调的是，涉及工作秘密、商业秘密的信息系统不属于涉密信息系统。

3. 行业主管部门

行业主管部门应当依照有关法律、行政法规的规定和有关标准规范要求，组织、指导本行业、本领域落实网络安全等级保护制度，督促、检查、指导本行业、本领域网络运营者开展网络安全等级保护工作。

4. 网络运营者

网络运营者应当依照有关法律、行政法规的规定和有关标准规范要求，落实网络安全等级保护制度，开展网络定级备案、安全建设整改、等级测评和自查等工作，采取管理和技术措施，建立安全制度，落实安全责任，保障网络基础设施安全、网络运行安全和数据安全，有效应对网络安全事件，防范网络违法犯罪活动；接受公安机关、保密部门、国家密码工作部门对网络安全等级保护工作的监督、检查、指导。

任何个人和组织不得危害网络基础设施安全、网络运行安全和数据安全；不得利用网络从事危害国家安全、公共安全、社会公共利益，扰乱经济秩序、社会秩序，或者侵犯公民合法权益的违法犯罪活动。任何个人和组织发现危害网络安全或者利用网络实施的违法犯罪行为，有权向公安机关举报。

5. 安全服务机构

网络安全企业，信息系统安全集成商、等级测评机构等安全服务机构，依据国家有关管理规定和技术标准，开展技术支持、服务等工作，并接受监管部门的监督管理。

3.4.2　等级保护工作的主要环节和基本要求

1. 等级保护的主要环节

等级保护的主要环节包括定级、备案、安全建设整改、等级测评和安全检查。

（1）网络定级

网络运营者应当依照有关政策标准，在规划设计阶段确定网络的安全保护等级。当网络功能、服务范围、服务对象和处理的数据等发生重大变化时，网络运营者应依照有关政策标准变更网络的安全保护等级。关键信息基础设施应当在第三级以上的网络中确定。

网络定级应按照网络运营者拟定网络等级、专家评审、主管部分核准、公安机关审核的流程进行。网络运营者按照《信息安全等级保护管理办法》和《网络安全等级保护定级指南》（GA/T 1389—2017）拟定网络安全保护等级。

对拟定为第二级的网络，网络运营者应聘请网络安全等级保护专家进行定级评审；有行业主管部门的，还应报请行业主管部门核准。跨省或者全国统一联网运行的网络，可以由行业主管部门统一拟定安全保护等级，统一组织定级评审。行业主管部门可依据国家标准规范，结合本行业网络特点制定行业定级指导意见。

（2）网络备案

第二级以上网络的运营者，应当在网络的安全保护等级确定后十个工作日内，到所在地设区的地市级以上公安机关网络安全保卫部门办理备案手续，提交定级报告。因网络撤销或变更调整安全保护等级的，应当在十个工作日内向原受理备案公安机关办理备案撤销或变更手续。第三级以上网络运营者（含关键信息基础设施运营者）在向公安机关备案时，还应当提交测评报告、经专家评审通过的安全建设方案等其他有关材料。

公安机关应当按照《信息安全等级保护备案实施细则》（公信安〔2007〕1360号）的要求，对网络运营者提交的备案材料进行审核。对定级准确、备案材料符合要求的，应在十个工作日内出具网络安全等级保护备案证明；对定级不准确、备案材料不符合要求的，应当通知备案单位进行修改。

（3）网络安全建设整改

网络安全保护等级确定后，网络运营者应按照《管理办法》《关于开展信息系统等级保护安全建设整改工作的指导意见》（公信安〔2009〕1429号）等有关管理规范和技术标准，选择《管理办法》要求的网络安全产品，制定并落实安全管理制度，落实安全责任，建设安全设施，落实安全技术措施。

网络运营者应当按照网络安全等级保护制度的要求，履行下列安全保护义务，保障网络免受干扰、破坏或者未经授权的访问，防止网络数据泄露或者被窃取、篡改：一是确定网络安全等级保护工作责任人，建立网络安全等级保护工作责任制，落实责任追究制度；二是落实安全管理措施和技术保护措施，建立人员管理、教育培训、系统安全建设、系统安全运维等制度，落实网络安全保护责任；三是落实机房安全管理、设备和介质安全管理、网络安全管理等制度，制定操作规范和工作流程；四是落实身份识别、防范恶意代码感染传播、防范网络入侵攻击的管理和技术措施；五是落实监测、记录网络运行状态、网络安全事件的管理和技术措施，并按照规定留存六个月以上的相关网络日志；六是落实数据分类、重要数据备份和加密等措施；七是落实个人信息保护措施，防止个人信息泄露、损毁、篡改、窃取、丢失和滥用；八是对网络中发生的案（事）件，应当在二十四小时内向属地公安机关报告；九是法律、行政法规规定的其他网络安全保护义务。

第三级以上的网络运营者（含关键信息基础设施运营者）除履行上述网络安全保护义务外，还应当履行下列安全保护义务：一是确定网络安全等级保护机构，明确网络安全部门的岗位职责，对系统变更、系统接入、运维和技术保障单位变更等事项建立逐级审批制度；二是制定并落实网络安全总体规划和整体安全防护策略，制定安全建设方案，经专家评审通过后方可实施；三是对关键岗位人员的身份、背景、专业资格和从业资质等进行安全审查，对关键岗位人员落实持证上岗制度；四是对为其提供网络设计、建设、运维和技术服务的机构和人员进行安全审查；五是落实网络安全监测预警措施，对网络运行状态、网络流量、用户行为、网络安全事件等进行监测分析；六是落实重要网络设备、安全监测、应急处置、通信链路及系统的冗余、备份和恢复措施；七是建立网络安全检测评估制度，定期开展安全审计、安全检测评估，并将检测评估情况及安全整改措施、整改结果向公安机关和有关部门报告；八是法律和行政法规规定的其他网络安全保护义务。

（4）等级测评

网络建设整改完成后，第三级以上网络运营者（含关键信息基础设施运营者）应每年开展一次网络安全等级测评，主动发现并整改安全风险隐患，并每年将开展网络安全等级测评的工作情况及测评结果向受理备案的公安机关报告。网络运营者应从国家信息安全等级保护工作协调小组办公室公布的等级保护测评机构目录中选择测评机构，依据《管理办法》《信息系统安全等级保护测评要求》《信息系统安全等级保护测评过程指南》，对网络安全保护状况开展等级测评，按照《信息系统安全等级测评报告模版》编写等级测评报告。

新建网络上线运行前应自行或委托网络安全服务机构对网络的安全性进行检测评估。第三级以上网络（含关键信息基础设施）上线运行前应当选择符合要求的网络安全等级测评机构，按照网络安全等级保护有关标准规范进行等级测评，并进行源代码审查，通过等级测评后方可投入运行。

网络运营者应当对检测评估、等级测评中发现的安全风险隐患，制定整改方案，落实整改措施，消除风险隐患。关键信息基础设施运营者应当制定安全建设整改方案，通过专家评审后方可实施。

（5）自查和监督检查

网络运营者应当每年对本单位落实网络安全等级保护制度情况和网络安全状况，至少开展一次自查，发现安全风险隐患及时整改，并向受理备案的公安机关报告。

公安机关依据《管理办法》和《公安机关信息安全等级保护检查工作规范（试行）》（公信安〔2008〕736 号），监督检查网络运营者开展等级保护工作，定期对第三级以上的信息系统进行安全检查。网络运营者应当接受公安机关的安全监督、检查、指导，如实向公安机关提供有关材料。

在检查工作中，公安机关要依据公安机关网络安全执法检查工作指引，政府信息系统及网站安全执法检查工作指引，云计算平台安全执法检查工作指引，大数据服务安全执法检查工作指引，工业控制系统安全执法检查工作指引，视频监控系统安全执法检查工作指引，移动 App 系统安全执法检查工作指引，邮件系统安全执法检查工作指引，以及 IDC、CDN、DNS 安全执法检查工作指引等，开展网络安全执法检查。

2. 开展等级保护工作的基本要求

网络运营者应按照"准确定级、严格审批、及时备案、认真整改、科学测评"的要求完成等级保护的定级、备案、整改、测评等工作。公安机关和保密、密码工作部门要及时开展监督检查，严格审查网络所定级别，严格检查网络开展备案、整改、测评等工作。对故意将网络安全级别定低，逃避公安、保密、密码部门监管，造成网络出现重大安全事故的，要追究单位和相关人员的责任。

3.4.3　测评活动安全管理

网络安全等级测评机构应当按照国家网络安全等级保护制度和相关标准规范要

求，为网络运营者提供安全、客观、公正的等级测评服务。

网络安全等级测评机构应当与网络运营者签署服务协议，不得泄露在等级测评服务中知悉的国家秘密、商业秘密、重要敏感信息和个人信息；不得擅自发布、披露在等级测评服务中收集掌握的网络信息和系统漏洞、恶意代码、网络入侵攻击等网络安全信息，防范测评风险。

网络安全等级测评机构应当对测评人员进行安全保密教育，与其签订安全保密责任书，明确测评人员的安全保密义务和法律责任；组织测评人员参加专业培训，培训合格的方可从事网络安全等级测评活动。

网络服务提供者为第三级以上网络（含关键信息基础设施）提供网络建设、运维、安全监测、检测认证、风险评估等网络安全服务，应当符合网络安全等级保护制度的相关要求，并取得网络运营者的授权或同意；在提供服务过程中，应当保守国家秘密、商业秘密、重要敏感信息和个人信息，不得擅自发布、披露在提供服务过程中收集掌握的网络信息和系统漏洞、恶意代码、网络入侵攻击等网络安全信息，防范网络安全服务风险。

3.4.4　网络产品和安全服务要求

网络产品应当符合国家标准和网络安全等级保护制度的相关要求。网络产品提供者应当为其产品依法提供安全维护，对其产品的安全缺陷、漏洞，应当立即采取补救措施，按照规定及时告知用户，同时向公安机关报告。

网络产品具有收集、回传数据功能的，网络产品提供者应当向用户明示并取得同意，依法遵守数据安全和个人信息保护的相关规定。网络产品提供者向境外用户提供网络关键设备和安全专用产品，可能影响国家安全的，应当通过国家网信部门会同国务院公安部门、电信主管部门等有关部门组织的国家安全审查。

网络运营者应当根据网络的安全保护等级和安全需求，采购、使用符合国家法律法规和有关标准规范要求的网络产品和服务。第三级以上网络运营者应当按照国家有关法律法规要求，采用与其安全保护等级相适应的网络产品和服务；对重要部位使用的网络产品，应当委托专业测评机构进行专项测试，根据测试结果选择符合要求的网络产品。关键信息基础设施运营者采购网络产品和服务，可能影响国家安全的，应当依法通过国家网信部门会同公安、保密、密码管理等有关部门组织的国家安全审查。

3.4.5　监测预警和信息通报

地市级以上人民政府应当建立网络安全监测预警和信息通报制度，建设关键信息基础设施防护管理平台，开展安全监测、态势感知、通报预警、应急处置、追踪溯源、安全保护、情报信息和侦查打击等工作。国家网络与信息安全信息通报机构向社会发布网络安全风险预警。行业主管部门应当建立健全本行业、本领域的网络安全监测预警和信息通报制度，按照规定向同级网络与信息安全信息通报机构报送网络安全监测预警信息，报告网络安全事件。

第三级以上网络运营者（含关键信息基础设施运营者）应当建设网络安全态势感知平台，建立网络安全监测预警和信息通报制度，按照规定向同级网络与信息安全信息通报机构、行业主管部门报送网络安全监测预警信息，报告网络安全事件。

网络与信息安全信息通报机构向社会发布网络安全风险预警，即通过各种渠道向社会发布网络安全预警性、风险性、提示性信息，以利于社会公众提高网络安全意识，及时采取措施应对网络安全威胁风险，消除安全隐患，保护社会公众的网络安全和公民个人信息安全。

1. 向社会发布的预警性信息

向社会发布的预警性信息包括：涉及社会公众的有害程序传播事件；涉及社会公众的网络攻击事件；涉及社会公众的信息破坏事件；涉及社会公众的网络产品和服务安全隐患；对社会公众具有风险提示意义的案件；有利于提高社会公众网络安全防范意识的信息；其他需要向社会发布的网络安全预警信息。

2. 预警等级

参照《国家网络安全事件应急预案》规定，按照影响范围、危害程度和紧急情况，向社会发布的网络安全事件预警信息等级分为四级，由高到低依次为红色预警、橙色预警、黄色预警和蓝色预警，分别对应于发生或可能发生特别重大、重大、较大和一般网络安全事件。

3. 建立多种渠道的预警信息来源

预警信息来源包括：网络与信息安全信息通报机制成员单位、技术支持单位、专家、社会资源，以及公安机关网安部门。

4. 发布渠道

预警信息发布渠道包括：电视台、广播电台；重点网络媒体；移动端媒体，包括微博、微信公众号等；其他发布渠道。网络与信息安全信息通报机构与发布渠道建立24 小时联系机制，确保及时、快速推送发布预警信息。

3.4.6　数据安全保护

网络运营者应当依照国家法律法规规定和网络安全等级保护制度要求，建立并落实重要数据和个人信息安全保护制度；采取保护措施，保障数据在收集、存储、传输、使用、提供、销毁过程中的安全；采取技术手段，保障重要数据的完整性、保密性和可用性。

网络运营者在中华人民共和国境内收集和产生的个人信息、重要数据应当在境内存储，建立异地备份恢复措施，保障业务连续性要求；因业务需要，确需向境外提供的，应当按照国家有关法律法规的规定进行安全评估。

3.4.7　应急处置要求

第三级以上网络运营者（含关键信息基础设施运营者）应当按照国家有关要求，制定网络安全应急预案，组织网络安全应急力量，定期开展网络安全应急演练。

发生网络安全事件时，网络运营者应当立即启动应急预案，及时采取应急措施，控制和降低网络安全事件造成的危害和影响，消除安全隐患。在处置网络安全事件的同时，网络运营者应当保护现场，记录并留存相关数据信息，并向公安机关和行业主管部门报告。公安机关应采取措施，开展固定证据、追踪溯源；涉及违法犯罪的，依法实施侦查打击。

发生重大网络安全事件时，有关部门应当按照网络安全应急预案要求联合开展应急处置。电信业务经营者、互联网服务提供者应当为重大网络安全事件处置和恢复提供支持和协助。

3.4.8　审计审核要求

网络运营者建设、运营、维护和使用网络，向社会公众提供需取得行政许可的经营活动的，相关主管部门应当将网络安全等级保护制度落实情况纳入审计、审核范围。

3.4.9　新技术、新应用的风险管控

网络运营者应当按照网络安全等级保护制度要求，采取措施，管控云计算、大数据、物联网、工控系统和移动互联网等新技术在应用中带来的安全风险，消除安全隐患。

3.4.10　网络安全等级保护工作的监督管理

1. 公安机关的安全监督管理

公安机关对网络运营者依照国家法律法规规定和相关标准规范要求，落实网络安全等级保护制度，开展网络安全防范、网络安全事件应急处置、重大活动网络安全保卫等工作，实行监督管理；对第三级以上网络运营者（含关键信息基础设施运营者）按照网络安全等级保护制度落实网络基础设施安全、网络运行安全和数据安全保护责任义务，实行重点监督管理。

公安机关对同级行业主管部门依照国家法律法规规定和相关标准规范要求，组织督促本行业、本领域落实网络安全等级保护制度，开展网络安全防范、网络安全事件应急处置、重大活动网络安全保卫等工作情况，进行监督、检查、指导。

公安机关对网络运营者及其行业主管部门依照国家法律法规规定和相关标准规范

要求，对开展下列网络安全等级保护工作的情况进行监督检查：一是对日常网络安全防范工作的监督检查；二是对重大网络安全风险隐患整改情况的监督检查；三是对重大网络安全事件应急处置和恢复工作的监督检查；四是对重大活动网络安全保卫工作落实情况的监督检查；五是对其他网络安全等级保护工作情况依法开展的监督检查。

公安机关对第三级以上网络运营者（含关键信息基础设施运营者）的日常网络防范工作，每年至少开展一次安全检查。检查时，可会同相关行业主管部门开展。必要时，公安机关可组织技术支持队伍开展网络安全专门技术检测。

公安机关在监督检查中发现网络安全风险隐患的，应当通知网络运营者采取措施立即消除；不能及时消除的，应责令其限期整改。

网络运营者应当协助、配合公安机关依法实施监督检查，按照公安机关要求如实提供相关数据信息。网络运营者自身存在的安全风险隐患可能严重威胁国家安全、公共安全和社会公共利益的，公安机关应当依法对其采取停止联网、停机整顿等处置措施。公安机关发现第三级以上网络（含关键信息基础设施）存在重大安全风险隐患的，应及时通报关键信息基础设施主管部门，并向国家网信部门报告。

公安机关在监督检查中发现重要行业或本地区存在严重威胁国家安全、公共安全和社会公共利益的重大网络安全风险隐患的，应报告同级人民政府、网信部门和上级公安机关。接到报告的人民政府、网信部门、上级公安机关应当及时核实情况，组织或者责成有关部门、单位采取处置和整改措施。

国家对网络安全等级测评机构实行目录管理，指导网络安全等级测评机构建立行业自律组织，制定行业自律规范，加强行业自律管理。

公安机关应对网络安全等级测评机构、测评人员及其测评活动进行监督管理，对测评人员进行安全背景审查，发现有违反管理规定行为的，应责令其整改；情节严重的，应将其从网络安全等级测评机构目录中移除。

公安机关应对从事网络建设、运维、安全监测、检测认证、风险评估等的网络服务机构、服务人员及其服务活动进行监督管理，对关键岗位的服务人员进行安全背景审查，发现有违反管理规定行为的，应责令其整改。

公安机关应当根据有关规定处置网络安全事件，开展事件调查，认定事件责任，依法查处危害网络安全的违法犯罪活动。公安机关在事件调查和处置过程中，必要时可以责令网络运营者采取阻断信息传输、暂停网络运行、备份相关数据等紧急措施。网络运营者应当为公安机关和有关部门开展事件调查和处置提供支持和协助。

2. 保密监督管理

保密行政管理部门负责对涉密网络的安全保护工作进行监督管理，每年开展一次安全保密检查。对检查中发现存在安全隐患，或者违反保密管理相关规定，或者不符合保密相关标准要求的，按照国家保密行政管理相关规定处理。

3. 密码监督管理

密码管理部门负责对网络安全等级保护工作中的密码管理进行监督管理，监督检查网络运营者对网络的密码配备、使用、管理和密码评估情况。

密码管理部门应当对重要涉密信息系统每两年至少开展一次监督检查。对监督检查中发现网络运营者存在安全隐患，或者违反密码管理相关规定，或者不符合密码相关标准规范要求的，密码管理部门应当按照国家密码管理规定予以处理。

4. 行业监督管理

行业主管部门应当组织制定本行业、本领域网络安全等级保护工作规划和标准规范，掌握网络基本情况、定级备案情况和安全保护状况；监督、检查、指导本行业、本领域网络运营者开展网络定级备案、等级测评、风险评估、安全建设整改、安全自查等工作。

行业主管部门应当监督、检查、指导本行业、本领域网络运营者依照网络安全等级保护制度和相关标准规范要求，落实网络安全管理和技术保护措施，组织开展网络安全防范、网络安全事件应急处置、重大活动网络安全保护等工作。

5. 监督管理责任

网络安全等级保护监督管理部门及其工作人员，必须对在履行职责中知悉的国家秘密、商业秘密、重要敏感信息和个人信息严格保密，不得泄露、出售或者非法向他人提供。

网络运营者和技术支持单位应当为公安机关、国家安全机关依法维护国家安全和侦查犯罪的活动提供技术支持和协助。

地市级以上人民政府公安部门、保密行政管理部门、密码管理部门在履行网络安全等级保护监督管理职责中，发现网络存在较大安全风险隐患或者发生安全事件的，可以约谈网络运营者的法定代表人、主要负责人及其行业主管部门。

3.5　健全完善网络安全等级保护制度的工作思路和措施

3.5.1　健全完善网络安全等级保护制度的重要性

随着信息化和网络技术的快速发展，网络安全面临的风险和挑战日益突出。基于 IPv6 下一代互联网、物联网、云计算、大数据、移动互联网、人工智能等新技术、新应用正在加速应用到电力、电信、石油、交通等重要行业，关系国计民生的大规模网络、信息系统及大数据的安全风险显著增加。网络安全等级保护制度作为国家网络安全领域的基本制度和保护关键信息基础设施的基本方法，必须要适应国家网络安全工作的需要。重点行业、部门必须按照《网络安全法》的要求，落实网络安全等级保护制度，加快推进网络安全等级保护工作。网络安全职能部门在工作机制、管理规范、技术标准等方面需要进一步完善，在队伍建设、能力建设等方面需要进一步加强。2014 年至 2017 年，中央有关文件中明确要求，要进一步健全完善网络安全等级保护制度。

3.5.2　健全完善网络安全等级保护制度的指导思想

网络运营者和行业主管部门、网络安全职能部门可以按照如图 3-1 所示的网络安全框架图，开展网络安全顶层设计，落实有关网络安全保护措施，提高网络安全综合保护能力。

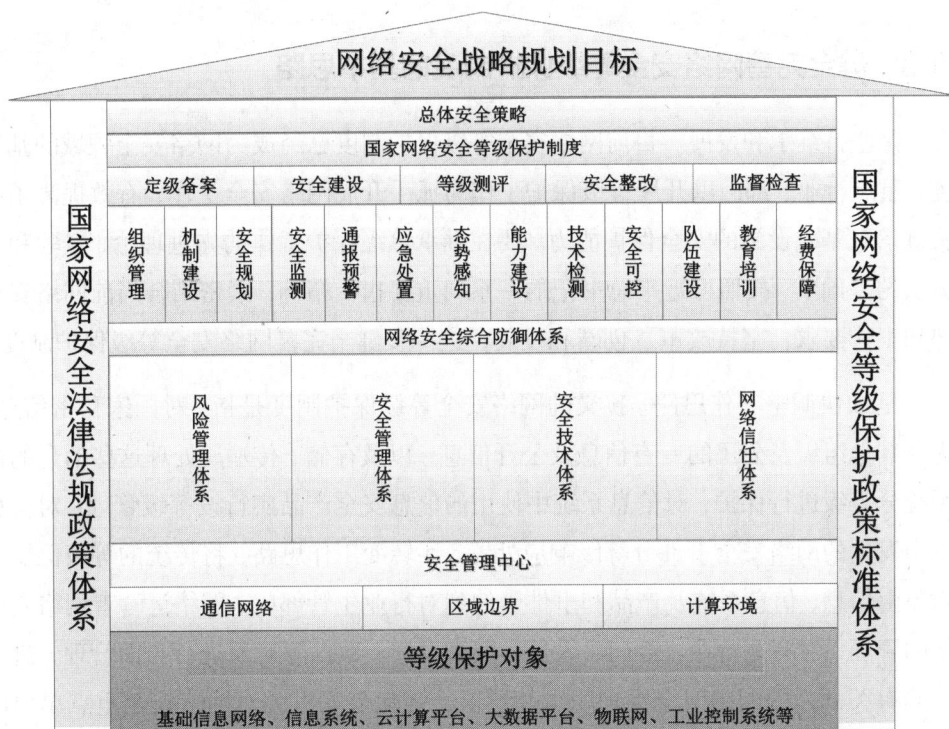

图 3-1　网络安全体系框架

　　一是以最强大对手的网络攻击能力为标尺，举国家之力，依法开展网络安全保卫、保护、保障，打合成仗、整体仗，构建网络安全等级保护制度体系。二是以网络安全等级保护为抓手，以信息通报为平台，以情报侦察为突破，以侦查打击为支撑，构建"侦攻防管控"一体化的网络安全综合防控体系。三是以网络安全案（事）件为主线，强化实时监测、通报预警、快速处置、追踪溯源、态势感知、情报信息、侦查打击、等级保护、指挥调度。四是网络安全综合防御能力、水平和技术，要针对最强大的对手去设计、去提升、去创新，防御要专业化、集团化、集约化，攻防协同、打防协同、情报协同、能力协同。五是全面提升网上行动能力，包括情报侦察能力、进攻能力、实时监测能力、技术检测能力、通报预警能力、应急处置能力、追踪溯源能力、综合防御能力、态势感知能力、固证打击能力、技术反制能力、数据获取能力。

3.5.3　健全完善网络安全等级保护制度的基本思路

一是坚持继承和发展。目前网络安全等级保护制度已经成为网络安全领域的基本制度，重点行业、部门以开展等级保护工作为抓手开展网络安全工作，有效提高了国家关键信息基础设施的安全保护能力。要在继承等级保护工作的先进理论、经验和工作方法的基础上，按照习近平总书记的一系列重要指示精神，紧密结合当前网络安全形势和工作要求，坚持改革、创新和发展，进一步健全完善网络安全等级保护制度。

二是加快调整工作思路。狭义的网络安全等级保护制度是指：对国家秘密信息，法人和其他组织及公民的专有信息及公开信息，以及存储、传输、处理这些信息的信息系统分等级进行保护；对信息系统中使用的信息安全产品实行按等级管理；对信息系统中发生的网络安全事件分等级响应处置。要转变工作思路，将传统的等级保护工作对象由信息、信息系统及产品和事件延伸到对行业主管部门、网络运营者网络安全工作的管理，对有关行业、部门、人员、网络设施、数据等对象进行全面管理，进一步明确有关部门的网络安全保护职责和要求，强化公安机关对网络安全重点单位的安全监管。

三是健全完善制度体系。《信息安全等级保护管理办法》中重点强调了等级保护定级、备案、等级测评、安全建设整改和自查检查五项基本工作。《网络安全等级保护基本要求》从管理和技术两个层面对网络安全提出了明确要求。应在此基础上，进一步健全完善等级保护制度体系，将网络安全涉及的检测评估、安全监测、通报预警、案（事）件调查、数据防护、灾难备份、应急处置、自主可控、供应链安全、效果评价、综治考核等相关工作要求纳入等级保护制度，有关部门按照职责开展相关工作，企业、专家继续给予大力支持。

四是借鉴国际先进理论。近年来，美国等发达国家在保护本国关键信息基础设施方面做了大量工作，积累了很多成熟的经验。要研究世界大国关键信息基础设施防护的理论和技术，借鉴其关键信息基础设施保护立法、组织机构和队伍建设、工作机制和防护策略等方面的先进经验和成熟做法，结合我国国情和网络安全与信息化的发展状况，进一步健全完善网络安全等级保护制度，加强对国家关键信息基础设施的保护。

3.5.4　国家网络安全等级保护制度的体系架构

1．构建新的法律、政策体系

坚决贯彻落实《网络安全法》。制定出台《网络安全等级保护条例》《关键信息基础设施保护条例》。修改完善网络安全等级保护定级、备案、等级测评、安全建设整改、安全检查等政策规范。建立完善测评机构管理、信息安全企业管理规范。

2．构建新的标准体系

修改出台国家标准《网络安全等级保护基本要求》《网络安全等级保护安全设计技术要求》《网络安全等级保护测评要求》，重点解决云计算、物联网、工控系统、移动互联、大数据安全。

已出台的公安行业标准有：《网络安全等级保护定级指南》（GA/T 1389—2017）；《网络安全等级保护基本要求》第 2 部分：云计算安全扩展要求（GA/T 1390.2—2017）；《网络安全等级保护基本要求》第 3 部分：移动互联安全扩展要求（GA/T 1390.3—2017）；《网络安全等级保护基本要求》第 5 部分：工业控制系统安全扩展要求（GA/T 1390.5—2017）。

3．构建新的技术支撑体系

一是技术支撑体系，包括新一代网络技术、云计算技术、大数据技术、端计算技术、量子通信、量子计算、人工智能技术、区块链技术、虚拟现实技术等。

二是网络安全技术体系，包括可信计算技术、自主可控的密码技术、态势感知技术、高速网络传输安全防护技术、安全检测技术、主动防御技术、应急响应技术、侦察打击技术、车联网安全防护技术、云安全防护技术、网络反制技术、工业互联网安全防护技术、智能防护技术、生物识别技术等。

4．构建新的人才队伍体系

新的人才队伍体系包括公安机关网络安全人才、重要行业部门网络安全人才、等级测评机构网络安全人才、运行维护机构网络安全人才、系统集成商网络安全人才、产品开发商网络安全人才。

5. 构建新的教育训练体系

新的教育训练体系建设工作包括：建立网上、网下教育训练环境；师资队伍建设；教材建设；题库建设；考试考核。

6. 构建新的保障体系

新的保障体系包括专业实验室、公安机关指挥作战平台、监督检查工具、重要行业部门业务支撑平台、自查工具、技术检测机构检测平台和工具、公安机关和重要行业部门的经费保障。

3.5.5　健全完善网络安全等级保护制度的主要内容和任务

根据网络安全等级保护制度的贯彻落实情况，结合当前网络技术发展和网络安全形势变化，有关网络安全职能部门、重要行业部门、专家、信息安全企业应按照中央要求，与公安机关一起，共同健全完善等级保护制度。

一是等级保护制度立法方面。推进网络安全相关法律的制定和出台，进一步确立等级保护制度在国家网络安全领域的基础地位和法律依据。按照《网络安全法》的要求，研究制定《网络安全等级保护条例》，为进一步实施等级保护制度提供法律保障。研究制定公安机关网络安全监管规定，为各级公安机关推动等级保护制度的贯彻落实提供保障。

二是等级保护政策体系建设方面。将网络基础设施、重要信息系统、网站、大数据中心、云计算平台、物联网系统、工业控制系统、公众服务平台等全部纳入等级保护监管对象，完善网络安全等级保护管理政策。在等级保护制度中，明确检测评估、安全监测、通报预警、案事件调查、数据防护、灾难备份、应急处置、自主可控、供应链安全、效果评价、综治考核等相关内容，对国家网络安全重点工作在网络安全基本制度中予以明确。对大型互联网企业开展专项检测评估，将其列为网络安全重点保卫单位，将其重要信息系统纳入国家级重要信息系统，建立互联网企业网络安全保卫长效机制，保障互联网企业健康发展。

　　三是按照内保方法开展网络安全监管方面。全面加强网络安全重点单位安全监管，强化重要网络安全保卫，加强等级保护宣贯培训、综治考核和量化评优，建立网络安全内保制度，通过对单位、人员的管理，强化网络安全保护措施和工作要求的贯彻落实。完善监管方法，加强对大数据资源和公民个人信息安全的监管力度。加强互联网重要数据汇聚、存储、流转、应用等全流程的安全监管及对信息技术、产品、人员、渠道等涉及供应链的安全监管。

　　四是等级保护标准体系建设方面。梳理网络安全领域的技术标准和产品标准，构造以等级保护为核心的国家关键信息基础设施保护标准体系。修订完善《信息系统安全等级保护基本要求》《信息系统安全等级保护测评要求》等基础性技术标准。制定云计算、物联网、大数据、工业控制系统、移动互联等新技术、新应用的等级保护技术标准。借鉴电力、银行等领域的成功经验，进一步发挥行业主管部门的作用，研究推动等级保护行业标准的制定和实施，形成对国家标准的有力补充。

　　五是等级保护队伍建设方面。健全完善公安机关网络安全监管机构和队伍建设。进一步完善行业主管部门、网络安全重点保卫单位等级保护联络员队伍建设。加强等级保护测评机构队伍建设，完善等级保护专家队伍。充分调动并发挥网络安全科研机构、高等院校和企业的技术支撑作用，形成群防群治的网络安全工作格局。

　　六是等级保护工作机制方面。在中央网络安全和信息化领导小组的统筹领导下，健全完善公安与网信、工信、发改、财政、安全、保密、密码等网络安全职能部门的协调配合机制，强化等级保护顶层设计。健全完善公安机关与重要行业主管部门之间的协调配合，充分发挥各级党委政府的作用，从行业纵向和地方横向全面加强等级保护制度的贯彻落实。加强重要部门网络安全内保制度建设，提高重要行业部门内部网络安全保卫能力。进一步完善公安机关内部的协调配合机制，建立公安机关网络安全保卫"打防管控"一体化的综合防控机制。

　　七是等级保护工作能力建设方面。加强业务培训，提升公安机关网络安全监管民警的综合能力，打造懂法律、懂政策、懂技术、安全监管和统筹协调能力强的网络安全监管队伍。加快推进网络安全态势感知和监测预警系统建设，完善重要信息系统安全监管平台和政府网站安全监测平台，提升公安机关保护国家关键信息基础设施的技术支撑能力。

八是建立国家关键信息基础设施等级保护体系、电子政务等级保护体系和电子商务等级保护体系方面。完善国家关键信息基础设施、电子政务和电子商务等级保护政策标准，建立国家关键信息基础设施、电子政务和电子商务等级保护基地，全力提高国家关键信息基础设施、电子政务网络平台、电子商务网络平台和大数据的安全防护水平。

3.6　网络安全等级保护工作的开展情况

十几年来，公安部及省、市公安机关按照法律、政策规定，按照党中央、国务院的部署，会同有关部门，在企业、专家的大力支持下，组织开展了基础调查、信息系统定级备案、等级测评、安全建设整改、安全检查等工作，全面实施国家网络安全等级保护制度。

3.6.1　基础调查

2005 年年底，公安部会同有关部门联合印发了《关于开展信息系统安全等级保护基础调查工作的通知》，于 2006 年上半年在全国范围内开展了信息系统安全等级保护基础调查，调查了 6 万多个单位，11 万个信息系统。通过基础调查，摸清了全国信息系统特别是重要信息系统的基本情况，为制定网络安全等级保护政策、部署全国开展等级保护工作奠定了坚实的基础。

3.6.2　等级保护试点工作

为探索方法、验证思路，2006 年 6 月，公安部、国家保密局、国家密码管理局、原国务院信息办四部门下发了《关于开展信息安全等级保护试点工作的通知》，在 13 个省、区、市和 3 个部委开展了信息安全等级保护试点工作。通过试点，完善了开展等级保护工作的模式和思路，检验和完善了开展等级保护工作的方法、思路、规范标准，探索了开展等级保护工作领导、组织、协调的模式和办法，为全面开展等级保护工作奠定了坚实的基础。

3.6.3　组织开展信息系统定级备案工作

2007 年 7 月，公安部等四部门联合发布了《关于开展全国重要信息系统安全等级保护定级工作的通知》，在北京联合召开了全国重要信息系统安全等级保护定级工作电视电话会议，国家网络安全职能部门、基础信息网络和重要信息系统主管部门、各省（区、市）公安厅（局）、保密局、国家密码管理局、信息化领导小组办公室和有关行业、部门的负责人出席了会议，部署在全国范围内开展重要信息系统安全等级保护定级工作，标志着国家信息安全等级保护制度在全国开始全面实施。

全国重要信息系统等级保护定级工作完成后，公安部向刘云山、曾培炎做了《关于全国重要信息系统安全等级保护定级工作情况的报告》（公部〔2008〕11 号）的专报，得到了中央领导的批示。

3.6.4　组织开展等级测评体系建设和测评工作

自 2009 年 7 月起，公安部组织开展网络安全等级保护测评体系建设，部、省两级公安机关认真组织开展等级测评机构能力验证、测评师培训考核。目前，公安机关已向社会推荐了 150 余个测评机构，培养了 6000 名测评师。

公安机关组织测评机构全面开展网络安全等级保护测评工作。测评机构积极开展等级测评、风险评估，支持重要行业、部门开展等级保护定级咨询、安全规划、方案设计、技术检测等工作，为国家网络安全工作作出了重要贡献。测评机构组织成立了"中关村信息安全测评联盟"，开展培训和能力验证等工作，为测评机构提供保障。

3.6.5　组织开展等级保护安全建设整改工作

2009 年 10 月，公安部向各部门印发了《关于开展信息安全等级保护安全建设整改工作的指导意见》（公信安〔2009〕1429 号），明确了网络安全等级保护安全建设整改工作的目标、任务和方法，指导全国开展等级保护安全建设整改工作，实现五个方面的目标：一是信息系统安全管理水平明显提高；二是信息系统安全防范能力明显增强；三是信息系统安全隐患和安全事故明显减少；四是有效保障信息化健康发展；五是有效维护国家安全、社会秩序和公共利益。

3.6.6 组织开展等级保护执法检查工作

自 2010 年起，公安部组织全国公安机关，在全国范围内开展网络安全检查。检查范围包括电力、能源、电信、广电、银行、证券、保险、铁路、民航、交通、海关、税务、工商、社保、财政、审计、统计、国资、国土资源、质监、教育、卫生、文化、国防科工、外交等 60 余个行业中央国家机关及其下属地市级以上机构、国有企事业单位，涉及这些单位的业务决策、办公管理、生产控制、门户网站等重要信息系统。检查的内容重点是各单位网络安全工作情况、重要信息系统和政府网站安全保护情况，主要包括：网络安全意识、安全工作组织领导和工作部署、安全管理制度建设、安全知识宣传教育、安全建设经费保障和安全责任制落实等情况；重要信息系统安全保护等级定级、备案、安全测评和安全建设整改等国家网络安全等级保护制度落实情况；政府网站安全责任落实情况和网站防入侵、防攻击、防篡改的能力；网络安全监测预警、应急处置等工作开展情况；国外信息技术产品和服务的使用情况等。

2013 年到 2017 年的检查工作完成后，公安部向中央做了专报，得到了中央领导的充分肯定和重要批示。

3.6.7 网络安全等级保护工作协调（领导）机构和专家组建设

1. 等级保护协调（领导）机构建设

为加强网络安全等级保护工作的领导，公安部、国家保密局、国家密码管理局联合成立了由公安部领导任组长的国家信息安全等级保护工作协调小组，办公室设在公安部网络安全保卫局。各省（区、市）也成立了信息安全等级保护工作协调（领导）小组，办公室设在公安厅（局）网络警察总（支）队。

2. 等级保护专家组建设

为了充分调动和发挥网络安全专家的作用，为重要行业、重要部门开展等级保护安全建设整改工作提供技术支持和指导，有效服务于网络安全等级保护工作，国家成立了网络安全等级保护专家委员会专家名单，各省（区、市）均成立了网络安全等级保护专家组。专家组的主要职责如下。

一是配合公安部宣传网络安全等级保护安全建设相关政策，根据等级保护安全建设总体部署，指导备案单位研究拟定网络安全等级保护安全建设的贯彻实施意见和建设规划。

二是宣传国家网络安全等级保护安全建设相关技术标准，并结合行业特点，研究、指导备案单位等级保护安全建设相关技术标准的行业应用，指导备案单位研究拟定行业技术标准规范。

三是参与备案单位网络安全等级保护安全建设整改方案的论证、评审，指导备案单位网络安全等级保护安全建设工作。

四是了解、掌握并研究探索行业开展网络安全等级保护安全建设工作中安全管理、安全技术和工程建设、工程管理等最佳实践，总结成功经验，树立典型并提出推广意见。

五是跟踪国内外网络安全技术的最新发展，组织和引导网络安全研究机构和企业开展网络安全等级保护共性技术和关键技术专题研究，推动等级保护技术研究工作，促进网络安全产业发展。

六是研究提出完善国家网络安全等级保护政策体系和技术体系的意见和建议。

3.6.8　网络安全等级保护工作取得的主要成效

根据中央赋予公安机关监督、检查、指导网络安全等级保护工作的职能要求，自2004 年以来，公安部会同原国信办、国家保密局、国家密码管理局、国家发改委、财政部、国资委、教育部等部门，组织国内技术力量，认真研究借鉴美等发达国家保护关键信息基础设施的方法和经验，在大量研究和试点的基础上，结合我国实际，设计出网络安全等级保护的信息系统定级、备案、等级测评、安全建设整改、监督检查等五个规定动作，出台了一系列政策文件和国家标准，动员组织各地区、各部门和全社会力量开展等级保护工作，加强技术创新和科技攻关，全面建立了国家网络安全等级保护制度，形成了具有中国特色的国家网络安全基本制度、基本国策，使我国网络安全工作走上了法制化、规范化、标准化的轨道。切实加强对基础网络、重要信息系统、大数据和重点网站的安全监管，有效提高了国家关键信息基础设施的安全保护能力，有力维护了国家网络安全。

1．加强对等级保护工作的组织领导，全面促进国家网络安全工作体系化

一是公安机关会同保密、密码、网信等部门建立了等级保护协调（领导）机构，构建了等级保护制度的领导体系，全面组织领导各地区、各部门等级保护工作的开展。二是公安部会同有关部门出台了信息安全等级保护管理办法、基本要求等一系列政策文件和国家标准，指导金融、能源、广电等50多个重点行业出台了行业网络安全政策和标准，建立了等级保护制度的政策体系和标准体系。三是公安机关培养了150余家安全测评机构和6000多名安全测评师，成立了网络安全等级保护专家组，组织信息安全企业和专家研究网络安全新策略、新技术、新产品，建立了等级保护制度的技术保障体系。

2．狠抓重点工作的落实，全力提升国家关键信息基础设施安全保护能力

十余年来，各级公安机关组织各地区、各部门全面开展网络安全等级保护工作，基本掌握了国家关键信息基础设施的范围和底数。截至目前，公安机关共受理备案了近14万个信息系统，其中第三级（含）以上重要信息系统1.7万个，并从中确定了47个重要行业、276家重点单位为网络安全重点保卫单位，确定了500个信息系统为国家级重要信息系统，进行重点保护。各地区、各部门以贯彻落实国家网络安全等级保护制度为抓手，理清了本地区、本部门关键信息基础设施底数，明确了网络安全保护重点，创新了网络安全保护策略和技术手段，有力维护了本地区、本行业关键信息基础设施安全。

3．强化网络安全监管，有力提高了国家网络安全工作的法制化、规范化、标准化水平

为及时发现并督促整改重要行业部门网络安全存在的突出问题，公安部自 2010 年起，每年组织各级公安机关对全国重要行业部门开展网络安全执法大检查。截至目前，全国公安机关累计出动警力 22 万人次，检查单位 7 万家，检查重要信息系统和政府网站 13 万个，发现安全漏洞和隐患 35 万个，出具检查意见、整改通知和隐患告知等 8.8 万余份。通过大检查，有力促进了重要行业部门网络安全工作的开展，有效防范了重大网络安全事件（事故）的发生，使我国网络安全工作走上了法制化、规范化、标准化的轨道。

第4章 网络安全等级保护政策体系和标准体系

本章系统介绍网络安全等级保护的有关政策和标准，对有关政策文件和标准的应用进行简要说明。

4.1 网络安全等级保护政策体系

为组织开展网络安全等级保护工作，公安部根据《中华人民共和国计算机信息系统安全保护条例》及国务院"三定"的授权，会同国家保密局、国家密码管理局、原国务院信息办和国家发改委、财政部、教育部、国资委等部门出台了一些政策文件，公安部对有些具体工作出台了一些指导意见和规范，这些文件构成了网络安全等级保护政策体系，为各地区、各部门开展网络安全等级保护工作提供了政策保障。

为了方便读者使用，本书将网络安全等级保护有关政策文件列为附录内容。

4.1.1 总体方面的政策文件

总体方面的文件有两个，这两个文件确定了等级保护制度的总体内容和要求，对等级保护工作的开展起到宏观指导作用。

1.《关于信息安全等级保护工作的实施意见》（公通字〔2004〕66号）

该文件是为贯彻落实《中华人民共和国计算机信息系统安全保护条例》（国务院令第147号）和《国家信息化领导小组关于加强信息安全保障工作的意见》（中办发〔2003〕27号），由公安部、国家保密局、国家密码管理局、原国务院信息办等四部委共同会签印发，指导相关部门实施网络安全等级保护工作的纲领性文件，主要内容包括贯彻落实网络安全等级保护制度的基本原则，等级保护工作的基本内容、工作要求和实施计划，以及各部门工作职责分工等。

2.《信息安全等级保护管理办法》（公通字〔2007〕43 号）

该文件是在开展信息系统安全等级保护基础调查工作和信息安全等级保护试点工作的基础上，由四部委共同会签印发的重要管理规范，主要内容包括网络安全等级保护制度的基本内容、流程及工作要求，信息系统定级、备案、安全建设整改、等级测评的实施与管理，以及信息安全产品和测评机构的选择等，为开展网络安全等级保护工作提供了规范保障。

4.1.2　等级保护具体环节的政策文件

对应等级保护工作的具体环节（网络定级、备案、安全建设整改、等级测评、安全检查），出台了相应的政策规范。

1. 定级环节

《关于开展全国重要信息系统安全等级保护定级工作的通知》（公通字〔2007〕861 号，下称《定级工作通知》），由公安部、国家保密局、国家密码管理局、原国务院信息办四部委共同会签印发。2007 年 7 月 20 日，四部委在北京联合召开了全国重要信息系统安全等级保护定级工作电视电话会议，会议根据《定级工作通知》精神部署在全国范围内开展信息系统安全等级保护定级备案工作，标志着全国网络安全等级保护工作全面开展。

2. 备案环节

《信息安全等级保护备案实施细则》（公信安〔2007〕1360 号），规定了公安机关受理网络运营者信息系统备案工作的内容、流程、审核等内容，并附带有关法律文书，指导各级公安机关受理信息系统备案工作。该文件由公安部网络安全保卫局印发。

3. 安全建设整改环节

（1）《关于开展信息系统等级保护安全建设整改工作的指导意见》（公信安〔2009〕1429 号）

该文件明确了非涉及国家秘密信息系统开展安全建设整改工作的目标、内容、流程和要求等，文件附件包括《信息安全等级保护安全建设整改工作指南》和《信息安全等级保护主要标准简要说明》。该文件由公安部印发。

（2）《关于加强国家电子政务工程建设项目信息安全风险评估工作的通知》（发改高技〔2008〕2071 号）

该文件要求非涉密国家电子政务项目开展等级测评和信息安全风险评估要按照《信息安全等级保护管理办法》进行，明确了项目验收条件：一是公安机关颁发的信息系统安全等级保护备案证明；二是等级测评报告和风险评估报告。该文件由国家国家发改委、公安部、国家保密局共同会签印发。

（3）《国家发展改革委关于进一步加强国家电子政务工程建设项目管理工作的通知》（发改高技〔2008〕2544 号）

该文件要求国家电子政务项目的信息安全工作，按照国家网络安全等级保护制度要求，项目建设部门在电子政务项目的需求分析报告和建设方案中，应同步落实等级测评要求。

（4）《关于进一步加强国家电子政务网络建设和应用工作的通知》（发改高技〔2012〕1986 号）

该文件要求开展国家电子政务网络建设和应用工作中，按照网络安全等级保护要求建设和管理国家电子政务外网。该文件由国家发改委、公安部、财政部、国家保密局、国家电子政务内网建设和管理协调小组办公室联合印发。

4. 等级测评环节

（1）《关于推动信息安全等级保护测评体系建设和开展等级测评工作的通知》（公信安〔2010〕303 号）

为了规范等级测评活动，加强对测评机构及测评人员的管理，在等级测评体系建设试点工作的基础上，公安部网络安全保卫局出台了该文件。该文件确定了开展网络安全等级保护测评体系建设和等级测评工作的目标、内容、工作要求。

（2）《网络安全等级保护测评机构管理办法》（公信安〔2018〕765 号）

该文件加强了对等级测评机构的管理，规范了等级测评行为，提高了测评技术能力和服务水平。自该文件实施之日起，《信息安全等级保护测评机构管理办法》《信息安全等级保护测评机构异地备案实施细则》及各地自行制定的与该文件规定不符的规范性文件作废。

（3）《信息安全等级保护测评报告模版（2015 年版）》（公信安〔2014〕2866 号）

该文件明确了等级测评活动的内容、方法和测评报告格式等内容，用以规范等级测评报告的主要内容。《信息安全等级保护测评报告模版（试行）》废止。该文件由公安部网络安全保卫局印发。

（4）《关于做好信息安全等级保护测评机构审核推荐工作的通知》（公信安〔2010〕559 号），附件包含《等级测评机构审核推荐工作流程和方法》

该文件明确规定了等级测评机构审核推荐的方法、流程、要求，用于规范等级测评机构和测评师管理。该文件由公安部网络安全保卫局印发。

5. 安全检查环节

《公安机关信息安全等级保护检查工作规范（试行）》（公信安〔2008〕736 号）

该文件规定了公安机关开展网络安全等级保护检查工作的内容、程序、方式及相关法律文书等，使检查工作规范化、制度化。该文件由公安部网络安全保卫局印发。

4.2 网络安全等级保护标准体系

为推动我国网络安全等级保护工作的开展，十多年来，在国内有关专家、企业的大力支持下，公安部牵头组织制定了一系列网络安全等级保护标准，形成了比较完整的网络安全等级保护标准体系，为开展网络安全等级保护工作提供了标准保障。

4.2.1 网络安全等级保护相关标准类别

网络安全等级保护相关标准大致分为四类，分别是基础类、应用类、产品类（略）和其他类。

1. 基础类标准

《计算机信息系统安全保护等级划分准则》（GB17859—1999）。

2. 应用类标准

（1）网络定级

《信息系统安全保护等级定级指南》（GB/T 22240—2008）；

《网络安全等级保护定级指南》（GA/T 1389—2017）。

（2）等级保护实施

《信息系统安全等级保护实施指南》（GB/T 25058—2010）。

（3）网络安全建设

《信息系统安全等级保护基本要求》（GB/T 22239—2008）；

《信息系统通用安全技术要求》（GB/T 20271—2006）；

《信息系统等级保护安全设计技术要求》（GB/T 24856—2009）；

《信息系统安全管理要求》（GB/T 20269—2006）；

《信息系统安全工程管理要求》（GB/T 20282—2006）；

《信息系统物理安全技术要求》（GB/T 21052—2007）；

《网络基础安全技术要求》（GB/T 20270—2006）；

《信息系统安全等级保护体系框架》（GA/T 708—2007）；

《信息系统安全等级保护基本模型》（GA/T 709—2007）；

《信息系统安全等级保护基本配置》（GA/T 710—2007）。

正在修订出台的标准有《网络安全等级保护基本要求》。

（4）等级测评

《信息系统安全等级保护测评要求》（GB/T 28448—2012）；

《信息系统安全等级保护测评过程指南》（GB/T 28449—2012）；

《信息系统安全管理测评》（GA/T 713—2007）。

正在修订出台的标准有《网络安全等级保护测评要求》。

3. 其他类标准

《信息安全风险评估规范》（GB/T 20984—2007）；

《信息安全事件管理指南》（GB/Z 20985—2007）；

《信息安全事件分类分级指南》（GB/Z 20986—2007）；

《信息系统灾难恢复规范》（GB/T 20988—2007）。

4.2.2　相关标准与等级保护各工作环节的关系

相关标准与等级保护各工作环节的关系如图 4-1 所示。下面围绕网络安全等级保护安全建设整改工作，对有关标准进行说明。

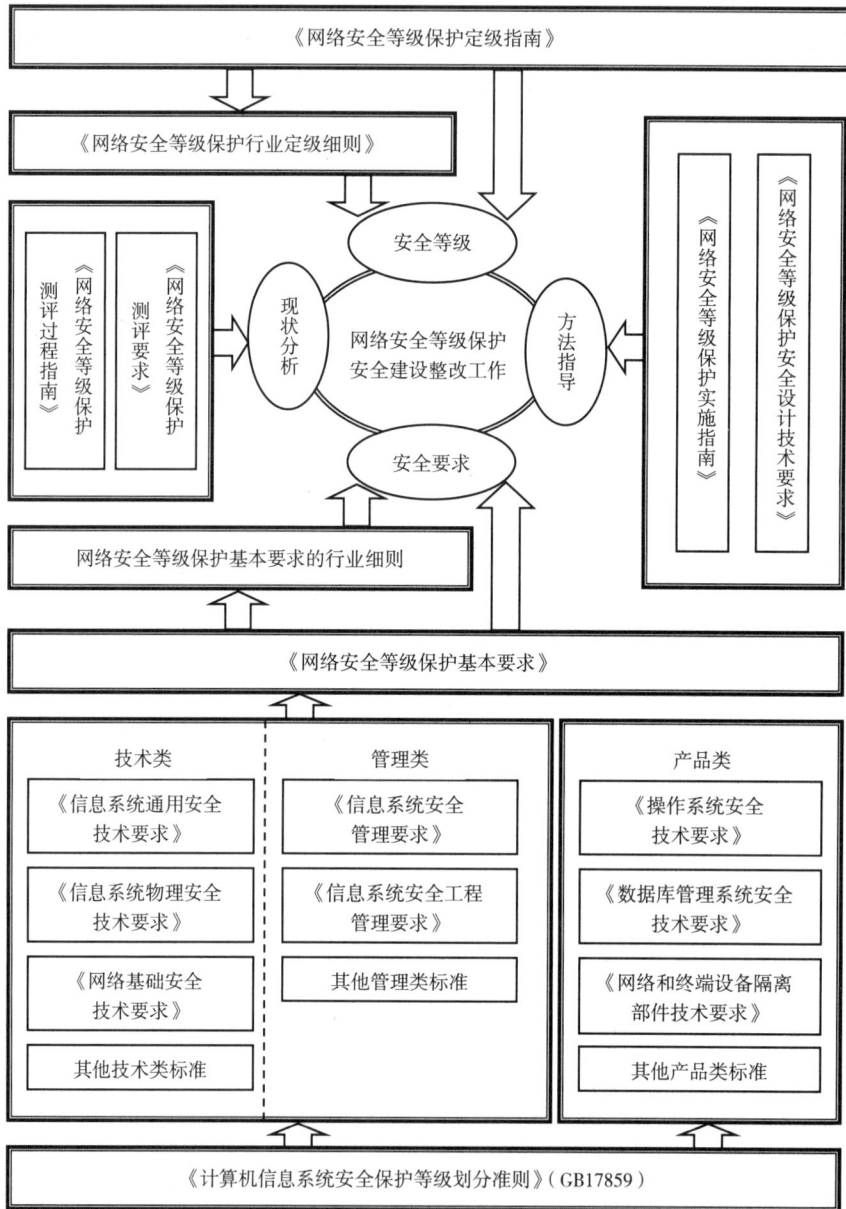

图 4-1　等级保护相关标准与等级保护各工作环节的关系

1. 基础标准

《计算机信息系统安全保护等级划分准则》是强制性国家标准，也是等级保护的基础性标准，在此基础上制定了《信息系统通用安全技术要求》等技术类、《信息系统安全管理要求》《信息系统安全工程管理要求》等管理类、《操作系统安全技术要求》等产品类标准，为相关标准的制定起到了基础性作用。

2. 定级类标准

《信息系统安全等级保护定级指南》《网络安全等级保护定级指南》和信息系统安全等级保护行业定级细则为确定信息系统安全保护等级提供支持。

（1）《信息系统安全等级保护定级指南》（GB/T 22240—2008）

该标准规定了定级的依据、对象、流程和方法及等级变更等内容，用于指导开展信息系统安全保护等级定级工作。

（2）《网络安全等级保护定级指南》（GA/T 1389—2017)

依据《中华人民共和国计算机信息系统安全保护条例》（国务院令第 147 号）和《信息安全等级保护管理办法》（公通字〔2007〕43 号）制定了该标准。

该标准综合考虑保护对象在国家安全、经济建设、社会生活中的重要程度，以及保护对象遭到破坏后对国家安全、社会秩序、公共利益及公民、法人和其他组织的合法权益的危害程度等因素，提出确定保护对象安全保护等级的方法。该标准为公共安全行业标准，对《信息系统安全等级保护定级指南》进行了修改完善，将对公民、法人和其他组织的合法权益产生特别严重损害，调整到第三级；增加了对云计算平台、大数据平台、物联网、工业控制系统、大数据的定级方法。

网络运营者应按照《网络安全等级保护定级指南》开展网络安全等级保护定级工作。

（3）网络安全等级保护行业定级规范或细则

重点行业可以按照《网络安全等级保护定级指南》等标准，结合行业特点和信息系统的特殊性，在公安部等有关部门的指导下制定行业网络安全等级保护定级规范或细则。

3. 安全要求类标准

《信息系统安全等级保护基本要求》及行业标准规范或细则构成了网络安全建设整改的安全需求。

（1）《信息系统安全等级保护基本要求》

《信息系统安全等级保护基本要求》是在《计算机信息系统安全保护等级划分准则》、技术类标准和管理类标准基础上，总结几年的实践经验，结合当前信息技术发展的实际情况研究制定的。该标准提出了各级信息系统应当具备的安全保护能力，并从技术和管理两方面提出了相应的措施。

（2）《网络安全等级保护基本要求》

《信息系统安全等级保护基本要求》（GB/T 22239—2008）于 2008 年成为国家标准，该标准在我国推行网络安全等级保护制度过程中起到了非常重要的作用，被广泛应用于各个行业的用户开展网络安全等级保护的建设整改、等级测评工作中，但是随着信息技术的发展，该标准在时效性、易用性、可操作性上需要进一步完善。公安部牵头组织对该标准进行了修订，形成了《网络安全等级保护基本要求》，修订情况如下。

一是为配合国家落实网络安全等级保护制度，标准的名称由原来的"信息安全技术 信息系统安全等级保护基本要求"改为"信息安全技术 网络安全等级保护基本要求"。二是等级保护对象由原来的"信息系统"调整为"安全等级保护的对象，包括网络基础设施、信息系统、云计算平台、大数据平台、物联网、工业控制系统、大数据等"。三是将原来的安全要求分为安全通用要求和安全扩展要求，安全通用要求是所有等级保护对象都必须满足的要求，而针对云计算、移动互联、物联网和工业控制系统提出了特殊要求，称为安全扩展要求。四是将各级技术要求的"物理安全""网络安全""主机安全""应用安全""数据安全和备份与恢复"修订为"物理和环境安全""网络和通信安全""设备和计算安全""应用和数据安全"，将各级管理要求的

"安全管理制度""安全管理机构""人员安全管理""系统建设管理""系统运维管理"修订为"安全策略和管理制度""安全管理机构和人员""安全建设管理""安全运维管理"。五是取消了原来安全控制点的 S、A、G 标注。

网络运营者应按照《网络安全等级保护基本要求》(下称《基本要求》) 开展网络安全等级保护安全建设工作。

(3) 网络安全等级保护基本要求的行业标准或细则

重点行业可以按照《基本要求》等国家标准，结合行业特点，在公安部等有关部门指导下确定《基本要求》的具体指标，在不低于《基本要求》的情况下，结合系统安全保护的特殊需求制定行业标准规范或细则。

4. 方法指导类标准

《信息系统安全等级保护实施指南》和《网络安全等级保护安全设计技术要求》构成了指导网络安全建设整改的方法指导类标准。

(1)《信息系统安全等级保护实施指南》(GB/T 25058—2010)

本标准阐述了等级保护实施的基本原则、参与角色及在信息系统定级、总体安全规划、安全设计与实施、安全运行与维护、信息系统终止等主要工作阶段中如何按照网络安全等级保护政策、标准要求实施等级保护工作。

(2)《网络安全等级保护安全设计技术要求》

国家标准《信息系统等级保护安全设计技术要求》的应用，为我国网络安全等级保护制度起到了重要的推动作用，但随着云计算、移动互联、物联网、工业控制等新技术应用的不断出现，网络面临的安全风险、安全威胁随之发生了变化，网络安全体系结构也随之发生变化。为适应新的需求、新的变化，修订中的《网络安全等级保护安全设计技术要求》增加了新的内容，为网络运营者开展云计算、移动互联、物联网、大数据、工业控制安全设计提供支撑，以确保网络运营者的网络安全等级保护工作适应国家主管部门新思路及政策的需要，适应新技术应用带来的系统形态及等级保护对象认知方法的变化，与时俱进地推动等级保护工作持续发展。

网络运营者应按照《网络安全等级保护安全设计技术要求》开展网络安全等级保护安全设计技术工作。

5. 现状分析类标准

《信息系统安全等级保护测评要求》《网络安全等级保护测评要求》《信息系统安全等级保护测评过程指南》构成了指导开展等级测评的标准规范。

（1）《信息系统安全等级保护测评要求》

本标准阐述了等级测评的原则、测评内容、测评强度、单元测评要求、整体测评要求、等级测评结论的产生方法等内容，用于规范和指导测评人员开展等级测评工作。

（2）《网络安全等级保护测评要求》

该标准适用于信息安全测评服务机构、等级保护对象的主管部门及网络运营者对等级保护对象安全等级保护状况进行的安全测试评估。网络安全监管职能部门依法进行的网络安全等级保护监督检查也可以参考使用。该标准除了安全测评通用要求外，增加了云计算安全测评扩展要求、移动互联安全测评扩展要求、物联网安全测评扩展要求和工业控制系统安全测评扩展要求。

等级测评机构应按照《网络安全等级保护测评要求》开展网络安全等级保护测评工作。

（3）《信息系统安全等级保护测评过程指南》

本标准阐述了信息系统等级测评的测评过程，明确了等级测评的工作任务、分析方法及工作结果等，包括测评准备活动、方案编制活动、现场测评活动、分析与报告编制活动，用于规范测评机构的等级测评过程。

4.2.3　在应用有关标准中需要注意的几个问题

《网络安全等级保护基本要求》是网络安全建设整改的基本目标，《网络安全等级保护安全设计技术要求》是实现该目标的方法和途径之一。《网络安全等级保护基本要求》中不包含安全设计和工程实施等内容，因此，在网络安全建设整改中，可以参照《信息系统安全等级保护实施指南》《网络安全等级保护安全设计技术要求》《信息系统安全工程管理要求》实施。

网络定级时要根据业务信息安全等级和系统服务安全等级确定网络的安全保护等级，因此，在进行网络安全建设整改时，应根据业务信息安全等级和系统服务安全等级确定《基本要求》中相应的安全保护要求。各单位、各部门在进行网络安全建设整改方案设计时，要按照整体安全的原则，综合考虑安全保护措施，建立网络综合防护体系，提高网络的整体保护能力。

《网络安全等级保护安全设计技术要求》依据《计算机信息系统安全保护等级划分准则》，从"计算环境安全、区域边界安全、通信网络安全和安全管理中心"（一个中心，三维防护）四个方面给出了五个级别网络的安全保护设计技术要求，用于指导网络的等级保护安全技术设计。因为本标准不包括网络的物理安全、安全管理、安全运维等方面的安全要求，所以应与《网络安全等级保护基本要求》等标准配合使用。

4.2.4　网络安全等级保护主要标准简要说明

现将网络安全等级保护标准体系中比较重要的《计算机信息系统安全保护等级划分准则》《网络安全等级保护基本要求》《信息系统安全等级保护实施指南》《网络安全等级保护定级指南》《网络安全等级保护安全设计技术要求》《网络安全等级保护测评要求》《信息系统安全等级保护测评过程指南》等标准作一简要说明。

1.《计算机信息系统安全保护等级划分准则》（GB 17859—1999）

（1）主要用途

本标准将计算机信息系统的安全保护能力划分成五个等级，并明确了各个保护级别的技术保护措施要求。本标准是国家强制性技术规范，其主要用途包括：规范和指导计算机信息系统安全保护有关标准的制定；为安全产品的研究开发提供技术支持；为计算机信息系统安全法规的制定和执法部门的监督检查提供依据。

（2）主要内容

本标准界定了计算机信息系统的基本概念，即计算机信息系统是由计算机及其相关和配套的设备、设施（含网络）构成的，按照一定的应用目标和规则对信息进行采集、加工、存储、传输、检索等处理的人机系统。信息系统按照安全保护能力划分为五个等级，分别是第一级用户自主保护级、第二级系统审计保护级、第三级安全标记保护级、第四级结构化保护级、第五级访问验证保护级。从自主访问控制、强制访问控制、标记、身份鉴别、客体重用、审计、数据完整性、隐蔽信道分析、可信路径、可信恢复十个方面，采取逐级增强的方式提出了计算机信息系统的安全保护技术要求。

2.《网络安全等级保护定级指南》（GA/T 1389—2017）

（1）主要用途

网络定级是等级保护工作的首要环节，是开展网络安全建设整改、等级测评、监督检查等后续工作的重要基础。

《网络安全等级保护定级指南》从网络对国家安全、经济建设、社会生活的重要作用，网络承载业务的重要性及业务对网络的依赖程度等方面，提出确定网络的安全保护等级的方法。

（2）主要内容

《定级指南》包括定级原则、定级方法及等级变更等内容。

网络安全保护定级是确定等级保护对象的安全保护等级，等级保护对象是网络安全等级保护工作的作用对象，主要包括基础信息网络、信息系统（例如工业控制系统、云计算平台、物联网、使用移动互联技术的信息系统及其他信息系统）和大数据等。

● 定级原则：给出了网络五个安全保护等级的具体定义，将网络受到破坏时所侵害的客体和对客体造成侵害的程度两方面因素作为信息系统的定级要素，并给出了定级要素与网络安全保护等级的对应关系。

● 定级方法：网络安全包括业务信息安全和系统服务安全，与之相关的受侵害客体和对客体的侵害程度可能不同，因此，网络定级可以分别确定业务信息安全保护等级和系统服务安全保护等级，并取二者中的较高者为网络的安全保护等级。

● 等级变更：网络的安全保护等级会随着网络所处理信息或业务状态的变化而变化，当网络发生变化时应重新定级并备案。

3.《网络安全等级保护基本要求》

（1）主要用途

网络按照重要性和被破坏后对国家安全、社会秩序、公共利益的危害性分为五个安全保护等级。不同安全保护等级的网络有着不同的安全需求，为此，针对不同等级的网络提出了相应的基本安全保护要求，各个级别网络的安全保护要求构成了《网络安全等级保护基本要求》。

《基本要求》以《计算机信息系统安全保护等级划分准则》（GB17859—1999）为基础研究制定，提出了各级网络应当具备的安全保护能力，并从技术和管理两方面提出了相应的措施，为网络运营者在网络安全建设中提供参照。

（2）主要内容

《基本要求》的技术部分吸收和借鉴了《计算机信息系统安全保护等级划分准则》及相关标准，采纳其中的身份鉴别、数据完整性、自主访问控制、强制访问控制、审计、客体重用（改为剩余信息保护）、标记、可信路径共八个安全机制，并将这些机制根据各级的安全目标，扩展到网络层、主机系统层、应用层和数据层。《基本要求》的管理部分充分借鉴了 ISO/IEC 17799:2005 等国际流行的信息安全管理方面的标准。

● 总体框架

《基本要求》主体内容包括安全通用要求、云计算安全扩展要求、移动互联安全扩展要求、物联网安全扩展要求和工业控制系统安全扩展要求。

安全通用要求是针对不同安全保护等级对象应该具有的安全保护能力提出的安全要求，根据实现方式的不同，安全要求分为技术要求和管理要求两大类。技术类安全要求与提供的技术安全机制有关，主要通过部署软/硬件并正确配置其安全功能来实现；管理类安全要求与各种角色参与的活动有关，主要通过控制各种角色的活动，从政策、制度、规范、流程及记录等方面做出规定来实现。安全通用要求针对共性化保护需求提出，无论等级保护对象以何种形式出现，必须根据安全保护等级实现相应级别的安全通用要求。

● 扩展要求的主要内容

由于业务目标的不同、使用技术的不同、应用场景的不同等因素，不同的等级保护对象会以不同的形态出现，表现形式可能被称为网络基础设施、传统信息系统、云计算平台、物联网系统、工业控制系统等。应用场景的差异导致不同的等级保护对象面临的威胁有所不同，安全保护需求也会有所差异。为了便于实现对不同级别的和不同形态的等级保护对象的共性化和个性化保护，等级保护要求分为通用要求和扩展要求。等级保护对象需要首先实现安全通用要求提出的安全措施，然后根据使用的新技术和新应用情况实现安全扩展要求提出的安全措施。

一是云计算安全扩展要求，是针对云计算的特点提出特殊保护要求。对云计算环境主要增加的内容包括"基础设施的位置""虚拟化安全保护""镜像和快照保护""云服务商选择""云计算环境管理"等方面。云计算安全扩展要求针对采用了云计算技术的等级保护对象（称为云计算平台）提出特殊保护要求。鉴于云计算平台由设施、硬件、资源抽象控制层、虚拟化计算资源、软件平台和应用软件等组成，可能的服务模式为软件即服务（SaaS）、平台即服务（PaaS）、基础设施即服务（IaaS）等，云计算安全扩展要求重点在"基础设施的位置""虚拟化安全保护""镜像和快照保护""云服务商选择""云计算环境管理"等方面提出要求。云计算安全扩展要求主要提出云计算平台自身的特殊保护要求和云计算平台应该向租户提供的保护能力要求。重点条款包括："应确保云计算平台不承载高于其安全保护等级的业务应用系统"；"应确保云计算基础设施位于中国境内"；"云计算平台的运维地点应位于中国境内，境外对境内云计算平台实施运维操作应遵循国家相关规定"；"云计算平台运维过程产生的配置数据、日志信息等存储于中国境内，如需出境应遵循国家相关规定"；"应实现不同云服务客户虚拟网络之间的隔离"；"应具有根据云服务客户业务需求提供通信传输、边界防护、入侵防范等安全机制的能力"；"应具有根据云服务客户业务需求自主设置安全策略集的能力，包括定义访问路径、选择安全组件、配置安全策略"；"应根据云服务商和云服务客户的职责划分，收集各自控制部分的审计数据并实现各自的集中审计"；"应根据云服务商和云服务客户的职责划分，实现各自控制部分，包括虚拟化网络、虚拟机、虚拟化安全设备等的运行状况的集中监测"等。

二是移动互联安全扩展要求，是针对移动互联的特点提出特殊保护要求。对移动互联环境主要增加的内容包括"无线接入点的物理位置""移动终端管控""移动应用管控""移动应用软件采购""移动应用软件开发"等方面。移动互联安全扩展要求重点条款包括："应保证有线网络与无线网络边界之间的访问和数据流通过无线接入安全网关设备"；"无线接入设备应开启接入认证功能，并支持采用认证服务器认证或国家密码管理机构批准的密码模块进行认证"；"应保证移动终端安装、注册并运行终端管理客户端软件"；"移动终端应接受移动终端管理服务端的设备生命周期管理、设备远程控制，如：远程锁定、远程擦除等"；"应具有软件白名单功能，应能根据白名单控制应用软件安装、运行"；"应保证移动终端安装、运行的应用软件来自系统管理者指定证书签名或可靠分发渠道"等。

三是物联网安全扩展要求，是针对物联网的特点提出特殊保护要求。对物联网环境主要增加的内容包括"感知节点的物理防护""感知节点设备安全""网关节点设备安全""感知节点的管理""数据融合处理"等方面。物联网安全扩展要求重点条款包括："感知节点设备在工作状态所处物理环境应不对感知节点设备的正常工作造成影响，如强干扰、阻挡屏蔽等"；"关键感知节点设备应具有可供长时间工作的电力供应（关键网关节点设备应具有持久的，稳定的电力供应能力）"；"应能够限制与感知节点通信的目标地址，以避免对陌生地址的攻击行为"；"应确保只有授权的感知节点可以接入"；"应具备过滤非法节点和伪造节点所发送的数据的能力"；"应能够鉴别数据的新鲜性，避免历史数据的重放攻击"；"应对来自传感网的数据进行数据融合处理，使不同种类的数据可以在同一个平台被使用"等。

四是工业控制系统安全扩展要求，是针对工业控制系统的特点提出特殊保护要求。对工业控制系统主要增加的内容包括"室外控制设备防护""工业控制系统网络架构安全""拨号使用控制""无线使用控制""控制设备安全"等方面，针对工业控制系统实时性要求高的特点，调整了"漏洞和风险管理""恶意代码防范管理"方面的要求。工业控制系统是较为复杂的等级保护对象，通常是几种类型控制系统的总称，包括数据采集与监视控制系统（SCADA）系统、集散控制系统（DCS）和其他控制系统。工业控制系统通常用于诸如电力、水和污水处理、石油和天然气、化工、交通运输、制药、纸浆和造纸、食品和饮料以及离散制造（例如汽车、航空航天和耐用品）等行业。国际标准 IEC 62264－1（《企业控制系统 第 1 部分：模型和术语》）将工业控制系统进行了层次结构模型划分，层次模型从上到下共分为五个层级，依次为企业资源层、生产管理层、过程监控层、现场控制层和现场设备层，不同层级的实时性要求不同。工业控制系统安全扩展要求主要针对现场控制层和现场设备层提出特殊安全要求，其他层次使用安全通用要求条款。

工业控制系统安全扩展要求的重点条款包括："工业控制系统与企业其他系统之间应划分为两个区域，区域间应采用单向的技术隔离手段"；"工业控制系统内部应根据业务特点划分为不同的安全域，安全域之间应采用技术隔离手段"；"在工业控制系统内使用广域网进行控制指令或相关数据交换的应采用加密认证技术手段实现身份认证、访问控制和数据加密传输"；"工业控制系统确需使用拨号访问服务的，应限制具有拨号访问权限的用户数量；并采取用户身份鉴别和访问控制等措施"；"对采用无线通信技术进行控制的工业控制系统，应能识别其物理环境中发射的未经授权的无线设备，报告未经授权试图接入或干扰控制系统行为"；"控制设备自身应实现相应级别安全通用要求提出的身份鉴别、访问控制和安全审计等设备和计算方面的安全要求，如受条件限制控制设备无法实现上述要求，应由其上位控制或管理设备实现等同功能或通过管理手段控制"等。

● 保护要求的分级方法

网络分为五个安全保护等级，其安全保护能力逐级增高，因此相应的安全保护要求和措施逐级增强，体现在两个方面：一是随着网络安全级别的提高，安全要求的项数将有所增加；二是随着网络安全级别的提高，同一项安全要求的强度将有所增加。

例如，第三级网络基本要求是在第二级基本要求的基础上，在技术方面增加了网络恶意代码防范、剩余信息保护、抗抵赖的要求，同时对身份鉴别、访问控制、安全审计、数据完整性及保密性方面的要求在强度上有所增加；在管理方面增加了监控管理和安全管理中心两项要求，同时对安全管理制度评审、人员安全和网络建设过程管理提出了进一步要求。通过安全要求项数和强度的不同，综合体现了不同等级网络安全要求的级差。

（3）使用说明

《基本要求》对第一级网络的基本要求仅供网络运营者参考，按照自主保护的原则采取必要的安全技术和管理措施。网络运营者在进行网络安全建设整改时，可以在《基本要求》的基础上，根据行业和网络实际，提出特殊安全要求，开展安全建设整改。

《基本要求》给出了各级网络每一保护方面需要达到的要求，不是具体的安全建设整改方案或作业指导书，所以，实现《基本要求》的措施或方式并不局限于《基本要求》给出的内容，要结合网络自身的特点综合考虑采取的措施来达到《基本要求》提出的保护能力。

《基本要求》中不包含安全设计和工程实施等内容，因此，在网络安全建设整改中，可以参照《信息系统安全等级保护实施指南》《网络安全等级保护安全设计技术要求》《信息系统安全工程管理要求》进行。《基本要求》是网络安全建设整改的目标，《网络安全等级保护安全设计技术要求》是实现该目标的方法和途径之一。《基本要求》综合了《信息系统物理安全技术要求》《信息系统通用安全技术要求》《信息系统安全管理要求》的有关内容，在进行网络安全建设整改方案设计时可进一步参考后三个标准。

网络定级时要根据业务信息安全等级和系统服务安全等级确定的网络安全等级，因此，在进行网络安全建设时，应根据业务信息安全等级和系统服务安全等级确定《基本要求》中相应的安全保护要求，而通用安全保护要求要与网络等级对应。

网络运营者在根据《基本要求》进行安全建设整改方案设计时，要按照整体安全的原则，综合考虑安全保护措施，建立并完善网络安全保障体系，提高网络的整体安全防护能力。对于《基本要求》中提出的基本安全要求无法实现或有更加有效的安全措施可以替代的，可以对基本安全要求进行调整，调整的原则是保证不降低整体安全保护能力。

4.《网络安全等级保护安全设计技术要求》

（1）主要用途

为了加强对采用云计算、移动互联、物联网、大数据等新技术的等级保护对象的安全保护，推动新技术、新应用安全等级保护工作的开展，对《信息安全技术　信息系统等级保护安全设计技术要求》（GB/T 25070—2010）标准进行了修订。本标准依据《计算机信息系统安全保护等级划分准则》（GB17859—1999）规定的信息系统安全保护能力等级，以及配套系列标准的安全等级保护技术要求，给出了五个级别定级系统的安全保护设计技术要求，在通用设计要求的基础上，增加了云计算安全要求、移动互联安全要求、物联网安全要求、工业控制系统安全要求，用于指导网络运营者、网络安全企业、网络安全服务机构等开展网络的等级保护安全技术设计。

（2）主要内容

本标准针对等级保护对象提出安全计算环境设计技术要求、安全区域边界设计技术要求、安全通信网络设计技术要求、安全管理中心设计技术要求、系统安全保护环境结构化设计技术要求。针对无线移动接入、云计算、大数据、物联网和工业控制系统等新技术、新应用领域增加相应的安全设计要求，本标准在原设计要求的基础上，增加了云计算、移动互联、物联网、工业控制系统的内容。

定级系统进行安全保护的环境由安全计算环境、安全区域边界、安全通信网络和（或）安全管理中心构成。

安全计算环境是对定级系统的信息进行存储、处理及实施安全策略的相关部件。安全计算环境按照保护能力划分为第一级安全计算环境、第二级安全计算环境、第三级安全计算环境、第四级安全计算环境和第五级安全计算环境。第三级安全计算环境从以下方面进行安全设计：用户身份鉴别、自主访问控制、标记和强制访问控制、系统安全审计、用户数据完整性保护、用户数据保密性保护、客体安全重用、程序可信执行保护。

安全区域边界是对定级系统的安全计算环境边界及在安全计算环境与安全通信网络之间实现连接并实施安全策略的相关部件。安全区域边界按照保护能力划分为第一级安全区域边界、第二级安全区域边界、第三级安全区域边界、第四级安全区域边界和第五级安全区域边界。第三级安全区域边界从以下方面进行安全设计：区域边界访问控制、区域边界包过滤、区域边界安全审计、区域边界完整性保护。

安全通信网络是对定级系统安全计算环境之间进行信息传输及实施安全策略的相关部件。安全通信网络按照保护能力划分第一级安全通信网络、第二级安全通信网络、第三级安全通信网络、第四级安全通信网络和第五级安全通信网络。第三级安全通信网络从以下方面进行安全设计：通信网络安全审计、通信网络数据传输保密性保护、通信网络数据传输保密性保护、通信网络可信接入保护。

安全管理中心是对定级系统的安全策略及安全计算环境、安全区域边界和安全通信网络上的安全机制实施统一管理的平台。第三级（含）以上的定级系统安全保护环境需要设置安全管理中心，分别称为第三级安全管理中心、第四级安全管理中心和第五级安全管理中心。第二级信息系统可以选择配置第二级安全管理中心。安全管理中心设计主要从系统管理、安全管理和审计管理三方面考虑。

跨定级系统安全管理中心是对相同或不同等级的定级系统之间互联的安全策略及安全互联部件上的安全机制实施统一管理的平台。跨定级系统安全管理中心设计的技术要求是：应通过安全通信网络部件与各定级系统安全保护环境中的安全管理中心相连，主要实施跨定级系统的系统管理、安全管理和审计管理。

（3）使用说明

本标准突出从计算环境安全、区域边界安全、通信网络安全和安全管理中心四个方面对网络进行安全技术设计。在安全设计中应注意各安全技术和机制之间的相互关联，通过对安全技术、机制和产品的有机集成使网络的安全保护技术能力符合其安全等级的保护要求。

本标准不包括对网络的物理安全、安全管理、安全运维等方面的安全要求，所以，在进行网络的安全建设整改方案设计时，应与《网络安全等级保护基本要求》等标准配合使用。

网络安全建设整改的管理和技术目标是落实《网络安全等级保护基本要求》，而利用本标准进行网络安全技术设计是实现目标的方法之一。

5.《网络安全等级保护测评要求》

（1）主要用途

根据《信息安全等级保护管理办法》的规定，网络建设完成后，网络运营者应当选择符合规定条件的测评机构，依据《网络安全等级保护测评要求》等技术标准，定期对网络的安全等级状况开展等级测评。《网络安全等级保护测评要求》（下称《测评要求》）依据《网络安全等级保护基本要求》规定了对网络进行等级保护测试评估的内容和方法，用于规范和指导测评人员的等级测评活动。

（2）主要内容

本标准分为 12 章及附录部分。第 5 章概要描述了安全等级保护测评方法及单项测评和整体测评组成。第 6 章、第 7 章、第 8 章、第 9 章，分别描述了第一级、第二级、第三级、第四级测评要求，每级分别遵从《基本要求》的框架，从安全技术和安全管理两大方面描述如何实施测评工作，其中技术方面分别从物理和环境安全、网络和通信安全、设备和计算安全、应用和数据安全四个层面展开，管理方面则分别从安全策略和管理制度、安全管理机构和人员、安全建设管理和安全系统运维管理四个方面展开，与《基本要求》形成了相互对照、统一的标准文本结构。第 11 章描述了网络整体测评方法，在单项测评的基础上，从网络整体的角度综合考虑如何进行系统性的测评，分别从安全控制点、安全控制点间及层面间测评三个方面进行描述，分析了在进行网络测评时需要考虑的方向和指导思想。第 12 章概要说明了给出测评结论的方法，以及测评结论主要应该包括哪些方面的内容等。

（3）使用说明

《测评要求》针对等级测评提出了单项测评要求和整体测评要求，但未涉及工作过程、任务及工作产品等内容，相关内容请参考《信息系统安全等级保护测评过程指南》。

测评人员在确定测评内容时，应依据被测网络的安全保护等级选择《测评要求》中对应的单项测评内容，并在相关测评结果的基础上实施整体测评。

测评结论的产生不能仅依据单项测评结果，而是应该在整体测评的基础上，结合被测网络的实际情况，综合评判网络是否具备对应等级的安全保护能力。

6.《信息系统安全等级保护测评过程指南》(GB/T 28449—2012)

（1）主要用途

根据《信息安全等级保护管理办法》的规定，网络建设完成后，网络运营者应当选择符合规定条件的测评机构，依据《网络安全等级保护测评要求》等技术标准，定期对网络的安全保护状况开展等级测评。为规范等级测评机构的测评活动，保证测评结论准确、公正，《信息系统安全等级保护测评过程指南》(下称《测评过程指南》)明确了网络等级测评的测评过程，阐述了等级测评的工作任务、分析方法及工作结果等，为等级测评机构、网络运营者在等级测评工作中提供指导。

（2）主要内容

《测评过程指南》以测评机构对第三级网络的首次等级测评活动过程为主要线索，定义等级测评的主要活动和任务，包括测评准备活动、方案编制活动、现场测评活动、分析与报告编制活动四项活动。测评准备活动包括项目启动、信息收集和分析、工具和表单准备三项任务；方案编制活动包括测评对象确定、测评指标确定、测试工具接入点确定、测评内容确定、测评实施手册开发、测评方案编制六项任务；现场测评活动包括现场测评准备、现场测评和结果记录、结果确认和资料归还三项任务；分析与报告编制活动包括单项测评结果判定、单元测评结果判定、整体测评、风险分析、等级测评结论形成、测评报告编制六项任务。对每一项活动，介绍了工作流程、主要的工作任务、输出文档、双方职责等。对各工作任务，描述了任务内容和输入/输出产品等。

（3）使用说明

《测评过程指南》给出了等级测评的基本工作过程、任务及工作产品，不涉及等级测评中工作任务的具体执行方法和分析方法，所以，用户需要参考和依据《测评要求》或其他相关标准自行开发测评方法和作业指导书。

　　《测评过程指南》针对已定级的网络给出等级测评工作过程，而且工作流程及任务是针对第三级网络的首次测评活动过程而言的。对其他网络或者再次实施等级测评的工作过程与该过程的差异及关系，应参考标准中的调整原则予以调整。

第 5 章　网络安全等级保护的定级与备案

本章主要介绍网络安全等级保护工作中如何确定网络的安全保护等级，定级的流程和要求，以及备案的流程和要求等。

5.1　安全保护等级的划分与保护

5.1.1　定级工作原则

网络的定级工作应按照"网络运营者拟定网络安全保护等级、专家评审、主管部门核准、公安机关审核"的原则进行。定级工作的主要内容包括确定定级对象、拟定网络的安全保护等级、组织专家评审、主管部门核准、公安机关审核，具体可按照《关于开展全国重要信息系统安全等级保护定级工作的通知》（公通字〔2007〕861号）和《网络安全等级保护定级指南》（GA/T 1389—2017）的要求执行。网络运营者是网络安全等级保护的责任主体，根据所属网络的重要程度和遭到破坏后的危害程度，科学合理确定网络的安全保护等级。同时，按照所定等级，依照网络安全等级保护基本要求中相应等级的管理规范和技术标准，建设网络安全保护设施，建立安全制度，落实安全责任，对网络实施保护。

在等级保护工作中，网络运营者和主管部门按照"谁主管谁负责，谁运营谁负责"的原则开展工作，并接受网络安全监管部门的监管。网络运营者和主管部门是网络基础设施安全的第一责任人，对所属网络自身安全负有直接责任；公安、保密、密码部门对网络运营者和主管部门开展等级保护工作进行监督、检查、指导，对重要信息系统安全负监管责任。重要网络和信息系统的安全运行不仅影响本行业、本单位的生产和工作秩序，也影响国家安全、社会稳定、公共利益，因此，国家网络安全职能部门要对重要网络和信息系统的安全进行监管。

5.1.2　网络的安全保护等级

网络的安全保护等级应当根据网络在国家安全、经济建设、社会生活中的重要程度，以及网络遭到破坏后对国家安全、社会秩序、公共利益及公民、法人和其他组织的合法权益的危害程度等因素确定。网络安全等级保护制度将网络划分为五个安全保护等级，从第一级到第五级逐级增高，如表 5-1 所示。

表 5-1　五个安全保护等级

受侵害的客体	对客体的侵害程度		
	一般损害	严重损害	特别严重损害
公民、法人和其他组织的合法权益	第一级	第二级	第三级
社会秩序、公共利益	第二级	第三级	第四级
国家安全	第三级	第四级	第五级

5.1.3　网络安全保护等级的定级要素

网络的安全保护等级由两个定级要素决定，分别是等级保护对象受到破坏时所侵害的客体和对客体造成侵害的程度。

1. 受侵害的客体

等级保护对象受到破坏时所侵害的客体包括以下三个方面：一是公民、法人和其他组织的合法权益；二是社会秩序、公共利益；三是国家安全。

2. 对客体的侵害程度

对客体的侵害程度由客观方面的不同外在表现综合决定。对客体的侵害是通过对等级保护对象的破坏实现的，因此，对客体的侵害外在表现为对等级保护对象的破坏，通过危害方式、危害后果和危害程度加以描述。等级保护对象受到破坏后对客体造成侵害的程度有三种：一是造成一般损害；二是造成严重损害；三是造成特别严重损害。

5.1.4 五级保护和监管

网络运营者依据国家网络安全等级保护政策和相关技术标准对网络进行保护，国家网络安全监管部门对其网络安全等级保护工作进行监督管理。定级要素与网络的安全保护等级的关系如表 5-2 所示。

表 5-2 定级要素与安全保护等级的关系

等 级	对 象	侵害客体	侵害程度	监管强度
第一级	一般网络	合法权益	损害	自主保护
第二级		合法权益	严重损害	指导
		社会秩序和公共利益	危害	
第三级	重要网络	合法权益	特别严重损害	监督检查
		社会秩序和公共利益	严重损害	
		国家安全	危害	
第四级	特别重要网络	社会秩序和公共利益	特别严重损害	强制监督检查
		国家安全	严重危害	
第五级	极端重要网络	国家安全	特别严重危害	专门监督检查

5.2 定级工作的主要步骤

网络定级是等级保护工作的首要环节和关键环节，是开展网络备案、建设整改、等级测评、监督检查等工作的重要基础。这里先明确一个概念，网络是广义的概念，包括起支撑、传输作用的基础信息网络、各类应用系统和数据资源。网络的安全级别如果确定不准，网络备案、建设整改、等级测评等后续工作都会失去意义，网络安全就没有保证，因此，网络运营者、行业主管部门、网络安全监管部门和等级测评机构、信息安全企业和专家等，都要高度重视网络的定级。定级工作可以按照下列步骤进行。

1. 定级工作流程

摸底调查，掌握网络底数；确定定级对象；初步确定网络的安全保护等级；专家评审；主管部门核准；公安机关备案；公安机关审核。

2. 定级范围

已经投入运行的网络、新建网络都要定级。新建网络应在规划设计阶段定级，按照"三同步"原则，同步设计、同步建设、同步运行网络安全设施，落实安全保护措施。

3. 等级确定

第一级、第二级网络为一般网络，第三级、第四级、第五级网络为重要网络。重要网络是国家和各部门保护的重点，国家在项目、经费、科研等方面将给予重点支持。

网络的安全保护等级是网络的客观属性。在定级时，应站在维护国家网络安全的高度，综合考虑网络遭到破坏后对国家安全、社会秩序、公共利益及公民、法人和其他组织的合法权益的影响，确定网络的安全保护等级。

4. 定级工作指导

行业主管部门可以根据定级指南，结合行业特点和网络的实际情况，出台定级指导意见，保证同行业网络在不同地区的安全保护等级的一致性，指导本行业网络的定级工作。

5.2.1　确定定级对象

网络运营者开展网络定级前，要搞清网络支撑的业务类型、应用或服务范围、网络结构、数据和信息的规模、重要性等基本情况，为合理定级打好基础。需要说明的是：个人、家庭组建的网络和使用的计算机不在等级保护范围之内。

如何科学、合理地确定定级对象是关键问题。定级对象应具有以下基本特征：一是具有确定的主要安全责任主体；二是承载相对独立的业务应用；三是包含相互关联的多个资源。需要说明的是：第一，主要安全责任主体包括但不限于企业、机关和事业单位等法人，以及不具备法人资格的社会团体等其他组织；第二，相对独立并不意味着完全独立，可与其他业务应用有少量的数据交换；第三，多个资源可包括但不限于网络资源、计算资源、存储资源等，应避免将某个单一的系统组件（例如服务器、终端或网络设备）作为定级对象。

网络运营者或主管部门可参考下列内容确定定级对象。

一是起支撑、传输作用的信息网络（包括专网、内网、外网、网管系统）要作为定级对象。但不是将整个网络作为一个定级对象，而是要从安全管理和安全责任的角度将基础信息网络划分成若干安全域或单元去定级。

二是用于生产、调度、管理、作业、指挥、办公等目的的各类业务系统，要按照不同业务类别单独确定为定级对象，不以系统是否进行数据交换、是否独享设备为确定定级对象的条件。不能将某一类信息系统作为一个定级对象去定级。

三是各单位网站、邮件系统要作为独立的定级对象。如果网站的后台数据库管理系统安全级别较高，也要作为独立的定级对象。网站上运行的信息系统（例如对社会提供服务的报名考试系统）也要作为独立的定级对象。

四是对于云平台、大数据、工业控制系统、物联网、移动互联网、卫星系统等，要按照定级指南的要求，合理确定定级对象。

五是确认负责定级的单位是否对所定级网络负有业务主管责任。也就是说，业务部门应主导对业务网络的定级，运维部门（例如信息中心、托管方）可以协助定级并按照业务部门的要求开展后续安全保护工作。

六是具有网络的基本要素。作为定级对象的网络、信息系统应该是由相关的和配套的设备、设施按照一定的应用目标和规则组合而成的有形实体。不应将某个单一的系统组件（例如服务器、终端、网络设备等）作为定级对象。

需要说明的内容如下。

第一，在云计算环境中，考虑到安全建设和管理责任可能不同，应将云服务方侧的云计算平台和云租户方侧的等级保护对象作为不同的定级对象分别定级。对于大型云计算平台，应将云计算基础设施和相关辅助服务系统划分为不同的定级对象；同一云计算平台上的不同租户的等级保护对象也应划分为不同的定级对象。

第二，对于工业控制系统，其一般包含现场采集/执行、现场控制、过程控制和生产管理等特征要素。其中，现场采集/执行、现场控制、过程控制等要素应作为一个整体对象定级，各层次要素不单独定级；生产管理要素可单独定级。对于大型工业控制系统，可以根据系统功能、控制对象或生产厂商等因素划分为多个定级对象。

第三，物联网主要包括感知、网络传输和处理应用等特征要素，因此，应将以上要素作为一个整体对象定级，各要素不单独定级。

第四，对于采用移动互联技术的网络系统，其主要包括移动终端、移动应用、无线网络等特征要素，应将以上要素与其相关的有线网络业务系统作为一个整体对象定级。

第五，对于大数据，应作为单独定级对象进行定级；安全责任主体相同的大数据、大数据平台和应用可作为一个整体对象定级。

5.2.2　拟定网络的安全保护等级

可以按照下列要求确定网络的安全保护等级。

1. 定级责任主体

网络运营者和行业主管部门是网络定级的责任主体。

2. 定级要素

网络的安全保护等级由两个定级要素决定：等级保护对象受到破坏时所侵害的客体和对客体造成侵害的程度。

网络的安全保护等级是网络本身的客观自然属性，不是以已采取或将采取什么安全保护措施为依据，而是以网络的重要性和网络遭到破坏后对国家安全、社会稳定、人民群众合法权益的危害程度为依据，确定网络的安全保护等级。定级时应主要考虑网络被破坏对国家安全、社会稳定的影响，以及境内外各种敌对势力、敌对分子针对重要网络入侵攻击破坏和窃取秘密等因素。既要防止因片面追求绝对安全而定级过高，也要防止为逃避监管而定级偏低。

3. 对各类网络定级的处理方法

一是单位自建的网络（与上级单位无关），由本单位定级。

二是跨省或者全国统一联网运行的网络或信息系统，可以由行业主管部门统一确定安全保护等级。其中，由各行业统一规划、统一建设、统一安全保护策略的全国联网的大系统，应由行业主管部门统一对下各级网络分别确定等级；由各行业统一规划、分级建设、全国联网的信息系统，应由部、省、地市分别确定系统等级，但各行业主管部门应对该类系统提出定级意见，避免出现同类系统下级定级比上级高的现象。对于该类系统的等级，下级确定后需报上级主管部门审批。

需要特别注意的是：同类网络的安全保护等级不能随着部、省、市行政级别的降低而降低，例如地市级重要行业的重要系统不能定为第一级或第二级。

4. 新建网络的定级

对于新建网络，网络运营者在规划设计时应确定网络的安全保护等级，按照网络等级，同步设计、同步建设、同步实施安全保护技术措施和管理措施。

5.2.3　网络安全保护等级的专家评审

网络运营者或主管部门在初步确定网络的安全保护等级后，为了保证定级合理、准确，应聘请由公安机关组织成立的网络安全等级保护专家进行评审，并出具评审意见。特别是重要行业、部门的网络，必须请专家进行评审，以免发生网络的安全保护等级被故意定低的情况。

5.2.4　网络安全保护等级的核准

单位自建的网络（与上级单位无关）的安全等级确定后，是否报上级主管部门核准由各行业自行决定。网络运营者参考专家定级评审意见，最终确定网络安全的保护等级，按要求形成定级报告。如果专家评审意见与网络运营者意见不一致，由网络运营者自主决定网络等级。网络运营者有上级主管部门的，应当经上级主管部门对安全保护等级进行核准。主管部门一般是指行业的上级主管部门或监管部门。如果是跨地域联网运营使用的网络，则必须由其上级主管部门核准，以确保同类网络或分支网络在各地域分别定级的一致性。

5.2.5　公安机关审核网络的安全保护等级

公安机关收到网络运营者备案材料后，应对网络定级的准确性进行审核。公安机关的审核是定级工作的最后一道防线，应予以高度重视并严格把关。网络定级基本准确的，公安机关颁发由公安部统一监制的《网络安全等级保护备案证明》（下称《备案证明》）。定级不准的，公安机关应告知网络运营者，建议其组织专家重新进行定级评审，并报上级主管部门核准。网络运营者仍然坚持原定等级的，公安机关可以受理其备案，但应当书面告知其承担由此引发的责任和后果，经上级公安机关同意，同时通报备案单位的上级主管部门。

5.3　如何确定网络的安全保护等级

5.3.1　如何理解网络的五个安全保护等级

网络的安全保护等级的确定，应按照网络安全等级保护定级指南开展，既要防止因片面追求绝对安全而定级过高，也要防止为逃避监管而定级偏低。信息网络的安全等级可以参照在其上运行的信息系统的等级、网络的服务范围和自身的安全需求确定适当的保护等级，不以在其上运行的信息系统的最高等级或最低等级为标准，即"不就高、不就低"。

为了帮助网络运营者准确确定网络的安全保护等级，可以参考下列对五级的说明确定网络的安全等级。

第一级网络，一般适用于小型私营及个体企业，中小学，以及乡镇所属网络系统、县级单位中重要性不高的网络系统。

第二级网络，一般适用于县级某些单位中的重要网络系统，以及地市级以上国家机关、企事业单位内部一般的网络系统。例如，非涉及工作秘密、商业秘密、敏感信息的办公系统和管理系统等。

第三级网络，一般适用于地市级以上国家机关、企事业单位内部重要的网络系统。例如，涉及工作秘密、商业秘密、敏感信息的办公系统和管理系统，跨省或全国联网运行的用于生产、调度、管理、指挥、作业、控制等方面的重要信息系统及这类系统在省、地市的分支系统，中央各部委、省（区、市）门户网站和重要网站，跨省连接的网络系统，大型云平台、工控系统、物联网、移动网络、大数据等。

第四级网络，一般适用于国家重要领域、重要部门中的特别重要网络系统及核心系统。例如，电力、电信、广电、铁路、民航、银行、税务等重要部门的生产、调度、指挥等涉及国家安全、国计民生的核心系统，超大型的云平台、工控系统、物联网、移动网络、大数据等。

第五级网络，一般适用于国家重要领域、重要部门中的极端重要系统。

5.3.2　网络定级的一般流程

网络安全包括业务信息安全和系统服务安全，与之相关的受侵害客体和对客体的侵害程度可能不同，因此，网络定级也应由业务信息安全和系统服务安全两方面确定。从业务信息安全角度反映的网络的安全保护等级称为业务信息安全等级。从系统服务安全角度反映的网络的安全保护等级称为系统服务安全等级。

确定网络安全保护等级的一般流程如下：确定作为定级对象的网络系统；确定业务信息安全受到破坏时所侵害的客体；根据不同的受侵害客体，从多个方面综合评定业务信息安全被破坏对客体的侵害程度，根据业务信息的重要性和受到破坏后的危害性确定业务信息安全等级；确定系统服务安全受到破坏时所侵害的客体；根据不同的受侵害客体，从多个方面综合评定系统服务安全被破坏对客体的侵害程度，根据系统服务的重要性和受到破坏后的危害性确定系统服务安全等级；由业务信息安全等级和系统服务安全等级的较高者确定定级对象的安全保护等级。

需要说明的内容如下。

第一，对于传统网络系统及工业控制系统、物联网、采用移动互联技术的网络系统，依然分别从业务信息安全和系统服务安全两个角度确定业务信息安全保护等级和系统服务安全保护等级，按两者取高作为保护对象的安全保护等级。

第二，对于基础信息网络、云计算平台和大数据平台等起支撑作用的网络系统，应根据其承载或将要承载的等级保护对象的重要程度确定其安全保护等级，原则上应不低于其承载的等级保护对象的安全保护等级。

第三，对于大数据，应综合考虑数据规模、数据价值等因素，根据数据资源（完整性、保密性、可用性）遭到破坏后对国家安全、社会秩序、公共利益及公民、法人和其他组织的合法权益的侵害程度等因素确定其安全保护等级。原则上大数据的安全保护等级不低于第三级。

5.4　网络备案工作的内容和要求

5.4.1　网络备案与受理

网络安全等级保护备案工作包括网络备案、受理、审核和备案信息管理等。网络运营者和受理备案的公安机关应按照《信息安全等级保护备案实施细则》（公信安〔2007〕1360 号，见附录 D）的要求办理网络备案工作。

1. 备案

第二级（含）以上网络，在安全保护等级确定后 30 日内，由其网络运营者或者其主管部门（下称"备案单位"）到所在地设区的地市级以上公安机关办理备案手续。办理备案手续时，应先到公安机关指定的网址下载并填写备案表，准备好备案文件，再到指定的地点办理备案手续。

备案时应当提交《信息系统安全等级保护备案表》（下称《备案表》）（一式二份）及其电子文档。第二级以上网络备案时需提交《备案表》表一、表二、表三。第三级以上网络还应当在网络安全整改、测评完成后 30 日内提交《备案表》表四及其有关材料。

隶属于中央的在京单位，其跨省或者全国统一联网运行并由主管部门统一定级的网络系统，由主管部门向公安部办理备案手续；其他网络系统向北京市公安局备案。跨省或者全国统一联网运行的网络系统在各地运行、应用的分支系统，应当向当地设区的地市级以上公安机关备案。各部委统一定级网络系统在各地的分支系统（包括终端连接、安装上级系统运行的没有数据库的分系统），即使是上级主管部门定级的，也要到当地公安机关备案。

需要说明的是：关于云计算平台的备案，考虑到云计算的资源分散、管理统一的特点，按照"责权一致，便于监管"的原则，确立了"云计算服务商应该向云计算平台运维管理主体所在地公安机关进行备案"的工作模式，具体分为以下几种典型场景。

第一，本地化的云计算服务商，其机房所在地和运维管理主体所在地一致，云计算服务商直接到当地公安机关备案并接受备案机关的监督管理。

第二，云计算平台跨省部署，涉及两类安全责任主体：网络设备、主机设备及虚拟资源的配置和安全管理均由某地集中办公的运维部门（独立法人）统一负责；各地数据中心运营者（独立法人）负责物理环境安全（例如建筑物门禁、电力供应等）。云计算服务商应到运维管理主体所在地公安机关备案，其运维管理的云计算服务相关的业务系统接受备案公安机关的监督管理。同时，各数据中心的物理环境安全接受机房所在地公安机关的监管，物理基础设施（含机房建筑、机电设备和安防及监控系统等）可作为定级对象。

第三，云计算平台跨省部署，各地数据中心均租用当地 IDC 的物理基础设施，网络设备、主机设备及虚拟资源的配置和管理均由集中在某地办公的运维部门统一管理。云计算服务商应到运维管理主体所在地公安机关备案，当地机房及云计算服务相关的业务系统接受所在备案公安机关的监督管理。对于物理环境安全，云计算服务商应选择与其自身安全保护等级相匹配的 IDC 机房。

2. 受理备案

地市级以上公安机关网络安全保卫部门受理本辖区内备案单位的备案。隶属于省级的备案单位，其跨地（市）联网运行的网络系统，由省级公安机关网络安全保卫部门受理备案。

隶属于中央的在京单位，其跨省或者全国统一联网运行并由主管部门统一定级的网络系统，由公安部网络安全保卫局受理备案，其他网络系统由北京市公安局网络安全保卫部门受理备案。

隶属于中央的非在京单位的网络系统，由当地省级公安机关网络安全保卫部门（或其指定的地市级公安机关网络安全保卫部门）受理备案。

跨省或者全国统一联网运行并由主管部门统一定级的网络系统在各地运行、应用的分支系统（包括由上级主管部门定级，在当地有应用的网络系统），由所在地市级以上公安机关网络安全保卫部门受理备案。

3. 备案信息管理

公安部组织开发了网络安全等级保护监管系统并配发各地，搭建了一个部、省、市三级公安机关等级保护综合管理平台。该系统由部、省两级公安机关部署，供部、省、市三级公安机关使用，为全国网络系统定级、备案和监督检查工作提供支持，为网络安全监察业务服务。各地公安机关要按照《关于部署开展等级保护安全监察管理系统建设的通知》的要求，组织本地开展系统建设，及时将定级备案和相关数据录入系统，利用该系统开展等级保护工作。

5.4.2　公安机关受理网络备案要求

受理备案的公安机关网络安全保卫部门应该设立专门的备案窗口，配备必要的设备和警力，专门负责受理备案工作，受理备案地点、时间、联系人和联系方式等应向社会公布。

接收备案材料后，公安机关应当对下列内容进行审核：备案材料填写是否完整，是否符合要求，其纸质材料和电子文档是否一致；网络系统所定安全保护等级是否准确。

公安机关收到备案单位提交的备案材料后，对属于本级公安机关受理范围且备案材料齐全的，应当向备案单位出具《网络安全等级保护备案材料接收回执》；备案材料不齐全的，应当当场或者在 5 日内一次性告知其补正内容；对不属于本级公安机关受理范围的，应当书面告知备案单位到有管辖权的公安机关办理。

经审核符合等级保护要求的，公安机关应当自收到备案材料之日起的 10 个工作日内，将加盖本级公安机关印章（或等级保护专用章）的《备案表》一份反馈备案单位，一份存档；对不符合等级保护要求的，公安机关网络安全保卫部门应当在 10 个工作日内通知备案单位进行整改，并出具《网络安全等级保护备案审核结果通知》。

《备案表》表一、表二、表三内容经审核合格的，公安机关出具《网络安全等级保护备案证明》（下称《备案证明》）。《备案证明》由公安部统一监制。

受理备案的公安机关网络安全保卫部门应当建立管理制度，对备案材料按照等级进行严格管理，严格遵守保密制度，未经批准不得对外提供查询。

5.4.3　对网络定级不准及不备案情况的处理

公安机关对定级不准的备案单位，在通知整改的同时，应当建议备案单位组织专家进行重新定级评审，并报上级主管部门审批。

备案单位仍然坚持原定等级的，公安机关可以受理其备案，但应当书面告知其承担由此引发的责任和后果，经上级公安机关同意，同时通报备案单位上级主管部门。

对拒不备案的，公安机关应当依据《网络安全法》《计算机信息系统安全保护条例》等有关法律法规规定，责令限期整改。逾期仍不备案的，应予以警告，并向其上级主管部门通报。需要向中央和国家机关通报的，应当报经公安部同意。

5.4.4　公安机关对网络定级备案工作的指导

网络运营者在确定网络的安全保护等级时，公安机关网络安全保卫部门可以对其如何科学、合理地确定定级对象，以及如何把握网络的重要程度、网络安全保护级别的确定等给予指导。网络运营者在完成网络系统定级后，应及时要求其向当地设区的地市级以上公安机关备案。

第6章　网络安全等级保护的建设整改

本章主要介绍网络安全等级保护安全建设整改工作的目标、内容、方法、流程、要求等，以指导各单位、各部门开展网络安全等级保护安全建设整改工作。

6.1　工作目标和工作内容

6.1.1　工作目标

网络安全等级保护安全建设整改工作是网络安全等级保护制度的核心和落脚点。网络定级、等级测评和监督检查等工作最终都要服从和服务于安全建设整改工作。为指导各地区、各部门在网络安全等级保护定级工作基础上深入开展网络安全等级保护安全建设整改工作，公安部向中央和国家机关各部委、国务院各直属机构、办事机构、事业单位印送了《关于开展信息安全等级保护安全建设整改工作的指导意见》的函，并抄送了中央企业和各省、区、市等级保护工作协调领导小组。该指导意见明确了安全建设整改的工作目标，细化了工作内容，提出了工作要求，附件《信息安全等级保护安全建设整改工作指南》一并印发，为开展安全建设整改工作提供了相应依据和保障。

对于新建网络，应按照国家网络安全等级保护政策标准要求，落实网络安全与信息化建设"三同步"要求，即在信息化建设中"同步设计、同步建设、同步实施"网络安全等级保护措施，落实安全责任，落实安全管理措施和技术保护措施。对于已运行网络系统，应按照国家网络安全等级保护政策、标准要求开展等级测评和风险评估，发现安全问题、隐患及与国家和行业标准的差距，开展安全整改，直至符合国家和行业标准要求。

通过开展网络安全建设整改工作，达到以下五个方面的目标：一是网络安全管理水平明显提高；二是网络安全防范能力明显增强；三是网络安全隐患和安全事故明显减少；四是有效保障信息化健康发展；五是有效维护国家安全、社会秩序和公共利益。

6.1.2　工作范围和工作特点

1.　工作范围

开展安全建设整改工作的网络范围如下：一是将已备案的第二级（含）以上网络系统纳入安全建设整改的范围；二是尚未开展定级备案的网络系统，要先定级备案，再开展安全建设整改；三是新建网络系统要同步开展安全建设工作。

2.　工作特点

等级保护安全建设整改工作与网络运营者在网络建设中开展的安全建设工作既有联系，又有区别，其主要特点主要体现在以下四个方面。

一是继承发展。安全建设整改工作是在各单位、各部门网络安全保护工作的基础上开展的，是对原有工作的继承和发展。

二是引入标准。各单位、各部门按照国家最新出台的一系列有关标准规范，从管理和技术两方面开展安全建设整改工作，将技术措施和管理措施有机结合，着重建立网络安全综合防护体系，提高网络的整体安全保护能力。

三是外部监督。网络安全等级保护安全建设整改工作是有政府职能部门监督的行为。全国公安机关对各单位、各部门等级保护工作的开展进行监督、检查。

四是政策牵引。公安机关会同国家保密部门、密码工作部门和信息化部门出台了一系列政策文件和工作指南，为各单位、各部门开展等级保护工作提供了一定的保障机制。

3.　工作目的

在已定级的网络系统中，大多数网络系统在建设之初并没有将等级保护要求作为安全需求加以考虑，因此，所构建的网络安全保护体系或采取的安全保护措施是以满足本部门、本单位的安全需求为出发点的。随着等级保护工作的展开，尤其是在网络系统安全保护定级之后，需要重新审视现有网络系统的安全保护状况，建设年代不同、所在地域差异、设计人员和实施人员的水平差距等都会造成网络系统的保护水平参差不齐。

通过开展安全建设整改工作，使网络系统可以按照等级保护相应等级的要求进行设计、规划和实施，将国家的网络安全政策标准要求、机构的使命性要求、系统可能面临的环境和影响及机构自身的需求相结合，作为网络系统的安全需求，使具有相同安全保护等级的网络系统能够达到相应等级的基本保护水平和保护能力。

6.1.3　工作内容

各单位、各部门在组织开展网络系统定级时，是按照有关标准要求对每个业务系统进行定级的，但在开展网络安全建设整改时，可以采取"分区""分域"的方法，按照"整体保护、综合防控"的原则进行安全建设方案或整改方案的设计。整改方案立足于对网络系统进行加固改造，缺少什么就补充什么。对于新建网络，在规划设计时应确定网络的安全保护等级，按照网络等级同步设计、同步建设、同步实施安全保护技术措施和管理措施。

1.　网络安全等级保护安全管理制度建设

（1）开展安全管理制度建设的依据

按照《网络安全法》《管理办法》《网络安全等级保护基本要求》，参照《信息系统安全管理要求》《信息系统安全工程管理要求》等标准规范要求，建立健全并落实符合相应等级要求的安全管理制度。

（2）开展安全管理制度建设的内容

一是落实网络安全责任制。成立网络安全工作领导机构，明确网络安全工作的主管领导。成立专门的网络安全管理部门或落实网络安全责任部门，确定安全岗位，落实专职人员或兼职人员。明确落实领导机构、责任部门和有关人员的网络安全责任。

二是落实人员安全管理制度。制定人员录用、离岗、考核、教育培训等管理制度，落实管理的具体措施。对安全岗位人员要进行安全审查，定期进行培训、考核和安全保密教育，提高安全岗位人员的专业水平，逐步实现安全岗位人员持证上岗。

三是落实网络建设管理制度。建立网络定级备案、方案设计、产品采购使用、密码使用、软件开发、工程实施、验收交付、等级测评、安全服务等管理制度，明确工作内容、工作方法、工作流程和工作要求。

四是落实网络运维管理制度。建立机房环境安全、存储介质安全、设备设施安全、安全监控、网络安全、系统安全、恶意代码防范、密码保护、备份与恢复、事件处置等管理制度，制定应急预案并定期开展演练，采取相应的管理技术措施和手段，确保系统运维管理制度有效落实。

（3）开展安全管理制度建设的要求

在具体实施过程中，既可以逐项建立管理制度，也可以进行整合，形成完善的安全管理体系。要根据具体情况，结合系统管理实际，不断健全完善管理制度。同时，将管理制度与管理技术措施有机结合，确保安全管理制度得到有效落实。

建立并落实监督检查机制。备案单位定期对各项制度的落实情况进行自查，行业主管部门组织开展督导检查，公安机关会同主管部门开展监督检查。

2. 开展网络安全等级保护安全技术措施建设

（1）开展安全技术措施建设的依据

按照《网络安全法》《管理办法》《网络安全等级保护基本要求》，参照《信息系统安全等级保护实施指南》《信息系统通用安全技术要求》《信息系统安全工程管理要求》《网络安全等级保护安全设计技术要求》等标准规范要求，建设网络安全保护技术措施。

（2）开展安全技术措施建设的内容

结合行业特点和安全需求，制定符合相应等级要求的网络安全技术建设整改方案，开展网络安全等级保护安全技术措施建设，落实相应的物理安全、网络安全、主机安全、应用安全和数据安全等安全保护技术措施。在网络安全技术建设整改中，可以采取"一个中心、三维防护"（即一个安全管理中心及计算环境安全、区域边界安全和通信网络安全）的防护策略，实现相应级别网络的安全保护技术要求，建立并完善网络安全综合防护体系，提高网络安全防护能力和水平。

（3）开展安全技术措施建设的要求

备案单位要开展网络安全保护现状分析，确定网络安全技术建设整改需求，制定网络安全技术建设整改方案，组织实施网络安全建设整改工程，开展安全自查和等级测评，及时发现网络中存在的安全隐患和威胁，进一步开展安全建设整改工作。

6.1.4　网络安全保护能力目标

对网络采取安全措施是为了使网络具备一定的安全保护能力，这种安全保护能力主要表现为能够应对威胁的能力，称为对抗能力。但在某些情况下，网络无法阻挡威胁对自身的破坏时，如果网络具有很好的恢复能力，那么即使遭到破坏，也能在很短的时间内恢复原有状态。能够在一定时间内恢复网络原有状态的能力构成了网络的另一种安全保护能力——恢复能力。对抗能力和恢复能力共同构成了网络的安全保护能力。

将"能力"分级，是基于网络的保护对象不同，其重要程度也不相同，重要程度不同决定了网络所具有的能力不同。一般来说，网络越重要，应具有的保护能力就越高。因为网络越重要，遭到破坏的可能性就越大，遭到破坏所导致的后果就越严重，所以，需要提高相应的安全保护能力。

根据不同级别网络的重要程度，提出不同强度的对抗能力和恢复能力，将这些能力细化成安全目标，而基本要求就是为了满足这些安全目标而提出的安全保护要求。不同等级网络的安全保护能力、安全目标与安全要求之间的映射关系如图 6-1 所示。

1. 安全保护能力目标

各级网络应通过安全建设整改分别达到以下安全保护能力目标。

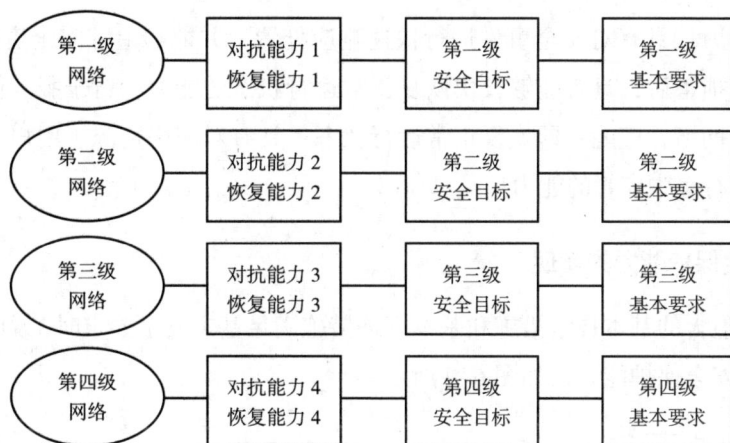

图 6-1　安全保护能力、安全目标与安全要求之间的映射关系

- 第一级网络：经过安全建设整改，网络具有抵御一般性攻击的能力，以及防范常见计算机病毒和恶意代码危害的能力；遭到损害后，具有恢复主要功能的能力。

- 第二级网络：经过安全建设整改，网络具有抵御小规模、较弱强度恶意攻击的能力，抵抗一般的自然灾害的能力，以及防范一般性计算机病毒和恶意代码危害的能力；具有检测常见的攻击行为，并对安全事件进行记录的能力；遭到损害后，具有恢复正常运行状态的能力。

- 第三级网络：经过安全建设整改，网络在统一的安全保护策略下具有抵御大规模、较强恶意攻击的能力，抵抗较为严重的自然灾害的能力，以及防范计算机病毒和恶意代码危害的能力；具有检测、发现、报警及记录入侵行为的能力；具有对安全事件进行响应处置，并能够追踪安全责任的能力；遭到损害后，具有能够较快恢复正常运行状态的能力；对于服务保障性要求高的网络，应该能快速恢复正常运行状态；具有对网络资源、用户、安全机制等进行集中控管的能力。

- 第四级网络：经过安全建设整改，网络在统一的安全保护策略下具有抵御敌对势力有组织的大规模攻击的能力，抵抗严重的自然灾害的能力，以及防范计算机病毒和恶意代码危害的能力；具有检测、发现、报警及记录入侵行为的能力；具有对安全事件进行快速响应处置，并能够追踪安全责任的能力；遭到损害后，具有能够较快恢复正常运行状态的能力；对于服务保障性要求高的网络，应能立即恢复正常运行状态；具有对网络资源、用户、安全机制等进行集中控管的能力。

2. 安全保护能力的实现

当网络包含的基本技术措施和基本管理措施满足基本安全要求时，说明该网络具备了基本的安全保护能力，如图 6-2 所示。

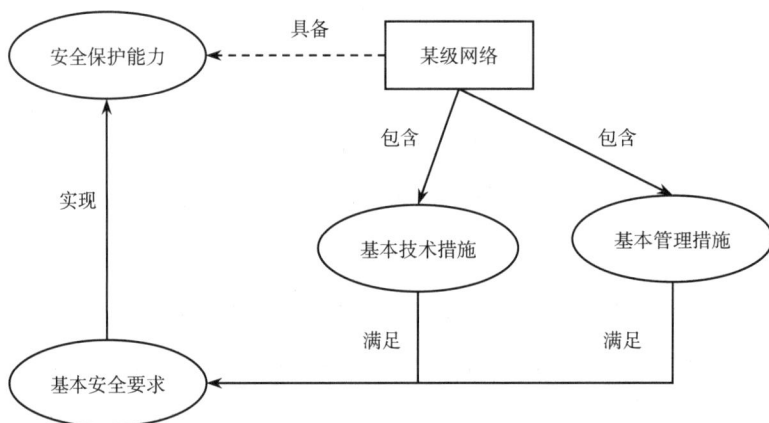

图 6-2　信息系统安全保护能力

6.1.5　《网络安全等级保护基本要求》的主要内容

网络运营者在网络安全等级保护安全建设整改工作中，应按照国家有关规定和标准规范要求，坚持管理和技术并重的原则，将技术措施和管理措施有机结合，建立网络综合防护体系，提高网络的整体安全保护能力。

依据《基本要求》，落实信息安全责任制，建立并落实各类安全管理制度，开展安全策略和管理制度建设、安全管理机构和人员管理、系统安全建设管理和系统安全运维管理等工作，落实物理和环境安全、网络和通信安全、设备和计算安全、应用和数据安全措施，具体内容如图 6-3 所示。

图 6-3　网络安全建设整改的主要内容

安全管理体系要素

安全策略和管理制度

安全策略
管理制度
制定和发布
评审和修订

安全管理机构和人员

岗位设置
人员配备
授权和审批
沟通和合作
审核和检查
人员录用
人员离岗
安全意识教育和培训
外部人员访问管理

系统安全建设管理

系统定级和备案
安全方案设计
产品采购和使用
自行软件开发
外包软件开发
工程实施
测试验收
系统交付
等级测评
服务供应商选择

系统安全运维管理

环境管理
资产管理
介质管理
设备维护管理
漏洞和风险管理
网络和系统安全管理
恶意代码防范管理
配置管理
密码管理
变更管理
备份与恢复管理
安全事件处置
应急预案管理
外包运维管理

安全技术体系要素

物理和环境安全

物理位置选择
物理访问控制
防盗窃和防破坏
防雷击
防火
防水和防潮
防静电
温湿度控制
电力控制
电磁防护

网络和通信安全

网络架构
通信传输
边界防护
访问控制
入侵防范
安全审计
恶意代码防范
集中管控

设备和计算安全

身份鉴别
访问控制
安全审计
入侵防范
恶意代码防范
资源控制

应用和数据安全

身份鉴别
访问控制
安全审计
软件容错
资源控制
数据完整性
数据保密性
数据备份与恢复
剩余信息保护
个人信息保护

图 6-3　网络安全建设整改的主要内容

　　需要说明的是：不同级别网络安全建设整改的具体内容应根据网络定级时的业务信息安全等级和系统服务安全等级及网络安全保护的现状确定。网络安全建设整改工作可以根据实际情况，将安全管理和安全技术整改内容一并实施或分步实施。

各级网络的安全保护技术措施要求，第二级到第四级网络安全保护技术措施要求都是在前一级要求的基础上增加了要求的项数或强度。第一级网络侧重于防护；第二级网络侧重于防护和监测；第三级网络侧重于策略、防护、监测和恢复；第四级网络侧重于策略、防护、监测、响应和恢复。

各级网络安全保护管理措施要求，第二级到第四级网络安全保护管理措施要求都是在前一级要求的基础上增加了要求的项数或强度。第一级网络侧重于一般执行（部分活动建设制度）；第二级网络侧重于计划实施（主要过程建设制度）；第三级网络侧重于统一策略（管理制度体系化）；第四级网络侧重于持续改进（管理制度体系化/验证/改进）。

6.2　工作方法和工作流程

6.2.1　工作方法

安全建设整改工作应以《基本要求》为基本目标。既可以针对安全现状分析发现的问题进行加固改造，缺少什么就补充什么，也可以进行总体安全建设整改设计，将不同区域、不同层面的安全保护措施形成有机的安全保护体系，落实《基本要求》，最大程度发挥安全措施的保护能力。安全建设整改工作具体实施可以根据实际情况，将安全管理制度建设和安全技术措施建设内容一并或分步实施。将安全建设整改工作与业务工作、信息化建设工作有机结合，利用网络安全等级保护综合工作平台，使等级保护工作日常化、常态化。

6.2.2　工作流程

安全建设整改工作可以分五步进行。

第一步：落实负责安全建设整改工作的责任部门，由责任部门牵头制定本单位和本行业网络安全建设整改工作规划，对安全建设整改工作进行总体部署。

第二步：对于新建网络，根据网络安全保护等级，依据《基本要求》等标准，从管理和技术两个方面确定网络安全建设需求并论证；对于在线运行网络，可以通过等级测评，分析判断目前所采取的安全保护措施与等级保护标准要求之间的差距，分析网络已发生的事件或事故，分析安全保护方面存在的问题，形成安全整改的需求并论证。

第三步：确定安全保护策略，制定网络安全建设整改方案。在安全需求分析的基础上，进行网络安全建设整改方案设计，包括总体设计和详细设计，制定工程预算和工程实施计划等，为后续安全建设整改工程的实施提供依据。安全建设整改方案须经专家评审论证，第三级（含）以上网络的安全建设整改方案应报公安机关备案，公安机关监督检查备案单位安全建设整改方案的实施。

第四步：按照网络安全建设整改方案，实施安全建设整改工程，建立并落实安全管理制度，落实安全责任制，建设安全设施，落实安全措施。在实施安全建设整改工程时，需要加强投资风险控制、实施流程管理、进度规划控制、工程质量控制和信息保密管理。

第五步：开展安全自查和等级测评，及时发现网络中存在的安全隐患和问题，并通过风险分析，确定应解决的主要问题，进一步开展安全整改工作。

6.3　安全管理制度建设

按照国家有关规定，依据《基本要求》，参照《信息系统安全管理要求》等标准规范要求，开展网络安全等级保护安全管理制度建设工作。

6.3.1　落实网络安全责任制

明确领导机构和责任部门，设立或明确网络安全领导机构，明确主管领导，落实责任部门。建立岗位和人员管理制度，根据职责分工，分别设置安全管理机构和岗位，明确每个岗位的职责与任务，落实安全管理责任制。建立安全教育和培训制度，对网络运维人员、管理人员、使用人员等定期进行培训和考核，提高相关人员的安全意识和操作水平。具体依据《基本要求》中"安全管理机构"的内容，同时可以参照《信息系统安全管理要求》等。

落实安全责任制的具体措施还应参照执行相关管理规定。例如，党政机关信息系统应执行《关于加强党政机关计算机信息系统安全和保密管理的若干规定》，其中要求"各级应当明确一名主要领导负责计算机信息系统安全和保密工作，指定一个工作机构具体负责计算机信息系统安全和保密综合管理。各部门内设机构应当指定一名信息安全保密员"。

6.3.2　网络安全管理现状分析

在开展网络安全管理建设整改之前，通过开展网络安全管理现状分析，查找网络安全管理建设整改需要解决的问题，明确网络安全管理建设整改的需求。

可以依据《基本要求》等标准，采取对照检查、风险评估、等级测评等方法，分析判断目前所采取的安全管理措施与等级保护标准要求之间的差距，分析网络已发生的事件或事故，分析安全管理方面存在的问题，形成安全管理建设整改的需求并论证。

对安全管理建设整改需求进行评审论证。该项工作可与安全技术建设整改需求论证工作一并进行。

6.3.3　制定安全管理策略和制度

根据安全管理需求，确定安全管理目标和安全策略，针对网络的各类管理活动，制定人员安全管理制度，明确人员录用、离岗、考核、教育培训等管理内容；制定网络建设管理制度，明确网络定级备案、方案设计、产品采购使用、密码使用、软件开发、工程实施、验收交付、等级测评、安全服务等管理内容；制定网络运维管理制度，明确机房环境安全、存储介质安全、设备设施安全、安全监控、网络安全、系统安全、恶意代码防范、密码保护、备份与恢复、事件处置、应急预案等管理内容；制定定期检查制度，明确检查的内容、方式、要求等，检查各项制度、措施的落实情况，并不断完善。规范安全管理人员或操作人员的操作规程等，形成安全管理体系。具体依据

《基本要求》中"安全管理制度"的内容，同时可以参照《信息系统安全管理要求》等标准。

安全管理体系规划的核心思想是调整原有管理模式和管理策略，既要从全局高度为整个网络制定安全管理目标和统一的安全管理策略，又要从每个定级网络的实际等级、实际需求出发，选择和调整具体的安全管理措施，最后形成统一的网络整体安全管理体系。

6.3.4　落实安全管理措施

1. 人员安全管理

人员安全管理主要包括人员录用、离岗、考核、教育培训等内容。规范人员录用、离岗过程，关键岗位签署保密协议；对各类人员进行安全意识教育、岗位技能培训和相关安全技术培训；对关键岗位人员进行全面、严格的安全审查和技能考核；对外部人员允许访问的区域、系统、设备、信息等进行控制。具体依据《基本要求》中"人员安全管理"的内容，同时可以参照《信息系统安全管理要求》等。

2. 系统运维管理

（1）环境和资产安全管理

明确环境（包括主机房、辅机房、办公环境等）安全管理的责任部门或责任人，加强对人员出入、来访人员的控制，对物理访问、物品进出和环境安全等方面作出规定。对重要区域设置门禁控制手段，或使用视频监控等措施。明确资产（包括介质、设备、设施、数据和信息等）安全管理的责任部门或责任人，对资产进行分类、标识，编制与信息系统相关的软件资产、硬件资产等资产清单。具体依据《基本要求》中"系统运维管理"的内容，同时可以参照《信息系统安全管理要求》等。

（2）设备和介质安全管理

明确配套设施、软/硬件设备管理维护的责任部门或责任人，对网卡的各种软/硬件设备的采购、发放、领用、维护和维修等过程进行控制，对介质的存放、使用、维护和销毁等方面作出规定，加强对涉外维修、敏感数据销毁等过程的监督控制。具体依据《基本要求》中"系统运维管理"的内容，同时可以参照《信息系统安全管理要求》等。

（3）日常运行维护

明确网络日常运行维护的责任部门或责任人，对运行管理中的日常操作、账号管理、安全配置、日志管理、补丁升级、口令更新等过程进行控制和管理，制定相应的管理制度和操作规程并落实执行。具体依据《基本要求》中"系统运维管理"的内容，同时可以参照《信息系统安全管理要求》等。

（4）集中安全管理

第三级（含）以上网络应按照统一的安全策略、安全管理要求，统一管理网络的安全运行，进行安全机制的配置与管理，对设备安全配置、恶意代码、补丁升级、安全审计等进行管理，对与安全有关的信息进行汇集与分析，对安全机制进行集中管理。具体依据《基本要求》中"系统运维管理"的内容，同时可以参照《网络等级保护安全设计技术要求》《信息系统安全管理要求》等。

（5）事件处置与应急响应

按照国家有关标准规定，确定网络安全事件的等级。结合网络的安全保护等级，制定网络安全事件分级应急处置预案，明确应急处置策略，落实应急指挥部门、执行部门和技术支撑部门，建立应急协调机制。落实安全事件报告制度，第三级（含）以上网络发生较大、重大、特别重大安全事件时，网络运营者应按照相应预案开展应急处置，并及时向受理备案的公安机关报告。组织应急技术支撑力量和专家队伍，按照应急预案定期组织开展应急演练。具体依据《基本要求》中"系统运维管理"的内容，同时可以参照《信息安全事件分类分级指南》《信息安全事件管理指南》等。

（6）灾难备份

对第三级（含）以上网络采取灾难备份措施，防止重大事故、事件发生。识别需要定期备份的重要业务信息、系统数据及软件系统等，制定数据的备份策略和恢复策略，建立与备份和恢复管理相关的安全管理制度。具体依据《基本要求》中"系统运维管理"的内容和《信息系统灾难恢复规范》。

（7）实时监测

开展网络安全实时安全监测，实现对物理环境、通信线路、主机、网络设备、用户行为和业务应用等的监测和报警，及时发现设备故障、病毒入侵、黑客攻击、误用和误操作等安全事件，以便及时对安全事件进行响应与处置。具体依据《基本要求》中"系统运维管理"的内容。

（8）其他安全管理

对系统运行维护过程中的其他活动，例如系统变更、密码使用等进行控制和管理。按国家密码管理部门的规定，对网络中密码算法和密钥的使用进行分级管理。

3. 网络建设管理

网络建设管理的重点是与网络建设活动相关的过程管理。主要的建设活动是由服务方（例如集成方、开发方、测评方、安全服务方等）完成的，网络运营者的主要工作是对其进行管理，因此，应制定网络建设相关的管理制度，明确网络定级备案、方案设计、产品采购使用、软件开发、工程实施、验收交付、等级测评、安全服务等内容的管理责任部门、具体管理内容和控制方法，并按照管理制度落实各项管理措施。具体依据《基本要求》中"系统建设管理"的内容。

6.3.5　安全自查与调整

制定安全检查制度，明确检查的内容、方式、要求等，检查各项制度、措施的落实情况，并不断完善。定期对网络安全状况进行自查，第三级网络每年自查一次，第四级网络每半年自查一次。经自查，网络安全状况未达到安全保护等级要求的，应当进一步开展整改。具体依据《基本要求》中"安全管理机构"的内容，同时可以参照《信息系统安全管理要求》等。

网络安全管理建设整改工作完成后，安全管理方面的等级测评与安全技术方面的测评工作一并进行。

6.4 安全技术措施建设

按照国家有关规定，依据《基本要求》，参照《信息系统通用安全技术要求》《网络等级保护安全设计技术要求》等标准规范要求，开展网络安全技术建设整改工作。

6.4.1 网络的安全保护技术现状分析

了解掌握网络现状，分析网络的安全保护状况，明确网络的安全技术建设整改需求，为安全建设整改技术方案设计提供依据。

1. 网络现状分析

了解掌握网络和信息系统的数量和等级、所处的网络区域及网络系统所承载的业务应用情况，分析网络系统的边界、构成和相互关联情况，分析网络结构、内部区域、区域边界及软/硬件资源等。具体可参照《信息系统安全等级保护实施指南》中"信息系统分析"的内容。

2. 网络安全保护技术现状分析

在开展网络安全技术建设整改之前，应通过开展网络安全保护技术现状分析，查找网络安全保护技术建设整改需要解决的问题，明确网络的安全保护技术建设整改的需求。

可采取对照检查、风险评估、等级测评等方法，分析判断目前采取的安全技术措施与等级保护标准要求之间的差距，分析网络已发生的事件或事故，分析安全技术方面存在的问题，形成安全技术建设整改的基本安全需求。在满足网络安全等级保护基本要求的基础上，可以结合行业特点和网络安全保护的特殊要求，提出特殊的安全需求。具体可参照《基本要求》《网络安全等级保护测评要求》《信息系统安全等级保护测评过程指南》等标准。

3. 安全需求论证和确定

安全需求分析工作完成后，将网络的安全管理需求与安全技术需求综合形成安全需求报告。组织专家对安全需求进行评审论证。

6.4.2　网络安全技术建设整改方案设计

在安全需求分析的基础上，开展网络安全建设整改方案设计，包括总体设计和详细设计、制定工程预算和工程实施计划等，为后续安全建设整改工程的实施提供依据。

1. 确定安全技术策略，设计总体技术方案

（1）确定安全技术策略

安全技术策略是基于安全需求分析形成的纲领性的安全文件，包括安全工作的总体原则、安全策略等，用于指导网络的安全技术体系和安全管理体系的构建。总体原则应阐明安全工作的任务和总体目标，规定信息安全责任机构和职责，规定安全工作运行模式等。安全工作策略应说明安全组织机构设置策略、业务系统分级策略、数据信息分级策略、子系统互连策略、信息流控制策略等，用以指导系统安全技术体系结构设计。

（2）设计总体技术方案

在进行网络系统安全建设整改技术方案设计时，应以《基本要求》为基本目标，可以针对安全现状分析发现的问题进行加固改造，缺少什么就补充什么；也可以进行总体的安全技术设计，将不同区域、不同层面的安全保护措施形成有机的安全保护体系，落实"物理和环境安全""网络和通信安全""设备和计算安全""应用和数据安全"等方面的基本要求，最大程度发挥安全措施的保护能力。在进行安全技术设计时，可参考《网络安全等级保护安全设计技术要求》，从安全计算环境、安全区域边界、安全通信网络和安全管理中心等方面落实安全保护技术要求。

2. 安全技术方案详细设计

网络安全技术方案详细设计是对网络的物理和环境安全、网络和通信安全、设备

和计算安全、应用和数据安全等措施的细化。

3. 建设经费预算和工程实施计划

（1）建设经费预算

根据网络的安全建设整改内容提出详细的经费预算，包括产品名称、型号、配置、数量、单价、总价和合计等，同时应包括集成费用、等级测评费用、服务费用和管理费用等。对于跨年度的安全建设整改或安全改建，提供分年度的经费预算。

（2）工程实施计划

根据网络的安全建设整改内容提出详细的工程实施计划，包括建设内容、工程组织、阶段划分、项目分解、时间计划和进度安排等。对于跨年度的安全建设整改或安全改建，要对安全建设整改方案明确的主要安全建设整改内容进行适当的项目分解，例如分解成机房安全改造项目、网络安全建设整改项目、系统平台和应用平台安全建设整改项目等，分别制定中期和短期的实施计划，短期内主要解决目前急迫和关键的问题。

4. 方案论证和备案

将网络安全建设整改技术方案与安全管理体系规划共同形成安全建设整改方案。组织专家对安全建设整改方案进行评审论证，形成评审意见。第三级（含）以上网络安全建设整改方案应报公安机关备案，并组织实施安全建设整改工程。

6.4.3　安全建设整改工程实施和管理

1. 工程实施和管理

安全建设整改工程实施的组织管理工作包括落实安全建设整改的责任部门和人员，保证建设资金足额到位，选择符合要求的安全建设整改服务商，采购符合要求的信息安全产品，管理和控制安全功能开发、集成过程的质量等方面。

按照《信息系统安全工程管理要求》中有关资格保障和组织保障等要求组织管理等级保护安全建设整改工程。实施流程管理、进度规划控制和工程质量控制可参照

《信息系统安全工程管理要求》第 8 章、第 9 章、第 10 章提出的工程实施、项目实施和安全工程流程控制要求，实现相应等级的工程目标和要求。

2. 工程监理和验收

为保证建设工程的安全和质量，第二级（含）以上网络安全建设整改工程可以实施监理。监理内容包括对工程实施前期安全性、采购外包安全性、工程实施过程安全性、系统环境安全性等方面的核查。

工程验收的内容包括全面检验工程项目所实现的安全功能、设备部署、安全配置等是否满足设计要求，工程施工质量是否达到预期指标，以及工程档案资料是否齐全等方面。在通过安全测评或测试的基础上，组织相应信息安全专家进行工程验收。具体参照《信息系统安全工程管理要求》。

3. 安全等级测评

网络系统的安全建设整改完成后要进行等级测评，在工程预算中应当包括等级测评费用。对第三级（含）以上网络每年要进行等级测评，并对测评费用做出预算。

6.4.4　网络安全建设整改方案要素

以下整改方案的设计要素主要是针对单个网络系统的，也可以参照针对整个单位或多个网络系统的整改方案进行设计。网络安全建设整改方案可以包含以下内容。

1. 项目背景

简述网络系统概况，网络系统在等级保护工作方面的进展情况，例如定级备案情况和安全现状测评情况。

2. 开展网络系统安全建设整改的法规、政策和技术依据

列举在建设整改工作中依据的网络安全等级保护有关法规、政策、文件和网络安全等级保护技术标准。

3. 网络系统安全建设整改安全需求分析

从技术和管理两方面描述网络系统建设情况、系统应用情况及安全建设情况。结合安全现状评估结果，分析网络系统现有保护状况与等级保护要求的差距，结合网络系统自身安全需求形成安全建设整改安全需求。

4. 网络系统安全等级保护建设整改技术方案设计

根据安全需求，确定整改技术方案的设计原则，建立总体技术框架结构，可以从物理环境、通信网络、计算环境、区域边界、安全管理中心等方面设计落实基本技术要求的物理、网络、系统、应用和数据的安全要求的技术路线。

5. 网络系统安全等级保护建设整改管理体系设计

根据安全需求，确定整改管理体系的建设原则和指导思想、涉及的安全管理策略和安全管理制度体系及其他具体管理措施。

6. 网络系统安全产品选型及技术指标

依据整改技术设计，确定设备选型原则和部署策略，给出各类安全产品的选型指标和部署图，为设备采购提供依据。

7. 安全整改后网络系统残余风险分析

安全整改可能无法解决所有不符合项目的问题。对于没有解决的问题，分析其可能的风险，提出风险规避措施。

8. 网络系统安全等级保护整改项目实施计划

安全整改项目的实施需要制定相应的实施计划，落实项目管理部门和人员，对设备招标采购、工程实施协调、系统部署和测试验收、人员培训等活动进行规划安排。

9. 网络安全等级保护项目预算

根据本单位网络安全的中长期发展规划和近期的建设投资预算，将等级保护安全整改建设工作纳入整体规划，可以分期分批、有计划地实施建设整改。因此，需要对建设项目进行费用预算，预算项目不仅包括安全设备投入，还应根据需要考虑集成费用、等级测评费用、服务费用和运行管理费用等。

6.5　网络安全防范的新策略和新技术

一是采取"人防、物防、技防"管理策略及"安全分区、网络专用、横向隔离、纵向认证"等科学保护策略，提高网络、系统、大数据等网络基础设施的安全防范能力和水平。

二是按照"攻不进、拿不走、看不懂"的策略，落实一些"管用"措施，例如边界控制强逻辑隔离、数据加密、虚拟机、沙箱、渗透测试、黑/白名单、大数据分析、安全审计。

三是开展工控系统现场漏洞验证与挖掘，搭建工控网络安全在线监测平台和工控系统漏洞库，进行实时监测。

四是按照网络安全等级保护制度要求，对工控系统、物联网、云计算、大数据、移动互联网等开展安全建设和管理。

五是落实"防渗透、防窃密、防内部人员及外包服务人员违规违法"的"三防"措施。

六是大力开展监督检查，有效落实安全责任。签订安全责任书，明确网站、重要系统的安全责任，落实责任单位、责任人。

七是采取云计算和大数据分析等新技术，建设网络安全态势感知与通报预警平台，保护网络设施安全和大数据安全。

1. 建设思路

以动制动，变静态防护为动态防护，变被动防御为主动防御，变多个单点防护为综合防控、整体防范。建设集态势感知、风险监测、通报预警、应急处置、情报信息、安全防范于一体的网络安全综合防控体系。

2．建设方法

关注敌对组织、黑客组织、不法分子等网络攻击源及其攻击手段、攻击方法和攻击时采用的木马、利用的漏洞等，利用云计算、大数据技术进行建设，开展关联分析、数据挖掘、应用和展示。

3．平台应具有的功能

平台功能包括态势感知、情报信息、安全监测、通报预警、等级保护、事件处置、指挥调度、侦查打击等。利用态势感知通报预警平台，汇总等级保护对象，掌握安全态势，呈现安全状况，及时发现网络攻击，开展应急处置、追踪溯源，及时消除或制止危害，开展督促整改。

6.6　信息安全产品的选择使用

6.6.1　选择获得销售许可证的信息安全产品

依据《中华人民共和国计算机信息系统安全保护条例》（国务院令第 147 号）、《计算机信息系统安全专用产品检测和销售许可证管理办法》（公安部令第 32 号）、《计算机病毒防治管理办法》（公安部令第 51 号）的有关规定，公安部网络安全保卫局依法对信息安全产品实行销售许可管理。进入我国市场销售的信息安全产品，需要经公安部计算机信息系统安全产品质量监督检验中心、天津病毒产品检测中心、公安部第一研究所检测中心、信息产业信息安全测评中心检测合格，并获得公安部颁发的销售许可证。各单位、各部门在安全建设整改工作中，应采购和使用获得销售许可证的信息安全产品。

6.6.2　产品分等级检测和使用

2009 年，公安部发布了《关于调整更新计算机信息系统安全专用产品检测执行标准规范的公告》（公信安〔2009〕1157 号），对信息安全产品分级的标准规范（29 类产品分级标准）开展分级检测工作。通过检测的产品，其产品销售许可证上将标注产品分级信息。各单位、各部门在进行安全建设整改时，应根据网络安全需求选择使用相应等级的产品。

网络产品应当符合国家标准和网络安全等级保护制度的相关要求。网络产品提供者应当为其产品依法提供安全维护，对其产品的安全缺陷、漏洞，应立即采取补救措施，按照规定及时告知用户，同时向公安机关报告。网络产品具有收集、回传数据功能的，其提供者应当向用户明示并取得同意，并依法遵守数据安全和个人信息保护的相关规定。网络产品提供者向境外用户提供网络关键设备和安全专用产品，可能影响国家安全的，应当通过国家网信部门会同国务院公安部门、电信主管部门等有关部门组织的国家安全审查。

网络运营者应当根据网络的安全保护等级和安全需求，采购、使用符合国家法律法规和有关标准要求的网络产品和服务。第三级以上网络运营者应按照国家有关法律法规要求，采用与安全保护等级相适应的网络产品和服务；对重要部位使用的产品委托专业测评机构进行专项测试，根据测试结果选用产品。其中，关键信息基础设施运营者采购网络产品和服务，可能影响国家安全的，应当通过国家网信部门会同公安、保密、密码管理等有关部门组织的国家安全审查。

6.6.3　第三级以上网络使用信息安全产品的相关问题

《关于信息安全等级保护工作的实施意见》（公通字〔2004〕66 号）规定，"对信息系统中使用的信息安全产品实行按等级管理"。《管理办法》规定第三级以上信息系统应当选择使用我国自主研发的信息安全产品。信息安全产品是网络安全的重要基础，信息安全产品的使用和管理是国家网络安全等级保护制度的重要组成部分，尤其是进入基础信息网络和重要信息系统的信息安全产品，如果存在问题，将直接影响网络基础设施、重要信息系统安全，甚至危及国家安全、社会稳定。因此，各单位、各部门应在满足使用要求的前提下，优先选择国产产品。国家网络安全监管部门对第三级以上网络使用的信息安全产品进行管理。

6.7 网络安全等级保护建设服务机构的选择

1. 网络安全等级保护安全建设

网络安全等级保护安全建设是指网络安全等级保护安全建设机构依据国家网络安全等级保护制度规定，按照有关管理规范和技术标准，对非涉及国家秘密信息系统进行网络安全等级保护安全建设的活动。

2. 网络安全等级保护安全建设机构

网络安全等级保护安全建设机构是指具有网络安全等级保护安全建设机构的基本条件，经能力评估和审核，从事网络安全等级保护安全建设的机构。

网络运营者在开展网络安全等级保护安全建设工作的过程中，应选择通过网络安全等级保护安全建设服务机构能力评估的机构。

3. 网络安全等级保护安全建设服务机构能力评估

在公安部网络安全保卫局的指导下，公安部第一研究所按照《网络安全等级保护安全建设服务机构能力评估规范》组织开展网络安全等级保护安全建设服务机构能力评估工作。网络安全等级保护安全建设能力评估等级是对网络安全等级保护安全建设服务机构综合实力的客观评价，反映其网络安全等级保护安全建设服务资格、水平和能力。网络安全等级保护安全建设能力评估等级的主要依据包括基本资格要求、能力评估基本管理要求、技术能力要求和其他补充要求等。

对网络安全等级保护安全建设服务机构的能力评估的基本管理要求，主要包括申请机构要求、组织管理要求、人员要求、设施和设备安全与保障要求、质量管理要求、规范性保证要求、风险控制要求、可持续性发展要求、安全建设机构能力约束性要求等。

对网络安全等级保护安全建设服务机构的能力评估技术能力要求，主要包括安全建设实施要求、安全建设记录规范性要求、安全建设报告规范性要求。

4. 网络安全等级保护安全建设能力评估等级划分

网络安全等级保护安全建设机构的安全服务能力分为三级，从第一级到第三级，能力逐级提高。

第7章　网络安全等级保护的等级测评

本章主要介绍等级测评工作的内容、方法、流程等内容，以及等级测评机构的选择、等级测评报告的编制等内容。

7.1　等级测评工作概述

7.1.1　等级测评的基本含义

网络安全等级保护测评工作（下称"等级测评"）是指测评机构依据国家网络安全等级保护制度规定，按照有关管理规范和技术标准，对非涉及国家秘密的网络安全等级保护状况进行检测评估的活动。等级测评包括标准符合性评判活动和风险评估活动，即依据网络安全等级保护的国家标准或行业标准，按照特定方法对网络的安全保护能力进行科学、公正的综合评判过程。

为加强对测评机构及测评人员管理，稳步推进等级测评机构建设，规范等级测评活动，提高测评机构、测评人员技术能力和水平，公安部在总结等级保护测评体系建设试点工作的基础上，向各地公安机关下发了《关于推动信息安全等级保护测评体系建设和开展等级测评工作的通知》（公信安〔2010〕303号），在全国组织开展网络安全等级保护等级测评体系建设工作，以保障等级保护工作的顺利开展。根据通知精神，国家信息安全等级保护工作协调小组办公室负责隶属国家网络安全职能部门和重点行业主管部门的申请单位提出的申请受理、审核推荐和监督检查等工作，各省级信息安全等级保护工作协调（领导）小组办公室（下称"省级等保办"）负责等级测评机构的申请受理、审核推荐和监督检查等工作。中关村信息安全等级保护测评机构联盟负责测评机构的能力评估和培训工作。

为进一步加强对等级测评机构的管理，规范等级测评行为，提高测评技术能力和服务水平，2018 年公安部制定下发了《网络安全等级保护测评机构管理办法》。自该文件实施之日起，《信息安全等级保护测评机构管理办法》《信息安全等级保护测评机构异地备案实施细则》及各地自行制定的与本办法规定不符的规范性文件作废。各地公安机关要按照《网络安全等级保护测评机构管理办法》的要求，根据本地网络备案数据和等级保护工作进展情况，严把审核关，有序稳妥地开展测评机构审核推荐工作。

7.1.2　等级测评的目的

根据《网络安全法》和《管理办法》的规定，网络按照《基本要求》等技术标准安全建设完成后，网络运营者应当选择符合规定条件的测评机构，定期对网络的安全保护状况开展等级测评。

通过测评，一是可以发现网络存在的安全问题，掌握网络的安全状况、排查网络的安全隐患和薄弱环节、明确网络安全建设整改需求，二是衡量网络的安全保护管理措施和技术措施是否符合等级保护的基本要求、是否具备了相应的安全保护能力。等级测评结果也是公安机关等安全监管部门进行监督、检查、指导的参照。

7.1.3　开展等级测评的时机

1. 安全建设整改前

在开展网络安全建设整改之前，网络运营者可以通过等级测评，分析判断目前网络所采取的安全措施与等级保护标准要求之间的差距，分析安全方面存在的问题，查找网络安全保护建设整改需要解决的问题，形成安全建设整改的安全需求。

2. 安全建设整改后

网络安全建设整改完成后，网络运营者应通过等级测评对网络的等级保护措施落实情况与《基本要求》的要求之间的符合程度进行评判，形成网络安全等级测评报告，如果发现问题将继续整改。

3. 定期开展等级测评

网络运行维护期间，应定期进行安全等级测评，及时发现和分析网络存在的安全问题。《管理办法》要求网络建设完成后，网络运营者当选择符合规定条件的测评机构，依据《测评要求》等技术标准，定期对网络的安全保护状况开展等级测评。第三级（含）以上网络应当每年至少进行一次等级测评，重要部门的第二级网络可以参照上述要求开展等级测评工作。

7.1.4　等级测评机构的业务范围

等级保护测评机构有三类，分别是由国家信息安全等级保护工作协调小组办公室推荐的网络安全职能部门测评机构、行业性测评机构及由省级等保办推荐的地方性测评机构。测评机构提供测评服务不受地域、行业、领域的限制。属于异地测评项目的，测评机构应从项目管理系统中生成测评项目基本情况表，并于测评项目实施前报送或传至被测评网络备案公安机关。

7.1.5　等级测评依据的标准

测评机构应当依据《网络安全等级保护测评要求》《信息系统安全等级保护测评过程指南》等国家标准进行等级测评，按照公安部统一制定的《信息系统安全等级测评报告模版（2015版）》（公信安〔2014〕2866号）格式出具测评报告。按照行业标准规范开展安全建设整改的网络，可以以国家标准为依据开展等级测评，也可以以行业标准规范为依据开展等级测评。

《测评要求》与《基本要求》相适应，提出了测评指标、测评实施和结果判定三部分内容。测评指标直接指向《基本要求》相应等级的基本要求，在内容上，测评指标与相应的基本要求完全一致；测评实施描述测评过程中涉及的具体测评方法和需要实施的测评步骤；结果判定描述测评人员执行测评实施过程完毕并产生各种测评证据后，依据这些测评证据判定被测系统是否满足测评指标要求的原则。

《测评要求》将等级测评分为单项测评和整体测评两部分，在保证相应安全等级测评强度的基础上，先开展单项测评，再在单元测评的基础上开展整体测评。

单项测评是指针对各安全要求项的测评，支持测评结果的可重复性和可再现性。现标准中单项测评由测评指标、测评对象、测评实施和单元判定构成。整体测评是指在单项测评基础上，对等级保护对象整体安全保护能力的判断。整体测评内容由原标准的安全控制点间、层面间和区域间测评等方面调整为现标准的安全控制点测评、安全控制点间测评和层面间测评。另外，为了更好地使机构测评人员明确测评工作的作用对象，在测评单元中增加了测评对象。测评对象是指等级测评过程中不同测评方法作用的对象，主要涉及相关配套制度文档、设备设施及人员等。

《信息系统安全等级保护测评过程指南》（下称《测评过程指南》）为网络安全等级测评工作建立了一套标准的测评过程，同时对网络安全等级测评的工作任务、分析方法、工作产品等提出了指导性建议，以规范和指导网络安全等级测评工作，从而使得不同测评机构实施的网络安全等级测评过程、工作产品和测评结果更一致，更具有可比性、可重复性和可再现性。

等级测评是一项可以由不同测评机构实施的标准符合性测评工作。《测评过程指南》规定了开展该工作的基本过程、流程、任务及工作产品等，以规范测评机构的等级测评工作，与《测评要求》共同指导和规范等级测评工作。《测评过程指南》指导使用者如何开展等级测评，以及在等级测评过程中如何正确使用《测评要求》中的具体测评方法、步骤和判断依据等。

7.1.6　等级测评业务的开展

等级测评业务应按照"流程规范、方法科学、结论公正"的要求进行。

等级测评过程包含四个基本测评活动：测评准备活动；方案编制活动；现场测评活动；分析及报告编制活动。测评双方之间的沟通与洽谈应贯穿整个等级测评过程。

测评准备活动是开展等级测评工作的前提和基础，是整个等级测评过程有效性的保证。其主要任务是掌握被测网络的详细情况，为实施测评做好文档及测试工具等方面的准备。测评准备活动的基本工作流程及任务主要包括等级测评项目启动、信息收集和分析、工具和表单准备。

　　方案编制活动是开展等级测评工作的关键活动，为现场测评提供最基本的文档和指导方案。其主要任务是开发与被测信息系统相适应的测评内容、测评实施手册等，形成测评方案。

　　现场测评活动是开展等级测评工作的核心活动。其主要任务是按照测评方案的总体要求，严格执行测评实施手册，分步实施所有测评项目（包括单项测评和系统整体测评），以了解网络的真实保护情况，获取足够的证据，发现网络中存在的安全问题。现场测评活动的基本工作流程及任务主要包括现场测评准备、现场测评和结果记录、结果确认和资料归还。

　　分析与报告编制活动是给出等级测评工作结果的活动，是总结被测网络整体安全保护能力的综合评价活动。其主要任务是根据现场测评结果和《网络安全等级保护测评要求》，通过单项测评结果判定和网络整体测评分析等方法，分析整个网络的安全保护现状与相应等级的保护要求之间的差距，综合评价被测网络安全保护状况，按照公安部制定的网络安全等级测评报告格式形成测评报告。

1. 测评工作的内容

　　依照《关于推动信息安全等级保护测评体系建设和开展等级测评工作的通知》，各地区、各部门要认真组织开展网络的等级测评工作。

　　（1）制定工作计划，加强组织落实

　　各地区、各部门要按照公安部关于测评工作的整体部署，结合实际，制定本地区、本部门的测评工作计划，分解、细化任务和目标，将长期目标和阶段性目标结合起来，明确具体要求，确定责任人，加强组织领导，确保按期完成工作目标。各单位要根据工作计划，紧密结合本单位网络的规模、数量、安全保护现状等实际情况，制定具体实施方案，明确进度安排、落实测评经费保障等，确保测评工作取得实效。

　　（2）委托符合要求的测评机构

　　各单位、各部门委托等级测评机构开展测评时，应当在省级以上等保办公布的测评机构推荐目录（参见信息安全等级保护网，www.djbh.net）中选择测评机构。网络运营者在选择测评机构时，应当核查测评机构推荐证书、测评师证书等，约定合理的测评费用，并与测评机构签署委托测评合同。测评费用可以参考国家信息化项目人工计费标准或根据被测设备数量和测评项评估。测评机构应当结合实际编制测评作业指导书和测评实施方案，严格按照《网络安全等级保护测评机构管理办法》的要求，规范开展测评工作，客观、公正地出具测评结论，并自觉接受监督。

（3）测评的实施和方法

按照国家标准规范要求，测评实施过程包括测评准备、方案编制、现场测评及分析与报告编制。等级测评的主要方法有访谈、检查、测试、分析等。被测评网络运营者与测评机构之间的沟通与洽谈贯穿整个等级测评过程，因此，网络运营者应当指定专人协同配合，积极加强与测评机构间的协调沟通，确保测评进展顺利。

2. 测评过程管理

在测评工作过程中，网络运营者要对测评活动进行监督管理，与测评机构签订工作协议和保密协议，落实测评过程监管措施，防范对网络可能造成的新的安全风险。网络运营者要监督检查测评机构是否依据《网络安全等级保护测评要求》《信息系统安全等级保护测评过程指南》等国家标准开展等级测评，以及测评人员是否有违规行为。一旦发现违规行为，被测网络运营者应当及时予以纠正，必要时可以向省级以上等保办反映。

3. 测评报告的编写与备案

测评机构应当依据《网络安全等级保护测评要求》《信息系统安全等级保护测评过程指南》等标准规范开展等级测评，按照《信息系统安全等级测评报告模版》出具统一格式的测评报告，确保测评结论客观、公正。网络运营者在完成网络安全等级测评工作后 30 日内，将等级测评报告交由受理备案的公安机关备案。公安机关应当对测评报告进行分析审核，建档留存，根据测评报告中的意见和建议，督促指导备案单位及时开展安全建设整改工作。

7.1.7　应用等级测评标准的注意事项

测评要求中"安全通用要求"是等级保护对象通用测评要求，无论等级保护对象使用何种技术，必须先使用"安全通用要求"对等级保护对象进行测评，结合等级保护对象技术架构，再结合使用测评要求其他部分进行测评。例如，某单位的等级保护对象采用了云计算技术和移动互联接入技术，在进行等级测评时，先使用《信息系统安全等级保护测评要求》中的安全测评通用要求部分，再结合使用云计算安全测评扩展要求部分和移动互联安全测评扩展要求部分进行测评，以验证等级保护对象是否落实了云计算安全扩展要求和移动互联安全扩展要求提出的安全控制措施。

无论等级保护对象是网络基础设施和传统信息系统，还是采用了云计算、移动互联、物联网、工业控制系统和大数据等技术的特殊等级保护对象，测评要求都能够规范全国等级测评机构测评人员的现场测评行为，接近客观给出测评结果，使等级测评工作更加规范化和标准化。

在使用新版《测评要求》进行等级测评时，由于新技术新应用的迅速发展，等级保护对象的形态发生变化，等级测评对象也发生了变化。等级测评师在进行等级测评时，应根据被测等级保护对象采用新技术新应用的情况进行测评对象的选择。使用新版《测评要求》后，测评作业指导书将发生很大变化。

7.2 等级测评机构及测评人员的管理与监督

7.2.1 为什么要开展等级测评体系建设

等级测评体系建设主要包括测评机构的建设和规范管理，以及测评人员和测评活动的规范管理等。网络安全等级保护测评工作是网络安全等级保护工作的重要环节，是专门机构针对网络开展的一种专业性、服务性的检测活动。等级测评工作涉及的网络范围广、敏感性强，参与的测评机构及测评人员复杂，如果缺乏对测评机构和测评人员的管理，则难以保证等级测评的客观、公正和安全，甚至会给重要网络安全造成新的风险和隐患，危害国家安全和社会稳定。为加强对测评机构和测评人员的管理，稳步推进等级测评机构的建设，规范等级测评活动，提高测评机构和测评人员的技术能力和水平，在国家网络安全等级保护协调小组的领导下，在全国组织开展网络安全等级保护等级测评体系建设工作，以保障等级保护工作的顺利开展。

7.2.2　对测评机构和测评人员的管理

申请成为测评机构的单位（下称"申请单位"）可以向省级以上网络安全等级保护协调（领导）小组办公室提出申请，经过专门机构的能力评估和专门培训，对符合条件的申请单位，省级以上网络安全等级保护协调（领导）小组办公室推荐其成为等级测评机构，从事等级测评工作。省级网络安全等级保护协调（领导）小组办公室负责公布本地测评机构推荐目录，国家网络安全等级保护协调小组办公室负责公布《全国网络安全等级保护测评机构推荐目录》。

对测评人员实行等级测评师管理。等级测评师分为初级、中级和高级。测评人员参加专门培训机构举办的专门培训和考试。考试合格的，由专门培训机构向测评人员颁发相应等级的"等级测评师证书"。"等级测评师证书"是测评人员上岗的基本条件。

等级测评机构应当按照国家网络安全等级保护管理制度和相关标准要求，为网络运营者提供安全、客观、公正的等级测评服务。

等级测评机构应当与网络运营者签署测评服务协议，不得泄露在等级测评服务中知悉的国家秘密、商业秘密、重要敏感信息和个人信息；不得擅自发布、披露在等级测评服务中收集掌握的网络信息和系统漏洞、恶意代码、网络侵入等网络安全信息，防范测评风险。

等级测评机构应当对测评人员进行安全保密教育，与其签订安全保密责任书，明确测评人员的安全保密义务和法律责任；组织测评人员参加专业培训，培训合格的方可从事等级测评活动。

信息产业信息安全测评中心会同公安部信息安全等级保护评估中心，连续组织开展全国网络安全等级保护测评机构的技术能力验证和网络攻防比武工作，其工作目的：一是进一步提升全国等级测评机构的技术能力，保持测评机构对标准和出具测评结果的一致性；二是规范测评机构开展等级测评工作；三是提高测评机构的网络攻击和渗透能力。

7.2.3 测评机构的业务范围和工作要求

1. 业务范围

测评机构除了从事等级测评活动，还可以从事网络安全等级保护定级、等级保护安全建设整改、网络安全等级保护宣传教育等工作的技术支持，以及风险评估、网络安全培训、应急保障、安全运维、网络安全咨询和网络安全工程监理等工作。

2. 工作要求

从事等级测评工作的机构及其人员应当遵守国家有关法律法规，依据国家有关技术标准和《网络安全等级保护测评机构管理办法》的相关规定，开展客观、公正、安全的测评服务，不得从事危害国家安全、社会秩序、公共利益及被测单位利益的活动。

测评机构应当按照公安部统一制定的《信息系统安全等级测评报告模版》规定的格式出具测评报告，根据网络规模和所投入的成本合理收取测评服务费用。

测评机构应严格按照网络安全等级保护标准规范独立开展等级测评工作，依据《信息系统安全等级测评报告模版》出具网络安全等级测评报告，确保测评质量，全面、客观地反映被测网络的安全保护状况。

测评机构开展测评项目不受地域、行业限制。等级测评机构应在测评项目合同签订及项目完成后 5 个工作日内，向受理网络备案的公安机关报告等级测评项目的有关情况。

测评项目实施过程中，等级测评机构应接受等保办的监督、检查和指导。测评项目完成后，等级测评机构应请被测评网络运营者对测评服务情况进行评价，评价情况由被测单位反馈至等保办。

等级测评机构应定期向等保办报送测评工作开展情况。根据测评实践，于每年年底编制并报送网络安全状况分析报告。

7.3　等级测评工作中的风险控制

7.3.1　存在的风险

等级测评过程中可能存在以下风险。

1．网络敏感信息泄漏

泄漏被检测单位网络状态信息，例如网络拓扑、IP 地址、业务流程、安全机制、安全隐患和有关文档信息。

2．验证测试可能会对网络运行造成影响

在现场进行测评时，需要对设备和网络进行一定的验证测试工作，部分测试内容需要上机查看一些信息，这就可能对网络的运行造成一定的影响，甚至存在误操作的可能。

3．工具测试可能会对网络运行造成影响

在现场测评时，会使用一些技术测试工具进行漏洞扫描测试、性能测试甚至抗渗透能力测试。测试可能会对网络的负载造成一定的影响，漏洞扫描测试和渗透测试可能会对服务器和网络通信造成一定影响甚至伤害。

7.3.2　风险的规避

在等级测评过程中，可以采取以下措施规避风险。

1．签署保密协议

测评双方应签署完善的、合乎法律规范的保密协议，以约束测评双方现在和将来的行为。保密协议规定了测评双方在保密方面的权利与义务。测评工作的成果由被测网络的运营者所有，测评机构对其的引用和公开应得到被测网络的运营者的授权，否则被测网的运营者将按照保密协议的要求追究测评机构的法律责任。

2. 签署委托测评协议

在测评工作正式开始之前，测评方和被测网络的运营者需要以委托测评协议的方式明确测评工作的目标、范围、人员组成、计划安排、执行步骤和要求及双方的责任和义务等，使测评双方对测评过程中的基本问题达成共识，并以此为基础开展后续工作，避免在后续工作中出现大的分歧。

3. 现场测评工作风险的规避

在进行验证测试和工具测试时，测评机构需要与测评委托单位充分协调，合理安排测试时间，尽量避开业务高峰期，例如在系统资源处于空闲状态时进行，被测网络的运营者需要对整个测试过程进行监督。

在进行验证测试和工具测试之前，需要对关键数据做好备份工作，并对可能出现的影响制定相应的处理方案。上机验证测试原则上由被测系统网络运营者的相应技术人员进行操作，测评人员根据情况提出需要操作的内容并进行查看和验证，避免由于测评人员对某些专用设备不熟悉造成误操作。测评机构应在使用测试工具前将相关信息告知被测网络的运营者，详细介绍这些工具的用途及可能对网络造成的影响，并征得网络运营者的同意。

4. 规范化的实施过程

为保证按计划、高质量地完成测评工作，应当明确测评记录和测评报告的要求，明确测评过程中每一阶段需要产生的相关文档，使测评有章可循。在委托测评协议、现场测评授权书和测评方案中，需要明确双方的人员职责、测评对象、时间计划、测评内容要求等。

5. 沟通与交流

为避免测评工作中可能出现的争议，在测评开始前与测评过程中，双方需要进行积极有效的沟通和交流，及时解决测评中出现的问题，这对保证测评的过程质量和结果质量有重要作用。

7.4　等级测评报告的主要内容

网络运营者选择测评机构完成等级测评工作后，应要求等级测评机构按照公安部制定的《信息系统安全等级测评报告模版（2015 版）》（公信安〔2014〕2866 号）出具等级测评报告。等级测评报告是等级测评工作的最终产品，直接体现测评的成果。按照公安部对等级测评报告的格式要求，测评报告应包括但不局限于以下内容：安全等级测评基本信息表；声明；等级测评结论；总体评价；主要安全问题；问题处置建议。测评报告的目录大致如下。

1　测评项目概述

2　被测系统情况

3　等级测评范围和方法

　　3.1　测评指标

　　　　3.1.1　安全通用要求指标

　　　　3.1.2　安全扩展要求指标

　　　　3.1.3　其他安全要求指标

4　单项测评

5　整体测评

6　总体安全状况分析

7　问题处置建议

附录

第8章　网络安全自查和监督管理

备案单位、行业主管部门、公安机关要分别建立并落实监督检查机制，定期对《网络安全法》、网络安全等级保护制度各项要求的落实情况进行自查和监督检查。

8.1　定期自查与督导检查

8.1.1　备案单位的定期自查

备案单位应按照《网络安全法》和网络安全等级保护制度的相关要求，对网络安全工作情况、等级保护工作落实情况进行自查，掌握网络安全状况、安全管理制度及技术保护措施的落实情况等，及时发现安全隐患和存在的突出问题，有针对性地采取技术和管理措施。例如，第三级网络是否每年进行一次自查，第四级网络是否每半年进行一次自查。经自查，网络的安全状况未达到安全保护等级要求的，网络运营者应进一步进行安全建设整改。

网络运营者应配合公安机关的监督检查工作，如实提供有关资料及文件。当第三级（含）以上网络发生事件、案件时，备案单位应及时向受理备案的公安机关报告。

8.1.2　行业主管部门的督导检查

行业主管（监管）部门应组织制定本行业、本领域网络安全等级保护工作规划和标准规范，掌握网络基本情况、定级备案情况和安全保护状况；督促网络运营者开展网络定级备案、等级测评、风险评估、安全建设整改、安全自查等工作。

行业主管（监管）部门监督、检查、指导本行业、本领域网络运营者依据网络安全等级保护制度和相关标准要求，落实网络安全管理和技术保护措施，组织开展网络安全防范、网络安全事件应急处置、重大活动网络安全保护等工作。

8.2　公安机关的监督检查

8.2.1　检查的原则和方法

公安机关对网络运营者依照国家法律法规规定和相关标准要求，落实网络安全等级保护制度，开展网络安全防范、网络安全事件应急处置、重大活动网络安全保卫等工作，实行监督管理；对第三级以上网络运营者（含关键信息基础设施运营者）按照网络安全等级保护制度落实网络基础设施安全、网络运行安全和数据安全保护责任义务，实行重点监督管理。

公安机关对同级行业主管（监管）部门依照国家法律法规规定和相关标准要求，组织督促本行业、本领域落实网络安全等级保护制度，开展网络安全防范、网络安全事件应急处置、重大活动网络安全保卫等工作情况，进行监督、检查、指导。

公安机关参照公安部网络安全保卫局下发的《公安机关网络安全执法检查工作指引》《政府信息系统及网站安全执法检查工作指引（试行）》《云计算平台安全执法检查工作指引（试行）》《大数据服务安全执法检查工作指引（试行）》《工业控制系统安全执法检查工作指引（试行）》《视频监控系统安全执法检查工作指引（试行）》《移动 APP 系统安全执法检查工作指引（试行）》《邮件系统安全执法检查工作指引（试行）》《IDC 安全执法检查工作指引（试行）》《CDN 安全执法检查工作指引（试行）》《DNS 安全执法检查工作指引（试行）》等，开展网络安全执法检查工作。公安机关网安部门应加强执法检查工作，从常规性检查向深度检查、延展检查、闭环检查转变，充分运用对抗检查、技术检查等方式，进一步规范执法检查行为，有效提高执法检查效能，全面提升重要信息系统、重点网站及移动互联网、云计算、大数据、工业控制系统、物联网等新技术新应用的安全保护能力，严防境内外敌对势力和不法分了的攻击、入侵、窃密，严防发生重大网络安全事件，维护国家安全、公共安全和公共利益。

8.2.2　检查的主要内容

公安机关依照国家法律法规规定和相关标准要求，对网络运营者及其行业主管（监管）部门开展下列网络安全工作情况进行监督检查。

一是日常网络安全防范工作。

二是重大网络安全风险隐患整改情况。

三是重大网络安全事件应急处置和恢复工作。

四是重大活动网络安全保卫工作落实情况。

五是其他网络安全工作情况。

公安机关对第三级以上网络运营者（含关键信息基础设施运营者）的日常网络安全工作，每年至少开展一次安全检查。检查时，可会同相关行业主管（监管）部门开展。必要时，公安机关可组织技术支持队伍开展网络安全专门技术检测。

网络运营者、行业主管（监管）部门应当协助、配合公安机关依法实施监督检查，按照公安机关要求如实提供相关数据信息。

具体检查项目参见《公安机关信息安全等级保护检查工作规范（试行）》（见附录 E）。

8.2.3　检查整改要求

公安机关在监督检查中发现网络安全风险隐患的，应当通知网络运营者采取措施立即消除；不能及时消除的，应责令其限期整改。

网络运营者自身存在的风险隐患可能严重威胁国家安全、公共安全和社会公共利益的，公安机关应依法对其采取停止联网、停机整顿等处置措施。

公安机关发现第三级以上网络（含关键信息基础设施）存在重大安全风险隐患的，应及时通报关键信息基础设施主管部门，并向国家网信部门报告。

8.2.4　检查工作要求

公安机关开展检查工作，应当按照"严格依法，热情服务"的原则，遵守检查纪律，规范检查程序，主动、热情地为网络运营者提供服务和指导。

公安机关在监督检查中发现重要行业或本地区存在严重威胁国家安全、公共安全和社会公共利益的重大网络安全风险隐患的，应报告同级人民政府、网信部门和上级公安机关。接到报告的人民政府、网信部门、上级公安机关应当及时核实情况，组织或者责成有关部门、单位采取处置和整改措施。

要按照"谁受理备案，谁负责检查"的原则，对跨省或者全国联网运行、跨市或者全省联网运行等跨地域的信息系统，由部、省、地市级公安机关分别对所受理备案的信息系统进行检查。对在辖区内独自运行的信息系统，由受理备案的公安机关独自进行检查。

对于有主管部门的信息系统，公安机关要积极会同主管部门对其开展检查，充分发挥主管部门的作用，建立监督检查的配合机制。因故无法会同的，公安机关可以自行开展检查。

网络安全等级保护监督管理部门及其工作人员，必须对在履行职责中知悉的国家秘密、商业秘密、重要敏感信息和个人信息严格保密，不得泄露、出售或者非法向他人提供。

8.2.5　事件调查工作

公安机关应当根据有关规定处置网络安全事件，开展事件调查，认定事件责任，查处危害网络安全的违法犯罪活动。

公安机关在事件调查处置过程中，必要时可以责令网络运营者采取阻断信息传输、暂停网络运行、备份相关数据等紧急措施。

网络运营者应当为公安机关、有关部门开展事件调查和处置提供支持和协助，为公安机关、国家安全机关依法维护国家安全和侦查犯罪的活动提供技术支持和协助。

8.3 对网络服务机构的监督管理

国家对网络安全等级保护测评机构实行目录管理，指导网络安全等级保护测评机构建立行业自律组织，制定行业自律规范，加强行业自律管理。

公安机关对网络安全等级保护测评机构、测评人员及其测评活动进行监督管理，发现有违反规定行为的，应责令整改；情形严重的，应将其从等级保护测评机构目录中移除。

公安机关依法对等级测评机构及其人员进行监督管理，发现有违反规定行为的，应责令整改；情形严重的，应将其从等级保护测评机构目录中移除。

公安机关应对从事网络建设、运维、安全监测、检测认证、风险评估等网络服务机构、服务人员及其服务活动进行监督管理，发现有违反管理规定行为的，应责令其整改，并对关键岗位的服务人员进行安全背景审查。

第 9 章　网络安全重点专项活动

本章介绍智慧城市网络安全管理、重点网站安全专项整治行动、电子邮件系统安全专项整治行动等网络安全重点专项工作。

9.1　智慧城市网络安全管理

9.1.1　加强智慧城市网络安全管理工作的主要依据

党中央、国务院高度重视智慧城市建设。建设智慧城市是国家经济社会发展战略的重要举措，对于加快我国工业化、信息化、城镇化、农业现代化融合，提升城市可持续发展能力具有重要意义。2014 年 8 月，经国务院同意，国家发改委牵头，会同公安部、工信部等 8 个部委联合印发《关于促进智慧城市健康发展的指导意见》，提出了促进智慧城市健康发展 6 个方面共 19 条具体意见。在 "网络信息安全管理和能力建设" 方面提出，"城市人民政府在推进智慧城市建设中要同步加强网络安全保障工作，在信息系统建设和管理过程中落实信息安全等级保护制度，加大对党政军、金融、能源、交通、电信、公共安全、公用事业等重要信息系统安全防护，确保安全可控"。

2014 年 10 月，国家发改委会同公安部、教育部、民政部、财政部等 25 个相关部门司局级领导成立了部际协调工作组，并相继召开了部际协调工作组会议。2014 年 11 月，国家发改委办公厅印发《促进智慧城市健康发展部际协调工作制度及 2014—2015 年工作方案》，明确了部际协调工作组的职责，提出了 15 项主要任务并指定了责任部门。公安部牵头负责其中两项任务：一是 "指导各地区加强网络安全管理和能力建设，研究制定城市网络安全评价指标体系，组织相关机构开展年度评价工作，2015

年年底前发布年度评价情况"；二是"指导各地区开展平安城市建设，研究制定公共安全视频监控建设联网应用评价指标体系，组织相关机构开展年度评价工作，2015年年底前发布年度评价情况。启动平安城市评价指标体系研究工作"。

近年来，各地和有关行业部门智慧城市建设进展加快，但在网络安全方面缺乏有效指导，"重应用，轻安全"的问题突出。智慧城市建设中大量采用云计算、大数据、物联网、移动互联网、智能位置服务等新技术、新应用，建设了许多大数据中心和公共网络服务平台。与此同时，一些能力不强、缺乏信誉的企业直接参与网络设施建设和运维，给智慧城市网络基础设施安全和大数据安全带来了极大的风险和挑战，直接威胁国家安全和社会公共安全。为有效解决智慧城市建设中网络安全方面存在的突出问题，落实《关于促进智慧城市健康发展的指导意见》，公安部会同中央网信办、国家发改委、工信部共同制定出台了《关于加强智慧城市网络安全管理工作的若干意见》（中网办发文〔2015〕9 号）。

9.1.2　智慧城市网络安全管理的总体要求

1. 指导思想

深入贯彻落实党的十八大、十八届三中全会、十八届四中全会精神，以及习近平总书记关于网络安全和信息化的系列讲话，加强智慧城市网络安全管理工作的统筹协调，强化网络安全保障，以安全保发展，以发展促安全，增强智慧城市网络基础设施、重要信息系统、关键数据资源及服务的安全保障能力，促进智慧城市健康、可持续发展。

2. 基本原则

一是坚持"依法管网、依法办网、依法用网，建设平安网络"的原则，以问题为导向，突出重点，加强智慧城市网络安全的顶层设计和协调发展。

二是坚持信息系统建设与网络安全建设"同步规划、同步设计、同步实施"的"三同步"原则，落实国家信息安全等级保护制度，实现网络安全与智慧城市建设深度融合。

三是坚持"科学发展、积极利用、有效管控、确保安全"的原则，科学解决云计算、大数据、物联网、移动互联网、智能位置服务等新技术、新应用带来的网络安全风险和隐患，有效提高抵御和防范风险的能力。

9.1.3 智慧城市网络安全管理的重点工作

1. 落实安全责任，加强智慧城市网络安全工作的统筹规划和顶层设计

各地区、各行业主管部门和网络安全职能部门在推进智慧城市建设中要高度重视和加强网络安全工作，按照《国务院关于大力推进信息化发展和切实保障信息安全的若干意见》、《关于进一步加强国家电子政务网络建设和应用工作的通知》（发改高技〔2012〕1986 号）和《关于印发促进智慧城市健康发展的指导意见的通知》等文件要求，加强统筹规划和顶层设计，促进智慧城市安全、健康、有序发展。开展智慧城市建设的人民政府是网络安全的第一责任人，有关部门按照各自职责开展工作。

一是在政府领导下，建立公安机关牵头、有关部门参加的智慧城市网络安全工作机制，整合各方资源，加强网络安全工作的总体规划和顶层设计，及时研究解决重大网络安全问题。

二是政府和有关职能部门，以及网络和系统的建设者、使用者、运维者，要落实网络安全责任，明确责任人，落实工作要求，建立并落实网络安全重大事件（事故）责任追究制度。

三是各行业主管部门，在统筹规划、推进实施智慧城市建设的工作中，应同步规划和实施网络安全建设，落实国家网络安全政策和标准要求。

四是公安机关要按照"打防管控"一体化的思路，监督、检查、指导本地智慧城市网络安全建设和管理工作，建设网上网下密切配合的网络社会治安综合防控体系。

2. 全面落实信息安全等级保护制度，严格全流程网络安全管理

在智慧城市重要信息系统规划设计、建设实施、运行管理的全流程中，网络与信息系统的建设、运维和运营使用方，应当按照国家信息安全等级保护政策要求和标准要求，同步规划、同步设计、同步实施网络安全保护措施。

一是在信息系统规划设计阶段，网络运营者应在公安机关和专家的指导下，合理确定信息系统安全保护等级，并到公安机关备案。

二是网络运营者应根据国家信息安全等级保护相关标准规范，制定信息系统安全建设方案，经专家评审，组织实施。

三是在建设实施阶段，公安机关应当会同有关部门，对信息系统建设方案及网络安全技术、设备、产品和服务提供商进行安全审查，确保产品和服务安全可控，并监督指导建设单位同步建设安全保护措施。

四是在验收阶段，网络运营者应选择符合条件的测评机构开展等级测评，等级测评通过的方可申请验收。

五是在运维阶段，网络运营者应加强安全管理，定期开展自查、安全监测和等级测评，排查安全隐患和风险并及时整改，确保网络基础设施、重要信息系统安全稳定运行和重要数据资源安全。

3. 突出重点，加强智慧城市重要信息系统和关键数据资源的安全保障

党政部门、金融、交通、能源、电信、公共安全、公用事业等重点行业部门的网络设施、重要信息系统和大数据的安全是网络安全保障的重中之重。各地区要统筹谋划，针对网络安全威胁、隐患和薄弱环节，加强重点保护对象的安全防护和保障。

一是公安机关要会同有关部门梳理汇总重要网络设施、重要信息系统、重要数据资源等重点保护对象名录，将其所在单位确定为"网络安全重点保卫单位"，明确和落实其网络安全保护责任。

二是公安机关和有关部门要加强对重要信息系统及数据资源的安全监管和保障，公安机关要定期对重点保卫单位开展网络安全执法检查，发现问题应及时督促整改。

三是政府统筹，针对智慧城市建设中新技术、新应用带来的风险和隐患，建设智慧城市网络信任体系、容灾备份体系、监控审计体系、检测与防护体系、应急指挥体系等，建立重要数据信息使用和安全评价机制，着力解决云计算虚拟化与集约化、物联网感知与传输、智能位置服务、海量数据存储应用、移动互联应用、安防视频监控

等方面的突出安全问题，为网络基础设施、重要信息系统、重要数据资源安全和服务安全提供可靠保障。

4. 加强安全监测和通报预警，全力提高抵御网络安全风险和应急响应的能力

各地要将网络安全应急纳入城市应急管理体系。公安机关和重要行业主管部门要加强对通报预警和应急工作的指导。

一是网络安全重点保卫单位要建立健全网络设施、重要业务系统、政府网站、重点新闻和商业网站、云计算中心、大数据中心、社会服务平台等的突发网络安全事件应急指挥机制，制定应急预案并定期开展应急演练，提高应急处置能力。

二是各地建立以公安机关牵头，重要部门、企业和专家参与的网络安全通报预警机制。公安机关建设网络安全态势感知监测和通报预警系统，组织开展安全监测预警和通报应急工作，提高智慧城市网络安全防范控制能力。

三是网络安全重点保卫单位一旦发生重大网络安全案事件（事故），必须第一时间向公安机关和政府报告，并启动应急预案进行处置。公安机关应指导、协助开展应急处置工作，并及时开展侦查调查和督促整改工作。

5. 加强安全监管，全面提升智慧城市网络安全综合防控能力

公安机关要充分发挥职能作用，增强大局意识和服务意识，认真开展智慧城市网络安全监管工作，严厉打击各种网络违法犯罪活动。

一是要摸清本市网络安全重点保卫单位和重点保护对象的底数，做到"底数清，情况明"，建立基本数据台账并入库。

二是要与网络安全重点保卫单位签订安全责任书，将安全责任落实到单位领导和具体人员。定期对网络安全重点保卫单位、安全服务商等开展检查，督促、指导有关单位、部门落实安全保护措施和安全责任制。

三是要加强互联网安全监管，督促指导互联网企业建立安全巡查制度，落实认证审计、用户日志留存、违法有害信息屏蔽过滤等技术措施。

四是要充分利用技术手段和社会资源，建立网络安全监测体系，对所有政府网

站、重点新闻网站、大型商业网站及社会服务平台等开展安全监测，及时发现安全漏洞、隐患和攻击窃密行为，并及时通报、处置、督促整改。

五是要加强侦查打击，对攻击重点保护对象的违法犯罪行为要及时开展侦查调查，严厉打击网络攻击、网络盗窃等违法犯罪活动，有效维护网络安全和网络秩序。

6. 建立评价激励机制，加强智慧城市网络安全评价考核工作

公安机关根据智慧城市网络安全工作的需要，将网站安全防护、网络和信息系统安全保护、安全监测、通报预警、应急处置、互联网安全管理、重要数据资源安全等工作及安全保护能力等作为指标，制定网络安全评价考核标准，建立评价工作机制，对智慧城市网络安全保障能力进行评估。要将智慧城市网络安全评价考核工作与中央综治工作（平安建设）考核及政府部门绩效考核密切结合，落实各级政府部门的网络安全保障责任。同时，公安机关要会同有关部门，建立智慧城市网络安全激励机制，及时总结网络安全建设经验和做法，树立典型，采取多种形式加强宣传和推广，全面推进智慧城市网络安全保障工作。

9.1.4   智慧城市网络安全管理的保障措施

1. 加强组织领导

各地区、各部门要高度重视智慧城市网络安全工作，加强对网络安全工作的领导。党委、政府要把网络安全工作作为"一把手工程"来抓，加强统筹和顶层设计，制定网络安全专项规划，在政策、机制、方法上加强创新，着力解决智慧城市网络安全建设中面临的突出困难和问题。

2. 加强经费人员保障

各地区、各部门在开展网络系统建设的同时，要同步保障网络安全资金投入，并将网络安全建设经费纳入智慧城市总体建设经费和运维的年度预算。加强机构和人员保障，重要部门要成立专门的网络安全机构，重要网络安全岗位要配备专人。

3. 加强宣传教育培训

要加大宣传教育力度，提高智慧城市网络安全规划、建设、管理、维护、服务等人员的风险意识、责任意识。要建立培训制度，定期对领导和有关人员开展培训，确保国家网络安全政策、标准要求落到实处。

4. 鼓励社会各方积极参与

要充分调动各方积极性，充分发挥信息安全企业、安全测评机构和专家的支持作用，将优质资源、人才、资金引入网络安全领域，为智慧城市网络安全顶层设计、安全规划和建设等提供支持。加强在安全保护策略、技术、产品等方面的改革创新，提高智慧城市网络安全技术保障能力和水平。

9.2　重点网站安全专项整治

9.2.1　开展网站安全专项整治的目的

党政机关、事业单位和国有企业互联网网站是各级人民政府及其所属单位履行职能、面向社会提供服务的重要手段和渠道，在提高行政效能、提升政府公信力等方面发挥着日益重要的作用。近年来，各级党政机关、事业单位和国有企业按照国家网络安全相关规定，切实加强网站安全管理和技术防护，基本保证了网站的正常运转。但也应看到，当前党政机关、事业单位和国有企业网站安全管理工作不规范，安全保护责任和防护措施不落实，安全漏洞和隐患还比较突出；基层党政机关和企事业单位数量众多，网站规模小且分散，安全管理和防护能力较弱，安全管理和防护能力差；网站安全监测能力和应急处置能力不强，网站被攻击后的应急恢复与保障不到位。这些安全问题的存在，也直接导致党政机关、事业单位和国有企业网站遭受网络攻击和篡改，严重影响和损害党和政府及企事业单位形象，甚至危及国家安全和社会稳定。

为贯彻中央领导同志关于网站安全的一系列重要指示精神，进一步落实《关于加强党政机关网站安全管理的通知》（中网办发文〔2014〕1 号），提高党政机构、事业单位和国有企业互联网网站安全防护水平，防范和打击境内外不法分子攻击、篡改和破坏网站安全的违法犯罪活动，维护党政机关、事业单位和国有企业互联网网站安全稳定运行，保障国家网络安全和国家安全，公安部、中央网信办、中央机构编制委员会办公室、工信部联合制定下发了《党政机关、事业单位和国有企业互联网网站安全专项整治行动方案》（公信安〔2015〕2562 号），决定自 2015 年 9 月至 2016 年 6 月在全国范围内开展党政机关、事业单位和国有企业互联网网站安全专项整治行动。通过开展重点网站安全专项整治行动，使各地区、各部门高度重视网站安全工作，采取有效的管理和技术措施提高网站安全防护能力，并以此固化网站安全管理机制、措施和办法。

9.2.2　网站安全专项整治的指导思想和工作目标

按照习近平总书记等中央领导同志关于网络安全工作的重要指示精神，坚持重点整治与源头治理相结合、安全管理与技术防范相结合、督促整改与依法打击相结合，建立完善党政机关、事业单位和国有企业网站安全保护工作机制，进一步落实网站开办审核、上线前安全检测、网站群建设等综合防护措施，加强网站安全监测和应急处置，严厉打击攻击破坏网站安全的违法犯罪行为，使党政机关、事业单位和国有企业互联网网站安全责任有效落实，安全管理水平明显提高，安全技术防范能力明显增强，抵御攻击、篡改、破坏的能力显著增强，安全事件（事故）明显减少，网站运行安全和数据安全得到切实保障。

9.2.3　网站安全专项整治的工作任务和具体措施

1. 进一步落实党政机关和事业单位网站开办审核工作

各级机构编制部门会同同级网信部门负责党政机关、事业单位网站的开办审核和资格复核工作，进一步规范党政机关、事业单位网站域名和网站名称。2015 年年底前，各级机构编制部门会同同级网信部门组织完成存量党政机关、事业单位网站开办资格复核，及时清理没有通过资格复核的已注册党政机关、事业单位网站域名，并由通信主管部门取消网站原备案资格。

2. 进一步开展党政机关和事业单位网站统一标识工作

推进完善党政机关和事业单位网站标识规范使用工作，统一网站标识、统一使用规范、统一管理要求。同时，加强宣传培训和检查督促，确保党政机关和事业单位网站统一标识工作的落实。对新开设的党政机关和事业单位网站，将网站标识制度与网站备案制度结合起来，同步落实，确保上线网站统一标识并办理网站备案手续。对已经投入运行的网站进行梳理，于 2015 年年底前完成网站统一标识工作，对不符合网站标识及网站备案制度要求的网站集中进行督办。

3. 督促指导党政机关、事业单位和国有企业开展网站群建设

各级公安机关、网信部门、通信主管部门、机构编制部门指导、督促各行业主管（监管）部门、地方党委政府、事业单位分类组织开展网站群建设，鼓励、引导国有企业开展网站群建设，保障网站群建设经费，将分散的小网站归并为网站群，对网站进行统一管理、统一防护、统一监测，从根本上解决网站"有人建，没人管；有人用，没人防"及被动防护、屡遭攻击篡改等突出问题。纵向直管的行业，可将各级网站上收到总部，建设统一的机房、软件平台，使众多小网站变成群组。地方党政机关、事业单位和国有企业，可将区域内有关部门的网站归并为网站群，也可利用私有云技术，在不归并网站物理设施的情况下实现网站群建设要求。

4. 全面加强党政机关、事业单位和国有企业网站安全保护工作

各级网信部门、公安机关、通信主管部门等要依据职责监督、检查、指导同级党政机关、事业单位和国有企业按照"谁主管，谁负责；谁运营，谁负责"的原则，明确网站安全保护责任，并按照国家网络安全法律政策和信息安全等级保护制度要求，建立并落实安全管理制度和责任追究制度，建设安全防护技术措施，加强网站安全监测、测评和检查，查找网站安全隐患并及时整改，落实网站防攻击、防篡改、防挂马等关键技术防范措施，组织开展应急演练，提高网站抵御攻击破坏的能力。党政机关、事业单位和国有企业已建网站必须按照国家信息安全等级保护制度要求开展定级，并到公安机关备案；选择符合要求的等级测评机构进行安全测评，对发现的问题、隐患及时进行整改。基础电信企业的网站应向同级通信管理部门备案，由通信管

理部门向同级公安机关报备。新建网站要同步落实安全保护措施，满足基本安全保护要求的方可上线运行。

5. 全面加强党政机关、事业单位和国有企业网站的安全监测、应急处置和责任追究

各级网信部门、公安机关、通信主管部门要充分利用技术手段和社会资源，加强党政机关、事业单位和国有企业网站的安全监测、通报预警和应急处置工作，指导有关技术支持单位支持协助网站开办单位做好网站安全保护工作。同时，要督促网站开办单位加强网站安全监测，制定网站安全应急处置预案，健全完善网站应急保障措施，定期开展应急演练，及时处置网站安全事件（事故）。

网站遭攻击篡改时，要第一时间向行业主管（监管）部门报告并启动应急预案，同时向受理备案的公安机关报案，开展应急恢复，重大事件及时报同级网信部门。公安机关要第一时间赶赴现场，查封相关设备，固定证据，立案侦查。对于因违反相关规定、失职渎职等造成的安全事件，要通报当地党委政府、上级主管（监管）部门，进行责任倒查，追究相关人员的责任。

6. 严厉打击攻击破坏党政机关、事业单位和国有企业网站的违法犯罪行为

各级公安机关要针对非法入侵控制党政机关、事业单位和国有企业网站牟取利益或从事非法活动，非法提供入侵控制计算机信息系统程序工具，以及买卖信息系统数据和系统控制权限等违法犯罪活动，组织开展专项打击。对人民群众反映强烈、社会危害较大的重大网络违法犯罪案件，由公安部统一挂牌督办，组织精干力量快侦快破；对涉及境外的重大网络违法犯罪线索，要及时固定证据并上报公安部，由公安部通过国际司法合作开展侦查打击。

9.2.4　网站安全专项整治的工作要求

1. 提高思想认识，精心组织安排

各相关部门要从维护国家安全和网络空间安全的高度，充分认识开展专项整治行动的重要性和紧迫性，制定专项整治实施方案，明确专项整治工作的主管领导、牵

头部门和责任人、联系人，加强组织领导和统筹协调，加强经费保障和人员保障，确保各项工作任务落到实处。

2. 加强协调配合，形成工作合力

为加强对专项整治行动的组织协调，公安部会同中央网信办、中央机构编制委员会办公室、工业和信息化部成立专项整治行动领导小组，各省、自治区、直辖市和兵团也要建立相应的领导小组，加强协调配合和信息共享，及时会商研究重要事项，全面领导本地区专项整治行动的开展。

3. 加强宣传培训，树立典型示范

各相关部门要认真做好专项整治行动的宣传引导，提高各单位、各部门对网站安全保护工作的重视程度和投入力度。各级公安机关要会同相关部门，组织开展网站安全管理和技术防护业务培训，提高网站安全责任人的工作能力，并总结网站安全保护和网站群建设的典型经验，树立工作典范，加强宣传推广。

4. 加强督促报告，建立长效机制

各相关部门要加强对地方专项整治行动的督促指导，及时总结专项整治行动工作开展情况，及时向中央网络安全和信息化领导小组报告阶段工作情况，确保专项整治行动工作任务和措施的贯彻落实。同时，要指导各级党委政府和行业主管（监管）部门统筹规划本地区、本行业党政机关、事业单位和国有企业网站建设，建立网站安全保护工作长效机制。

9.2.5 公安机关在网站安全专项整治行动中的工作要求

各级公安机关要按照《关于开展党政机关、事业单位和国有企业互联网网站安全专项整治行动的通知》（公信安〔2015〕2855 号）的要求，抓紧组织、部署本地开展党政机关、事业单位和国有企业互联网网站安全专项整治行动。

1. 认真贯彻落实有关文件和会议精神

公安机关会同网信办、编办、通信（信息化）主管部门，研究制定本地党政机

关、事业单位和国有企业互联网网站安全专项整治行动方案，明确工作任务，制定实施计划。

2. 牵头做好专项整治行动的领导协调工作

公安机关与网信办、编办、通信（信息化）主管部门沟通联系，了解掌握其专项整治行动的具体实施计划和工作要求。要求领导小组成员单位按照四部委专项整治行动方案的总体部署，组织实施本地、本行业相关任务的落实。公安机关切实承担牵头任务，与网信办、编办、通信（信息化）主管部门密切配合，形成合力，全力落实专项整治行动各项任务的要求。

3. 指导国资监管、金融、电力、教育、卫生、交通等重点行业开展专项整治行动

指导国资监管、金融、电力、教育、卫生、交通等重点行业制定网站专项整治具体实施计划，明确对本地党政机关、中央企业、国有企业、企事业单位网站安全专项整治工作的具体要求，及时掌握本地各有关单位网站安全专项整治工作组织部署情况。对部署工作进展缓慢的单位，要加强督促和指导。

4. 全面梳理党政机关、事业单位和国有企业网站的底数，落实网站信息安全等级保护工作

组织开展本地党政机关、事业单位和国有企业网站的梳理摸底工作，全面掌握网站底数。监督、检查、指导党政机关、事业单位和国有企业网站落实信息安全等级保护制度要求，落实网站定级、备案、安全测评和整改工作，提高网站的安全保护能力和水平。

5. 督促、指导有关行业部门开展网站群建设

组织信息安全企业开展网站群建设技术研究，利用云计算、大数据技术，采用网站物理集中或逻辑集中方式，支持、指导各行业主管（监管）部门、地方党委政府、事业单位、国有企业分类开展网站群建设，减少互联网出口，实现网站群的统一管理、统一监测、统一防护，提高网站抵御黑客攻击篡改的能力。会同网信、编办、通

信（信息化）主管部门，及时总结网站群建设典型经验，开展经验交流，带动本地网站群建设工作的开展。

6. 推进网站技术检测、安全监测和通报预警工作

充分利用技术手段和社会资源，加强党政机关、事业单位和国有企业网站的技术检测、安全监测和通报预警工作。建立本地网站日常安全监测和预警工作机制，及时发现网站安全漏洞隐患并开展处置。督促网站开办单位加强网站安全监测，网站遭受攻击篡改，要第一时间向行业主管（监管）部门报告并启动应急预案，同时向受理备案的公安机关报告。公安机关网安部门发现、接报网站重大安全事件后，要第一时间赶赴现场开展侦查调查。对于因违反相关规定、失职渎职等造成的网络安全事件，公安机关要通报当地党委政府、上级主管（监管）部门进行责任倒查，追究相关人员的责任。

7. 积极发现并树立典型，及时召开现场会进行经验推广

积极会同本地网信、编办、通信（信息化）主管部门，深入开展调研，结合检查工作，及时发现并树立本地网站安全保护的典型，总结经验，召开现场会进行经验推广。

8. 集中开展党政机关、事业单位和国有企业网站安全专项检查

按照统一部署和专项整治行动方案要求，各地公安机关网安部门会同网信、编办、通信主管部门重点对本地相关网站开办资格、统一标识、网站群建设、网站安全防护状况及网站信息安全等级保护工作落实等情况进行督导检查，发现工作中的问题并督促整改。

9. 严厉打击攻击破坏党政机关、事业单位和国有企业网站的违法犯罪行为

要针对非法入侵控制党政机关、事业单位和国有企业网站牟取利益或从事非法活动，非法提供入侵控制计算机信息系统程序工具，以及买卖信息系统数据和系统控制权限等违法犯罪活动，继续加强专项打击工作。公安部将挂牌督办一批人民群众反映强烈、社会危害较大的重大网络违法犯罪案件。

9.3　电子邮件系统安全专项整治

9.3.1　开展电子邮件系统安全专项整治行动的目的

　　为贯彻落实中央领导同志关于电子邮件系统安全保护工作的重要指示精神，进一步落实《网络安全法》《保守国家秘密法》和网络安全等级保护制度，切实加强党政机关、事业单位和国有企业互联网电子邮件系统安全管理和防护，公安部、工业和信息化部、国家保密局决定，自 2017 年 10 月至 2018 年 12 月，在全国范围内组织开展党政机关、事业单位和国有企业互联网电子邮件系统安全专项整治行动，制定下发了《党政机关事业单位和国有企业互联网电子邮件系统安全专项整治行动方案》。

　　根据国家网络安全和保密工作有关法律法规规定，按照"摸底数、清状况、排隐患、抓整改"总要求，坚持排查整治与源头治理相结合、安全管理与技术防范相结合、督促整改与依法打击相结合，建立完善党政机关、事业单位和国有企业电子邮件系统网络安全保护工作机制，督促指导使用单位落实国家网络安全等级保护制度，进一步规范互联网电子邮件系统应用、系统上线前安全检测、云邮件系统建设等综合防护措施，组织制定邮件系统安全标准，严厉打击攻击破坏邮件系统安全的违法犯罪行为，推动党政机关、事业单位和国有企业互联网电子邮件系统安全责任有效落实，安全管理水平明显提高，安全技术防范能力明显增强，安全事件（事故）明显减少，各种违规行为得到有效遏制，切实保障互联网电子邮件系统运行安全和数据安全。

9.3.2　开展电子邮件系统安全保护工作的重要性

　　随着电子政务的应用和普及，电子邮件系统已经成为党政机关、事业单位和国有企业工作人员进行办公联系和业务交流的主要手段。近年来，各单位、各部门使用自建或购买企业级邮件系统交流工作信息已成为常态，虽然邮件系统自身具备一定的反垃圾、防病毒和内容过滤等基本安全保护功能，但利用邮件系统漏洞、邮箱盗号、钓鱼邮件等手段攻击电子邮件系统，进行网络入侵窃密，进而渗透攻击单位内网，获取更高控制权限，已经成为境内外情报机关、不法分子进行网络攻击窃密的主要手段，已经成为影响国家政治、经济安全的突出安全问题。各单位、各部门一定要从维护国家安全的高度，充分认识做好此次专项整治行动的重要性和紧迫性，切实按照公安部、工信部和国家保密局的工作部署，组织开展好各项工作。

从邮件系统引发的重大网络安全事件情况看，邮件攻击主要有以下特点。

一是邮件攻击成本低，容易实施，回报高。从近年来国内外发生的重大网络安全事件看，邮件攻击成为网络攻击窃密的重要手段和渠道。与利用"零日"漏洞实施的网络攻击相比，对重要敏感目标邮件系统实施入侵攻击不仅成本低、技术难度小、容易实施，而且一旦成功可获取"高额回报"，因而被黑客组织作为首选攻击方式。

二是邮件系统已成为攻击关键信息基础设施的主要通道。为了保持互联互通，邮件服务器的收发端口往往是单位内网唯一与互联网连接的网络端口，因而成为黑客组织入侵攻击关键信息基础设施并实施控制、破坏的主要通道。

三是通过邮件系统窃取党政要员个人信息已经成为网络窃密的主要目标。同时，通过邮件系统获取党政要员个人信息已经成为黑客攻击的主要目标。

四是邮件系统安全直接影响国家经济安全。近年来，利用邮件系统传播的勒索软件和邮件欺诈等频繁发生，给我国经济安全造成了极大损失。

五是邮件系统已经成为网络入侵窃密的主要目标。邮件系统作为业务联系的主要工具，因为使用者缺乏安全意识，存储有大量敏感信息，成为境内外入侵窃密的主要目标。从公安机关、国家安全机关、国家保密部门掌握的情况看，我国始终是境外实施网络入侵攻击的重点对象和目标，我国电力、金融、军工、新闻宣传等领域的邮件系统被攻击控制现象时有发生，造成大量工作数据信息被窃。

9.3.3　电子邮件系统在建设、应用和安全保护方面存在的问题和隐患

重要行业部门对邮件系统安全性的重视不够，安全保护措施和投入不足；邮件系统本身安全设计存在缺陷，缺少用户身份认证、传输数据加密、恶意程序检测、防暴力破解等相关安全保护功能；邮件系统管理人员和用户安全意识薄弱。对钓鱼邮件防范意识较差，使用预置口令、弱口令等情况突出；部分单位工作人员未严格遵守保密

相关规定，擅自使用互联网邮件、移动客户端邮件发送、接收敏感和涉密文件；邮件系统自身还存在很多安全漏洞，党政机关邮件系统"重建设、重应用，轻管理、轻防护"的现象还比较突出。

9.3.4　电子邮件系统安全专项整治行动的具体任务

一是梳理排查互联网电子邮件系统底数、安全保护状况和生产企业等基本情况。二是加强对电子邮件系统研发、生产、应用等全流程安全管理工作。三是督促指导党政机关、事业单位和国有企业集中建设电子邮件系统。四是全面加强党政机关、事业单位和国有企业电子邮件系统网络安全等级保护工作。五是组织制定邮件系统安全标准规范和市场准入条件。六是严厉打击入侵攻击党政机关和重要行业部门邮件系统的违法犯罪活动。

电子邮件系统安全专项整治行动的工作要求：一是提高思想认识，精心组织安排；二是加强协调配合，形成工作合力；三是加强宣传培训，树立典型示范；四是加强督促报告，建立长效机制。

附录 A　中华人民共和国网络安全法

目录

第一章　总则

第一条　为了保障网络安全，维护网络空间主权和国家安全、社会公共利益，保护公民、法人和其他组织的合法权益，促进经济社会信息化健康发展，制定本法。

第二条　在中华人民共和国境内建设、运营、维护和使用网络，以及网络安全的监督管理，适用本法。

第三条　国家坚持网络安全与信息化发展并重，遵循积极利用、科学发展、依法管理、确保安全的方针，推进网络基础设施建设和互联互通，鼓励网络技术创新和应用，支持培养网络安全人才，建立健全网络安全保障体系，提高网络安全保护能力。

第四条　国家制定并不断完善网络安全战略，明确保障网络安全的基本要求和主要目标，提出重点领域的网络安全政策、工作任务和措施。

第五条　国家采取措施，监测、防御、处置来源于中华人民共和国境内外的网络安全风险和威胁，保护关键信息基础设施免受攻击、侵入、干扰和破坏，依法惩治网络违法犯罪活动，维护网络空间安全和秩序。

第六条　国家倡导诚实守信、健康文明的网络行为，推动传播社会主义核心价值观，采取措施提高全社会的网络安全意识和水平，形成全社会共同参与促进网络安全的良好环境。

第七条　国家积极开展网络空间治理、网络技术研发和标准制定、打击网络违法犯罪等方面的国际交流与合作，推动构建和平、安全、开放、合作的网络空间，建立多边、民主、透明的网络治理体系。

第八条　国家网信部门负责统筹协调网络安全工作和相关监督管理工作。国务院电信主管部门、公安部门和其他有关机关依照本法和有关法律、行政法规的规定，在各自职责范围内负责网络安全保护和监督管理工作。

县级以上地方人民政府有关部门的网络安全保护和监督管理职责，按照国家有关规定确定。

第九条　网络运营者开展经营和服务活动，必须遵守法律、行政法规，尊重社会公德，遵守商业道德，诚实信用，履行网络安全保护义务，接受政府和社会的监督，承担社会责任。

第十条　建设、运营网络或者通过网络提供服务，应当依照法律、行政法规的规定和国家标准的强制性要求，采取技术措施和其他必要措施，保障网络安全、稳定运行，有效应对网络安全事件，防范网络违法犯罪活动，维护网络数据的完整性、保密性和可用性。

第十一条　网络相关行业组织按照章程，加强行业自律，制定网络安全行为规范，指导会员加强网络安全保护，提高网络安全保护水平，促进行业健康发展。

第十二条　国家保护公民、法人和其他组织依法使用网络的权利，促进网络接入普及，提升网络服务水平，为社会提供安全、便利的网络服务，保障网络信息依法有序自由流动。

任何个人和组织使用网络应当遵守宪法法律，遵守公共秩序，尊重社会公德，不得危害网络安全，不得利用网络从事危害国家安全、荣誉和利益，煽动颠覆国家政权、推翻社会主义制度，煽动分裂国家、破坏国家统一，宣扬恐怖主义、极端主义，宣扬民族仇恨、民族歧视，传播暴力、淫秽色情信息，编造、传播虚假信息扰乱经济秩序和社会秩序，以及侵害他人名誉、隐私、知识产权和其他合法权益等活动。

第十三条　国家支持研究开发有利于未成年人健康成长的网络产品和服务，依法惩治利用网络从事危害未成年人身心健康的活动，为未成年人提供安全、健康的网络环境。

第十四条　任何个人和组织有权对危害网络安全的行为向网信、电信、公安等部门举报。收到举报的部门应当及时依法作出处理；不属于本部门职责的，应当及时移送有权处理的部门。

有关部门应当对举报人的相关信息予以保密，保护举报人的合法权益。

第二章　网络安全支持与促进

第十五条　国家建立和完善网络安全标准体系。国务院标准化行政主管部门和国务院其他有关部门根据各自的职责，组织制定并适时修订有关网络安全管理以及网络产品、服务和运行安全的国家标准、行业标准。

国家支持企业、研究机构、高等学校、网络相关行业组织参与网络安全国家标准、行业标准的制定。

第十六条　国务院和省、自治区、直辖市人民政府应当统筹规划，加大投入，扶持重点网络安全技术产业和项目，支持网络安全技术的研究开发和应用，推广安全可信的网络产品和服务，保护网络技术知识产权，支持企业、研究机构和高等学校等参与国家网络安全技术创新项目。

第十七条　国家推进网络安全社会化服务体系建设，鼓励有关企业、机构开展网络安全认证、检测和风险评估等安全服务。

第十八条　国家鼓励开发网络数据安全保护和利用技术，促进公共数据资源开放，推动技术创新和经济社会发展。

国家支持创新网络安全管理方式，运用网络新技术，提升网络安全保护水平。

第十九条　各级人民政府及其有关部门应当组织开展经常性的网络安全宣传教育，并指导、督促有关单位做好网络安全宣传教育工作。

大众传播媒介应当有针对性地面向社会进行网络安全宣传教育。

第二十条　国家支持企业和高等学校、职业学校等教育培训机构开展网络安全相关教育与培训，采取多种方式培养网络安全人才，促进网络安全人才交流。

第三章　网络运行安全

第一节　一般规定

第二十一条　国家实行网络安全等级保护制度。网络运营者应当按照网络安全等级保护制度的要求，履行下列安全保护义务，保障网络免受干扰、破坏或者未经授权的访问，防止网络数据泄露或者被窃取、篡改：

（一）制定内部安全管理制度和操作规程，确定网络安全负责人，落实网络安全保护责任；

（二）采取防范计算机病毒和网络攻击、网络侵入等危害网络安全行为的技术措施；

（三）采取监测、记录网络运行状态、网络安全事件的技术措施，并按照规定留存相关的网络日志不少于六个月；

（四）采取数据分类、重要数据备份和加密等措施；

（五）法律、行政法规规定的其他义务。

第二十二条　网络产品、服务应当符合相关国家标准的强制性要求。网络产品、服务的提供者不得设置恶意程序；发现其网络产品、服务存在安全缺陷、漏洞等风险时，应当立即采取补救措施，按照规定及时告知用户并向有关主管部门报告。

网络产品、服务的提供者应当为其产品、服务持续提供安全维护；在规定或者当事人约定的期限内，不得终止提供安全维护。

网络产品、服务具有收集用户信息功能的，其提供者应当向用户明示并取得同意；涉及用户个人信息的，还应当遵守本法和有关法律、行政法规关于个人信息保护的规定。

第二十三条　网络关键设备和网络安全专用产品应当按照相关国家标准的强制性要求，由具备资格的机构安全认证合格或者安全检测符合要求后，方可销售或者提供。国家网信部门会同国务院有关部门制定、公布网络关键设备和网络安全专用产品目录，并推动安全认证和安全检测结果互认，避免重复认证、检测。

第二十四条　网络运营者为用户办理网络接入、域名注册服务，办理固定电话、移动电话等入网手续，或者为用户提供信息发布、即时通信等服务，在与用户签订协议或者确认提供服务时，应当要求用户提供真实身份信息。用户不提供真实身份信息的，网络运营者不得为其提供相关服务。

国家实施网络可信身份战略，支持研究开发安全、方便的电子身份认证技术，推动不同电子身份认证之间的互认。

第二十五条　网络运营者应当制定网络安全事件应急预案，及时处置系统漏洞、计算机病毒、网络攻击、网络侵入等安全风险；在发生危害网络安全的事件时，立即启动应急预案，采取相应的补救措施，并按照规定向有关主管部门报告。

第二十六条　开展网络安全认证、检测、风险评估等活动，向社会发布系统漏洞、计算机病毒、网络攻击、网络侵入等网络安全信息，应当遵守国家有关规定。

第二十七条　任何个人和组织不得从事非法侵入他人网络、干扰他人网络正常功能、窃取网络数据等危害网络安全的活动；不得提供专门用于从事侵入网络、干扰网络正常功能及防护措施、窃取网络数据等危害网络安全活动的程序、工具；明知他人从事危害网络安全的活动的，不得为其提供技术支持、广告推广、支付结算等帮助。

第二十八条　网络运营者应当为公安机关、国家安全机关依法维护国家安全和侦查犯罪的活动提供技术支持和协助。

第二十九条　国家支持网络运营者之间在网络安全信息收集、分析、通报和应急处置等方面进行合作，提高网络运营者的安全保障能力。

有关行业组织建立健全本行业的网络安全保护规范和协作机制，加强对网络安全风险的分析评估，定期向会员进行风险警示，支持、协助会员应对网络安全风险。

第三十条　网信部门和有关部门在履行网络安全保护职责中获取的信息，只能用于维护网络安全的需要，不得用于其他用途。

第二节　关键信息基础设施的运行安全

第三十一条　国家对公共通信和信息服务、能源、交通、水利、金融、公共服务、电子政务等重要行业和领域，以及其他一旦遭到破坏、丧失功能或者数据泄露，可能严重危害国家安全、国计民生、公共利益的关键信息基础设施，在网络安全等级保护制度的基础上，实行重点保护。关键信息基础设施的具体范围和安全保护办法由国务院制定。

国家鼓励关键信息基础设施以外的网络运营者自愿参与关键信息基础设施保护体系。

第三十二条　按照国务院规定的职责分工，负责关键信息基础设施安全保护工作的部门分别编制并组织实施本行业、本领域的关键信息基础设施安全规划，指导和监督关键信息基础设施运行安全保护工作。

第三十三条　建设关键信息基础设施应当确保其具有支持业务稳定、持续运行的性能，并保证安全技术措施同步规划、同步建设、同步使用。

第三十四条　除本法第二十一条的规定外，关键信息基础设施的运营者还应当履行下列安全保护义务：

（一）设置专门安全管理机构和安全管理负责人，并对该负责人和关键岗位的人员进行安全背景审查；

（二）定期对从业人员进行网络安全教育、技术培训和技能考核；

（三）对重要系统和数据库进行容灾备份；

（四）制定网络安全事件应急预案，并定期进行演练；

（五）法律、行政法规规定的其他义务。

第三十五条　关键信息基础设施的运营者采购网络产品和服务，可能影响国家安全的，应当通过国家网信部门会同国务院有关部门组织的国家安全审查。

第三十六条　关键信息基础设施的运营者采购网络产品和服务，应当按照规定与提供者签订安全保密协议，明确安全和保密义务与责任。

第三十七条　关键信息基础设施的运营者在中华人民共和国境内运营中收集和产生的个人信息和重要数据应当在境内存储。因业务需要，确需向境外提供的，应当按照国家网信部门会同国务院有关部门制定的办法进行安全评估；法律、行政法规另有规定的，依照其规定。

第三十八条　关键信息基础设施的运营者应当自行或者委托网络安全服务机构对其网络的安全性和可能存在的风险每年至少进行一次检测评估，并将检测评估情况和改进措施报送相关负责关键信息基础设施安全保护工作的部门。

第三十九条　国家网信部门应当统筹协调有关部门对关键信息基础设施的安全保护采取下列措施：

（一）对关键信息基础设施的安全风险进行抽查检测，提出改进措施，必要时可以委托网络安全服务机构对网络存在的安全风险进行检测评估；

（二）定期组织关键信息基础设施的运营者进行网络安全应急演练，提高应对网络安全事件的水平和协同配合能力；

（三）促进有关部门、关键信息基础设施的运营者以及有关研究机构、网络安全服务机构等之间的网络安全信息共享；

（四）对网络安全事件的应急处置与网络功能的恢复等，提供技术支持和协助。

第四章　网络信息安全

第四十条　网络运营者应当对其收集的用户信息严格保密，并建立健全用户信息保护制度。

第四十一条　网络运营者收集、使用个人信息，应当遵循合法、正当、必要的原则，公开收集、使用规则，明示收集、使用信息的目的、方式和范围，并经被收集者同意。

网络运营者不得收集与其提供的服务无关的个人信息，不得违反法律、行政法规的规定和双方的约定收集、使用个人信息，并应当依照法律、行政法规的规定和与用户的约定，处理其保存的个人信息。

第四十二条　网络运营者不得泄露、篡改、毁损其收集的个人信息；未经被收集者同意，不得向他人提供个人信息。但是，经过处理无法识别特定个人且不能复原的除外。

网络运营者应当采取技术措施和其他必要措施，确保其收集的个人信息安全，防止信息泄露、毁损、丢失。在发生或者可能发生个人信息泄露、毁损、丢失的情况时，应当立即采取补救措施，按照规定及时告知用户并向有关主管部门报告。

第四十三条　个人发现网络运营者违反法律、行政法规的规定或者双方的约定收集、使用其个人信息的，有权要求网络运营者删除其个人信息；发现网络运营者收集、存储的其个人信息有错误的，有权要求网络运营者予以更正。网络运营者应当采取措施予以删除或者更正。

第四十四条　任何个人和组织不得窃取或者以其他非法方式获取个人信息，不得非法出售或者非法向他人提供个人信息。

第四十五条　依法负有网络安全监督管理职责的部门及其工作人员，必须对在履行职责中知悉的个人信息、隐私和商业秘密严格保密，不得泄露、出售或者非法向他人提供。

第四十六条　任何个人和组织应当对其使用网络的行为负责，不得设立用于实施诈骗，传授犯罪方法，制作或者销售违禁物品、管制物品等违法犯罪活动的网站、通讯群组，不得利用网络发布涉及实施诈骗，制作或者销售违禁物品、管制物品以及其他违法犯罪活动的信息。

第四十七条　网络运营者应当加强对其用户发布的信息的管理，发现法律、行政法规禁止发布或者传输的信息的，应当立即停止传输该信息，采取消除等处置措施，防止信息扩散，保存有关记录，并向有关主管部门报告。

第四十八条　任何个人和组织发送的电子信息、提供的应用软件，不得设置恶意程序，不得含有法律、行政法规禁止发布或者传输的信息。

电子信息发送服务提供者和应用软件下载服务提供者，应当履行安全管理义务，知道其用户有前款规定行为的，应当停止提供服务，采取消除等处置措施，保存有关记录，并向有关主管部门报告。

第四十九条　网络运营者应当建立网络信息安全投诉、举报制度，公布投诉、举报方式等信息，及时受理并处理有关网络信息安全的投诉和举报。

网络运营者对网信部门和有关部门依法实施的监督检查，应当予以配合。

第五十条　国家网信部门和有关部门依法履行网络信息安全监督管理职责。

发现法律、行政法规禁止发布或者传输的信息的，应当要求网络运营者停止传输，采取消除等处置措施，保存有关记录；对来源于中华人民共和国境外的上述信息，应当通知有关机构采取技术措施和其他必要措施阻断传播。

第五章　监测预警与应急处置

第五十一条　国家建立网络安全监测预警和信息通报制度。国家网信部门应当统筹协调有关部门加强网络安全信息收集、分析和通报工作，按照规定统一发布网络安全监测预警信息。

第五十二条　负责关键信息基础设施安全保护工作的部门，应当建立健全本行业、本领域的网络安全监测预警和信息通报制度，并按照规定报送网络安全监测预警信息。

第五十三条　国家网信部门协调有关部门建立健全网络安全风险评估和应急工作机制，制定网络安全事件应急预案，并定期组织演练。

负责关键信息基础设施安全保护工作的部门应当制定本行业、本领域的网络安全事件应急预案，并定期组织演练。

网络安全事件应急预案应当按照事件发生后的危害程度、影响范围等因素对网络安全事件进行分级，并规定相应的应急处置措施。

第五十四条　网络安全事件发生的风险增大时，省级以上人民政府有关部门应当按照规定的权限和程序，并根据网络安全风险的特点和可能造成的危害，采取下列措施：

（一）要求有关部门、机构和人员及时收集、报告有关信息，加强对网络安全风险的监测；

（二）组织有关部门、机构和专业人员，对网络安全风险信息进行分析评估，预测事件发生的可能性、影响范围和危害程度；

（三）向社会发布网络安全风险预警，发布避免、减轻危害的措施。

第五十五条　发生网络安全事件，应当立即启动网络安全事件应急预案，对网络安全事件进行调查和评估，要求网络运营者采取技术措施和其他必要措施，消除安全隐患，防止危害扩大，并及时向社会发布与公众有关的警示信息。

第五十六条　省级以上人民政府有关部门在履行网络安全监督管理职责中，发现网络存在较大安全风险或者发生安全事件的，可以按照规定的权限和程序对该网络的运营者的法定代表人或者主要负责人进行约谈。网络运营者应当按照要求采取措施，进行整改，消除隐患。

第五十七条　因网络安全事件，发生突发事件或者生产安全事故的，应当依照《中华人民共和国突发事件应对法》《中华人民共和国安全生产法》等有关法律、行政法规的规定处置。

第五十八条　因维护国家安全和社会公共秩序，处置重大突发社会安全事件的需要，经国务院决定或者批准，可以在特定区域对网络通信采取限制等临时措施。

第六章　法律责任

第五十九条　网络运营者不履行本法第二十一条、第二十五条规定的网络安全保护义务的，由有关主管部门责令改正，给予警告；拒不改正或者导致危害网络安全等后果的，处一万元以上十万元以下罚款，对直接负责的主管人员处五千元以上五万元以下罚款。

关键信息基础设施的运营者不履行本法第三十三条、第三十四条、第三十六条、第三十八条规定的网络安全保护义务的，由有关主管部门责令改正，给予警告；拒不改正或者导致危害网络安全等后果的，处十万元以上一百万元以下罚款，对直接负责的主管人员处一万元以上十万元以下罚款。

第六十条　违反本法第二十二条第一款、第二款和第四十八条第一款规定，有下列行为之一的，由有关主管部门责令改正，给予警告；拒不改正或者导致危害网络安全等后果的，处五万元以上五十万元以下罚款，对直接负责的主管人员处一万元以上十万元以下罚款：

（一）设置恶意程序的；

（二）对其产品、服务存在的安全缺陷、漏洞等风险未立即采取补救措施，或者未按照规定及时告知用户并向有关主管部门报告的；

（三）擅自终止为其产品、服务提供安全维护的。

第六十一条　网络运营者违反本法第二十四条第一款规定，未要求用户提供真实身份信息，或者对不提供真实身份信息的用户提供相关服务的，由有关主管部门责令改正；拒不改正或者情节严重的，处五万元以上五十万元以下罚款，并可以由有关主管部门责令暂停相关业务、停业整顿、关闭网站、吊销相关业务许可证或者吊销营业执照，对直接负责的主管人员和其他直接责任人员处一万元以上十万元以下罚款。

第六十二条　违反本法第二十六条规定，开展网络安全认证、检测、风险评估等活动，或者向社会发布系统漏洞、计算机病毒、网络攻击、网络侵入等网络安全信息的，由有关主管部门责令改正，给予警告；拒不改正或者情节严重的，处一万元以上十万元以下罚款，并可以由有关主管部门责令暂停相关业务、停业整顿、关闭网站、吊销相关业务许可证或者吊销营业执照，对直接负责的主管人员和其他直接责任人员处五千元以上五万元以下罚款。

第六十三条　违反本法第二十七条规定，从事危害网络安全的活动，或者提供专门用于从事危害网络安全活动的程序、工具，或者为他人从事危害网络安全的活动提供技术支持、广告推广、支付结算等帮助，尚不构成犯罪的，由公安机关没收违法所得，处五日以下拘留，可以并处五万元以上五十万元以下罚款；情节较重的，处五日以上十五日以下拘留，可以并处十万元以上一百万元以下罚款。

单位有前款行为的，由公安机关没收违法所得，处十万元以上一百万元以下罚款，并对直接负责的主管人员和其他直接责任人员依照前款规定处罚。

违反本法第二十七条规定，受到治安管理处罚的人员，五年内不得从事网络安全管理和网络运营关键岗位的工作；受到刑事处罚的人员，终身不得从事网络安全管理和网络运营关键岗位的工作。

第六十四条　网络运营者、网络产品或者服务的提供者违反本法第二十二条第三款、第四十一条至第四十三条规定，侵害个人信息依法得到保护的权利的，由有关主管部门责令改正，可以根据情节单处或者并处警告、没收违法所得、处违法所得一倍以上十倍以下罚款，没有违法所得的，处一百万元以下罚款，对直接负责的主管人员和其他直接责任人员处一万元以上十万元以下罚款；情节严重的，并可以责令暂停相关业务、停业整顿、关闭网站、吊销相关业务许可证或者吊销营业执照。

违反本法第四十四条规定，窃取或者以其他非法方式获取、非法出售或者非法向他人提供个人信息，尚不构成犯罪的，由公安机关没收违法所得，并处违法所得一倍以上十倍以下罚款，没有违法所得的，处一百万元以下罚款。

第六十五条　关键信息基础设施的运营者违反本法第三十五条规定，使用未经安全审查或者安全审查未通过的网络产品或者服务的，由有关主管部门责令停止使用，处采购金额一倍以上十倍以下罚款；对直接负责的主管人员和其他直接责任人员处一万元以上十万元以下罚款。

第六十六条　关键信息基础设施的运营者违反本法第三十七条规定，在境外存储网络数据，或者向境外提供网络数据的，由有关主管部门责令改正，给予警告，没收违法所得，处五万元以上五十万元以下罚款，并可以责令暂停相关业务、停业整顿、关闭网站、吊销相关业务许可证或者吊销营业执照；对直接负责的主管人员和其他直接责任人员处一万元以上十万元以下罚款。

第六十七条　违反本法第四十六条规定，设立用于实施违法犯罪活动的网站、通讯群组，或者利用网络发布涉及实施违法犯罪活动的信息，尚不构成犯罪的，由公安机关处五日以下拘留，可以并处一万元以上十万元以下罚款；情节较重的，处五日以上十五日以下拘留，可以并处五万元以上五十万元以下罚款。关闭用于实施违法犯罪活动的网站、通讯群组。

单位有前款行为的，由公安机关处十万元以上五十万元以下罚款，并对直接负责的主管人员和其他直接责任人员依照前款规定处罚。

第六十八条　网络运营者违反本法第四十七条规定，对法律、行政法规禁止发布或者传输的信息未停止传输、采取消除等处置措施、保存有关记录的，由有关主管部门责令改正，给予警告，没收违法所得；拒不改正或者情节严重的，处十万元以上五十万元以下罚款，并可以责令暂停相关业务、停业整顿、关闭网站、吊销相关业务许可证或者吊销营业执照，对直接负责的主管人员和其他直接责任人员处一万元以上十万元以下罚款。

电子信息发送服务提供者、应用软件下载服务提供者，不履行本法第四十八条第二款规定的安全管理义务的，依照前款规定处罚。

第六十九条　网络运营者违反本法规定，有下列行为之一的，由有关主管部门责令改正；拒不改正或者情节严重的，处五万元以上五十万元以下罚款，对直接负责的主管人员和其他直接责任人员，处一万元以上十万元以下罚款：

（一）不按照有关部门的要求对法律、行政法规禁止发布或者传输的信息，采取停止传输、消除等处置措施的；

（二）拒绝、阻碍有关部门依法实施的监督检查的；

（三）拒不向公安机关、国家安全机关提供技术支持和协助的。

第七十条　发布或者传输本法第十二条第二款和其他法律、行政法规禁止发布或者传输的信息的，依照有关法律、行政法规的规定处罚。

第七十一条　有本法规定的违法行为的，依照有关法律、行政法规的规定记入信用档案，并予以公示。

第七十二条　国家机关政务网络的运营者不履行本法规定的网络安全保护义务的，由其上级机关或者有关机关责令改正；对直接负责的主管人员和其他直接责任人员依法给予处分。

第七十三条　网信部门和有关部门违反本法第三十条规定，将在履行网络安全保护职责中获取的信息用于其他用途的，对直接负责的主管人员和其他直接责任人员依法给予处分。

网信部门和有关部门的工作人员玩忽职守、滥用职权、徇私舞弊，尚不构成犯罪的，依法给予处分。

第七十四条　违反本法规定，给他人造成损害的，依法承担民事责任。

违反本法规定，构成违反治安管理行为的，依法给予治安管理处罚；构成犯罪的，依法追究刑事责任。

第七十五条　境外的机构、组织、个人从事攻击、侵入、干扰、破坏等危害中华人民共和国的关键信息基础设施的活动，造成严重后果的，依法追究法律责任；国务院公安部门和有关部门并可以决定对该机构、组织、个人采取冻结财产或者其他必要的制裁措施。

第七章　附则

第七十六条　本法下列用语的含义：

（一）网络，是指由计算机或者其他信息终端及相关设备组成的按照一定的规则和程序对信息进行收集、存储、传输、交换、处理的系统。

（二）网络安全，是指通过采取必要措施，防范对网络的攻击、侵入、干扰、破坏和非法使用以及意外事故，使网络处于稳定可靠运行的状态，以及保障网络数据的完整性、保密性、可用性的能力。

（三）网络运营者，是指网络的所有者、管理者和网络服务提供者。

（四）网络数据，是指通过网络收集、存储、传输、处理和产生的各种电子数据。

（五）个人信息，是指以电子或者其他方式记录的能够单独或者与其他信息结合识别自然人个人身份的各种信息，包括但不限于自然人的姓名、出生日期、身份证件号码、个人生物识别信息、住址、电话号码等。

第七十七条　存储、处理涉及国家秘密信息的网络的运行安全保护，除应当遵守本法外，还应当遵守保密法律、行政法规的规定。

第七十八条　军事网络的安全保护，由中央军事委员会另行规定。

第七十九条　本法自 2017 年 6 月 1 日起施行。

附录 B　信息安全等级保护管理办法

公　安　部
国　家　保　密　局
国　家　密　码　管　理　局　　文件
国务院信息化工作办公室

公通字〔2007〕43 号

关于印发《信息安全等级保护管理办法》的通知

各省、自治区、直辖市公安厅（局）、保密局、国家密码管理局（国家密码管理委员会办公室）、信息化领导小组办公室，新疆生产建设兵团公安局、保密局、国家密码管理局、信息化领导小组办公室，中央和国家机关各部委保密委员会办公室、密码工作领导小组办公室、信息化领导小组办公室，各人民团体保密委员会办公室：

为加快推进信息安全等级保护，规范信息安全等级保护管理，提高信息安全保障能力和水平，维护国家安全、社会稳定和公共利益，保障和促进信息化建设，公安部、国家保密局、国家密码管理局、国务院信息化工作办公室制定了《信息安全等级保护管理办法》。现印发给你们，请认真贯彻执行。

　　　　　　公安部　　　　国家保密局

　　　国家密码管理局　　　国务院信息化工作办公室

　　　　　　二〇〇七年六月二十二日

主题词：信息 安全 等级 保护 管理 办法

抄送：中央办公厅、国务院办公厅。
　　　中央和国家机关各部委、国务院各直属机构、办事机构、事业单位，国务院部
　　　委管理的各国家局。
　　　国家保密局、国家密码管理局、国务院信息化工作办公室有关部门。
　　　公安部党委、部属有关局级单位。

（存档 3 份　共印 2500 份）

公安部办公厅　　　　　　　　　　　　　　2007 年 6 月 26 日印发

承办人：郭启全　　刘　伟　　　　　　　　　　校对：郭启全

信息安全等级保护管理办法

第一章　总则

第一条　为规范信息安全等级保护管理，提高信息安全保障能力和水平，维护国家安全、社会稳定和公共利益，保障和促进信息化建设，根据《中华人民共和国计算机信息系统安全保护条例》等有关法律法规，制定本办法。

第二条　国家通过制定统一的信息安全等级保护管理规范和技术标准，组织公民、法人和其他组织对信息系统分等级实行安全保护，对等级保护工作的实施进行监督、管理。

第三条　公安机关负责信息安全等级保护工作的监督、检查、指导。国家保密工作部门负责等级保护工作中有关保密工作的监督、检查、指导。国家密码管理部门负责等级保护工作中有关密码工作的监督、检查、指导。涉及其他职能部门管辖范围的事项，由有关职能部门依照国家法律法规的规定进行管理。国务院信息化工作办公室及地方信息化领导小组办事机构负责等级保护工作的部门间协调。

第四条　信息系统主管部门应当依照本办法及相关标准规范，督促、检查、指导本行业、本部门或者本地区信息系统运营、使用单位的信息安全等级保护工作。

第五条　信息系统的运营、使用单位应当依照本办法及其相关标准规范，履行信息安全等级保护的义务和责任。

第二章　等级划分与保护

第六条　国家信息安全等级保护坚持自主定级、自主保护的原则。信息系统的安全保护等级应当根据信息系统在国家安全、经济建设、社会生活中的重要程度，信息系统遭到破坏后对国家安全、社会秩序、公共利益以及公民、法人和其他组织的合法权益的危害程度等因素确定。

第七条　信息系统的安全保护等级分为以下五级:

第一级,信息系统受到破坏后,会对公民、法人和其他组织的合法权益造成损害,但不损害国家安全、社会秩序和公共利益。

第二级,信息系统受到破坏后,会对公民、法人和其他组织的合法权益产生严重损害,或者对社会秩序和公共利益造成损害,但不损害国家安全。

第三级,信息系统受到破坏后,会对社会秩序和公共利益造成严重损害,或者对国家安全造成损害。

第四级,信息系统受到破坏后,会对社会秩序和公共利益造成特别严重损害,或者对国家安全造成严重损害。

第五级,信息系统受到破坏后,会对国家安全造成特别严重损害。

第八条　信息系统运营、使用单位依据本办法和相关技术标准对信息系统进行保护,国家有关信息安全监管部门对其信息安全等级保护工作进行监督管理。

第一级信息系统运营、使用单位应当依据国家有关管理规范和技术标准进行保护。

第二级信息系统运营、使用单位应当依据国家有关管理规范和技术标准进行保护。国家信息安全监管部门对该级信息系统信息安全等级保护工作进行指导。

第三级信息系统运营、使用单位应当依据国家有关管理规范和技术标准进行保护。国家信息安全监管部门对该级信息系统信息安全等级保护工作进行监督、检查。

第四级信息系统运营、使用单位应当依据国家有关管理规范、技术标准和业务专门需求进行保护。国家信息安全监管部门对该级信息系统信息安全等级保护工作进行强制监督、检查。

第五级信息系统运营、使用单位应当依据国家管理规范、技术标准和业务特殊安全需求进行保护。国家指定专门部门对该级信息系统信息安全等级保护工作进行专门监督、检查。

第三章　等级保护的实施与管理

第九条　信息系统运营、使用单位应当按照《信息系统安全等级保护实施指南》具体实施等级保护工作。

第十条　信息系统运营、使用单位应当依据本办法和《信息系统安全等级保护定级指南》确定信息系统的安全保护等级。有主管部门的，应当经主管部门审核批准。

跨省或者全国统一联网运行的信息系统可以由主管部门统一确定安全保护等级。

对拟确定为第四级以上信息系统的，运营、使用单位或者主管部门应当请国家信息安全保护等级专家评审委员会评审。

第十一条　信息系统的安全保护等级确定后，运营、使用单位应当按照国家信息安全等级保护管理规范和技术标准，使用符合国家有关规定，满足信息系统安全保护等级需求的信息技术产品，开展信息系统安全建设或者改建工作。

第十二条　在信息系统建设过程中，运营、使用单位应当按照《计算机信息系统安全保护等级划分准则》（GB17859—1999）、《信息系统安全等级保护基本要求》等技术标准，参照《信息安全技术　信息系统通用安全技术要求》（GB/T 20271—2006）、《信息安全技术　网络基础安全技术要求》（GB/T 20270—2006）、《信息安全技术　操作系统安全技术要求》（GB/T 20272—2006）、《信息安全技术　数据库管理系统安全技术要求》（GB/T 20273—2006）、《信息安全技术　服务器技术要求》、《信息安全技术　终端计算机系统安全等级技术要求》（GA/T 671—2006）等技术标准同步建设符合该等级要求的信息安全设施。

第十三条　运营、使用单位应当参照《信息安全技术　信息系统安全管理要求》（GB/T 20269—2006）、《信息安全技术　信息系统安全工程管理要求》（GB/T 20282—2006）、《信息系统安全等级保护基本要求》等管理规范，制定并落实符合本系统安全保护等级要求的安全管理制度。

第十四条　信息系统建设完成后，运营、使用单位或者其主管部门应当选择符合本办法规定条件的测评机构，依据《信息系统安全等级保护测评要求》等技术标准，定期对信息系统安全等级状况开展等级测评。第三级信息系统应当每年至少进行一次等级测评，第四级信息系统应当每半年至少进行一次等级测评，第五级信息系统应当依据特殊安全需求进行等级测评。

信息系统运营、使用单位及其主管部门应当定期对信息系统安全状况、安全保护制度及措施的落实情况进行自查。第三级信息系统应当每年至少进行一次自查，第四级信息系统应当每半年至少进行一次自查，第五级信息系统应当依据特殊安全需求进行自查。

经测评或者自查，信息系统安全状况未达到安全保护等级要求的，运营、使用单位应当制定方案进行整改。

第十五条　已运营（运行）的第二级以上信息系统，应当在安全保护等级确定后30 日内，由其运营、使用单位到所在地设区的市级以上公安机关办理备案手续。

新建第二级以上信息系统，应当在投入运行后 30 日内，由其运营、使用单位到所在地设区的市级以上公安机关办理备案手续。

隶属于中央的在京单位，其跨省或者全国统一联网运行并由主管部门统一定级的信息系统，由主管部门向公安部办理备案手续。跨省或者全国统一联网运行的信息系统在各地运行、应用的分支系统，应当向当地设区的市级以上公安机关备案。

第十六条　办理信息系统安全保护等级备案手续时，应当填写《信息系统安全等级保护备案表》，第三级以上信息系统应当同时提供以下材料：

（一）系统拓扑结构及说明；

（二）系统安全组织机构和管理制度；

（三）系统安全保护设施设计实施方案或者改建实施方案；

（四）系统使用的信息安全产品清单及其认证、销售许可证明；

（五）测评后符合系统安全保护等级的技术检测评估报告；

（六）信息系统安全保护等级专家评审意见；

（七）主管部门审核批准信息系统安全保护等级的意见。

第十七条　信息系统备案后，公安机关应当对信息系统的备案情况进行审核，对符合等级保护要求的，应当在收到备案材料之日起的 10 个工作日内颁发信息系统安全等级保护备案证明；发现不符合本办法及有关标准的，应当在收到备案材料之日起的 10 个工作日内通知备案单位予以纠正；发现定级不准的，应当在收到备案材料之日起的 10 个工作日内通知备案单位重新审核确定。

运营、使用单位或者主管部门重新确定信息系统等级后，应当按照本办法向公安机关重新备案。

第十八条　受理备案的公安机关应当对第三级、第四级信息系统的运营、使用单位的信息安全等级保护工作情况进行检查。对第三级信息系统每年至少检查一次，对第四级信息系统每半年至少检查一次。对跨省或者全国统一联网运行的信息系统的检查，应当会同其主管部门进行。

对第五级信息系统，应当由国家指定的专门部门进行检查。

公安机关、国家指定的专门部门应当对下列事项进行检查：

（一）信息系统安全需求是否发生变化，原定保护等级是否准确；

（二）运营、使用单位安全管理制度、措施的落实情况；

（三）运营、使用单位及其主管部门对信息系统安全状况的检查情况；

（四）系统安全等级测评是否符合要求；

（五）信息安全产品使用是否符合要求；

（六）信息系统安全整改情况；

（七）备案材料与运营、使用单位、信息系统的符合情况；

（八）其他应当进行监督检查的事项。

第十九条　信息系统运营、使用单位应当接受公安机关、国家指定的专门部门的安全监督、检查、指导，如实向公安机关、国家指定的专门部门提供下列有关信息安全保护的信息资料及数据文件：

（一）信息系统备案事项变更情况；

（二）安全组织、人员的变动情况；

（三）信息安全管理制度、措施变更情况；

（四）信息系统运行状况记录；

（五）运营、使用单位及主管部门定期对信息系统安全状况的检查记录；

（六）对信息系统开展等级测评的技术测评报告；

（七）信息安全产品使用的变更情况；

（八）信息安全事件应急预案，信息安全事件应急处置结果报告；

（九）信息系统安全建设、整改结果报告。

第二十条　公安机关检查发现信息系统安全保护状况不符合信息安全等级保护有关管理规范和技术标准的，应当向运营、使用单位发出整改通知。运营、使用单位应当根据整改通知要求，按照管理规范和技术标准进行整改。整改完成后，应当将整改报告向公安机关备案。必要时，公安机关可以对整改情况组织检查。

第二十一条　第三级以上信息系统应当选择使用符合以下条件的信息安全产品：

（一）产品研制、生产单位是由中国公民、法人投资或者国家投资或者控股的，在中华人民共和国境内具有独立的法人资格；

（二）产品的核心技术、关键部件具有我国自主知识产权；

（三）产品研制、生产单位及其主要业务、技术人员无犯罪记录；

（四）产品研制、生产单位声明没有故意留有或者设置漏洞、后门、木马等程序和功能；

（五）对国家安全、社会秩序、公共利益不构成危害；

（六）对已列入信息安全产品认证目录的，应当取得国家信息安全产品认证机构颁发的认证证书。

第二十二条　第三级以上信息系统应当选择符合下列条件的等级保护测评机构进行测评：

（一）在中华人民共和国境内注册成立（港澳台地区除外）；

（二）由中国公民投资、中国法人投资或者国家投资的企事业单位（港澳台地区除外）；

（三）从事相关检测评估工作两年以上，无违法记录；

（四）工作人员仅限于中国公民；

（五）法人及主要业务、技术人员无犯罪记录；

（六）使用的技术装备、设施应当符合本办法对信息安全产品的要求；

（七）具有完备的保密管理、项目管理、质量管理、人员管理和培训教育等安全管理制度；

（八）对国家安全、社会秩序、公共利益不构成威胁。

第二十三条　从事信息系统安全等级测评的机构，应当履行下列义务：

（一）遵守国家有关法律法规和技术标准，提供安全、客观、公正的检测评估服务，保证测评的质量和效果；

（二）保守在测评活动中知悉的国家秘密、商业秘密和个人隐私，防范测评风险；

（三）对测评人员进行安全保密教育，与其签订安全保密责任书，规定应当履行的安全保密义务和承担的法律责任，并负责检查落实。

第四章　涉及国家秘密信息系统的分级保护管理

第二十四章　涉密信息系统应当依据国家信息安全等级保护的基本要求，按照国家保密工作部门有关涉密信息系统分级保护的管理规定和技术标准，结合系统实际情况进行保护。

非涉密信息系统不得处理国家秘密信息。

第二十五条　涉密信息系统按照所处理信息的最高密级，由低到高分为秘密、机密、绝密三个等级。

涉密信息系统建设使用单位应当在信息规范定密的基础上，依据涉密信息系统分级保护管理办法和国家保密标准 BMB17—2006《涉及国家秘密的计算机信息系统分级保护技术要求》确定系统等级。对于包含多个安全域的涉密信息系统，各安全域可以分别确定保护等级。

保密工作部门和机构应当监督指导涉密信息系统建设使用单位准确、合理地进行系统定级。

第二十六条　涉密信息系统建设使用单位应当将涉密信息系统定级和建设使用情况，及时上报业务主管部门的保密工作机构和负责系统审批的保密工作部门备案，并接受保密部门的监督、检查、指导。

第二十七条　涉密信息系统建设使用单位应当选择具有涉密集成资质的单位承担或者参与涉密信息系统的设计与实施。

涉密信息系统建设使用单位应当依据涉密信息系统分级保护管理规范和技术标准，按照秘密、机密、绝密三级的不同要求，结合系统实际进行方案设计，实施分级保护，其保护水平总体上不低于国家信息安全等级保护第三级、第四级、第五级的水平。

第二十八条　涉密信息系统使用的信息安全保密产品原则上应当选用国产品，并应当通过国家保密局授权的检测机构依据有关国家保密标准进行的检测，通过检测的产品由国家保密局审核发布目录。

第二十九条　涉密信息系统建设使用单位在系统工程实施结束后，应当向保密工作部门提出申请，由国家保密局授权的系统测评机构依据国家保密标准 BMB22—2007《涉及国家秘密的计算机信息系统分级保护测评指南》，对涉密信息系统进行安全保密测评。

涉密信息系统建设使用单位在系统投入使用前，应当按照《涉及国家秘密的信息系统审批管理规定》，向设区的市级以上保密工作部门申请进行系统审批，涉密信息系统通过审批后方可投入使用。已投入使用的涉密信息系统，其建设使用单位在按照分级保护要求完成系统整改后，应当向保密工作部门备案。

第三十条　涉密信息系统建设使用单位在申请系统审批或者备案时，应当提交以下材料：

（一）系统设计、实施方案及审查论证意见；

（二）系统承建单位资质证明材料；

（三）系统建设和工程监理情况报告；

（四）系统安全保密检测评估报告；

（五）系统安全保密组织机构和管理制度情况；

（六）其他有关材料。

第三十一条　涉密信息系统发生涉密等级、连接范围、环境设施、主要应用、安全保密管理责任单位变更时，其建设使用单位应当及时向负责审批的保密工作部门报告。保密工作部门应当根据实际情况，决定是否对其重新进行测评和审批。

第三十二条　涉密信息系统建设使用单位应当依据国家保密标准 BMB20—2007《涉及国家秘密的信息系统分级保护管理规范》，加强涉密信息系统运行中的保密管理，定期进行风险评估，消除泄密隐患和漏洞。

第三十三条　国家和地方各级保密工作部门依法对各地区、各部门涉密信息系统分级保护工作实施监督管理，并做好以下工作：

（一）指导、监督和检查分级保护工作的开展；

（二）指导涉密信息系统建设使用单位规范信息定密，合理确定系统保护等级；

（三）参与涉密信息系统分级保护方案论证，指导建设使用单位做好保密设施的同步规划设计；

（四）依法对涉密信息系统集成资质单位进行监督管理；

（五）严格进行系统测评和审批工作，监督检查涉密信息系统建设使用单位分级保护管理制度和技术措施的落实情况；

（六）加强涉密信息系统运行中的保密监督检查。对秘密级、机密级信息系统每两年至少进行一次保密检查或者系统测评，对绝密级信息系统每年至少进行一次保密检查或者系统测评；

（七）了解掌握各级各类涉密信息系统的管理使用情况，及时发现和查处各种违规违法行为和泄密事件。

第五章　　信息安全等级保护的密码管理

第三十四条　国家密码管理部门对信息安全等级保护的密码实行分类分级管理。根据被保护对象在国家安全、社会稳定、经济建设中的作用和重要程度，被保护对象的安全防护要求和涉密程度，被保护对象被破坏后的危害程度以及密码使用部门的性质等，确定密码的等级保护准则。

信息系统运营、使用单位采用密码进行等级保护的，应当遵照《信息安全等级保护密码管理办法》、《信息安全等级保护商用密码技术要求》等密码管理规定和相关标准。

第三十五条　信息系统安全等级保护中密码的配备、使用和管理等，应当严格执行国家密码管理的有关规定。

第三十六条　信息系统运营、使用单位应当充分运用密码技术对信息系统进行保护。采用密码对涉及国家秘密的信息和信息系统进行保护的，应报经国家密码管理局审批，密码的设计、实施、使用、运行维护和日常管理等，应当按照国家密码管理有关规定和相关标准执行；采用密码对不涉及国家秘密的信息和信息系统进行保护的，须遵守《商用密码管理条例》和密码分类分级保护有关规定与相关标准，其密码的配备使用情况应当向国家密码管理机构备案。

第三十七条　运用密码技术对信息系统进行系统等级保护建设和整改的，必须采用经国家密码管理部门批准使用或者准于销售的密码产品进行安全保护，不得采用国外引进或者擅自研制的密码产品；未经批准不得采用含有加密功能的进口信息技术产品。

第三十八条　信息系统中的密码及密码设备的测评工作由国家密码管理局认可的测评机构承担，其他任何部门、单位和个人不得对密码进行评测和监控。

第三十九条　各级密码管理部门可以定期或者不定期对信息系统等级保护工作中密码配备、使用和管理的情况进行检查和测评，对重要涉密信息系统的密码配备、使用和管理情况每两年至少进行一次检查和测评。在监督检查过程中，发现存在安全隐患或者违反密码管理相关规定或者未达到密码相关标准要求的，应当按照国家密码管理的相关规定进行处置。

第六章　法律责任

第四十条　第三级以上信息系统运营、使用单位违反本办法规定，有下列行为之一的，由公安机关、国家保密工作部门和国家密码工作管理部门按照职责分工责令其限期改正；逾期不改正的，给予警告，并向其上级主管部门通报情况，建议对其直接负责的主管人员和其他直接责任人员予以处理，并及时反馈处理结果：

（一）未按本办法规定备案、审批的；

（二）未按本办法规定落实安全管理制度、措施的；

（三）未按本办法规定开展系统安全状况检查的；

（四）未按本办法规定开展系统安全技术测评的；

（五）接到整改通知后，拒不整改的；

（六）未按本办法规定选择使用信息安全产品和测评机构的；

（七）未按本办法规定如实提供有关文件和证明材料的；

（八）违反保密管理规定的；

（九）违反密码管理规定的；

（十）违反本办法其他规定的。

违反前款规定，造成严重损害的，由相关部门依照有关法律、法规予以处理。

第四十一条　信息安全监管部门及其工作人员在履行监督管理职责中，玩忽职守、滥用职权、徇私舞弊的，依法给予行政处分；构成犯罪的，依法追究刑事责任。

第七章　附则

第四十二条　已运行信息系统的运营、使用单位自本办法施行之日起 180 日内确定信息系统的安全保护等级；新建信息系统在设计、规划阶段确定安全保护等级。

第四十三条　本办法所称"以上"包含本数（级）。

第四十四条　本办法自发布之日起施行，《信息安全等级保护管理办法（试行）》（公通字〔2006〕7 号）同时废止。

附录 C　关于开展全国重要信息系统安全等级保护定级工作的通知

中华人民共和国公安部

国　家　保　密　局

国　家　密　码　管　理　局

国务院信息化工作办公室

关于开展全国重要信息系统安全等级保护定级工作的通知

公信安〔2007〕861 号

各省、自治区、直辖市公安厅（局）、保密局、国家密码管理局（国家密码管理委员会办公室）、信息化领导小组办公室，新疆生产建设兵团公安局、保密局、国家密码管理局、信息化领导小组办公室，中央和国家机关各部委保密委员会办公室、密码工作领导小组办公室、信息化领导小组办公室，各人民团体保密委员会办公室：

为进一步贯彻落实《国家信息化领导小组关于加强信息安全保障工作的意见》和公安部、国家保密局、国家密码管理局、国务院信息化工作办公室《关于信息安全等级保护工作的实施意见》《信息安全等级保护管理办法》（以下简称《管理办法》）精神，提高我国基础信息网络和重要信息系统的信息安全保护能力和水平，根据国家网络与信息安全协调小组 2007 年的工作部署，公安部、国家保密局、国家密码管理局、国务院信息化工作办公室定于 2007 年 7 月至 10 月在全国范围内组织开展重要信息系统安全等级保护定级工作（以下简称"定级工作"）。现就有关事项通知如下：

一、定级范围

（一）电信、广电行业的公用通信网、广播电视传输网等基础信息网络，经营性公众互联网信息服务单位、互联网接入服务单位、数据中心等单位的重要信息系统。

（二）铁路、银行、海关、税务、民航、电力、证券、保险、外交、科技、发展改革、国防科技、公安、人事劳动和社会保障、财政、审计、商务、水利、国土资源、能源、交通、文化、教育、统计、工商行政管理、邮政等行业、部门的生产、调度、管理、办公等重要信息系统。

（三）市（地）级以上党政机关的重要网站和办公信息系统。

（四）涉及国家秘密的信息系统（以下简称涉密信息系统）。

二、定级工作的主要内容

（一）开展信息系统基本情况的摸底调查。各行业主管部门、运营使用单位要组织开展对所属信息系统的摸底调查，全面掌握信息系统的数量、分布、业务类型、应用或服务范围、系统结构等基本情况，按照《管理办法》和《信息系统安全等级保护定级指南》的要求，确定定级对象。各行业主管部门要根据行业特点提出指导本地区、本行业定级工作的具体意见。

（二）初步确定安全保护等级。各信息系统主管部门和运营使用单位要按照《管理办法》和《信息系统安全等级保护定级指南》，初步确定定级对象的安全保护等级，起草定级报告（报告模版见附件 1）。跨省或者全国统一联网运行的信息系统可以由主管部门统一确定安全保护等级。涉密信息系统的等级确定按照国家保密局的有关规定和标准执行。

（三）评审与审批。初步确定信息系统安全保护等级后，可以聘请专家进行评审。

对拟确定为第四级以上信息系统的，由运营使用单位或主管部门请国家信息安全保护等级专家评审委员会评审。运营使用单位或主管部门参照评审意见最后确定信息系统安全保护等级，形成定级报告。当专家评审意见与网络运营者或其主管部门意见不一致时，由运营使用单位或主管部门自主决定信息系统安全保护等级。网络运营者有上级行业主管部门的，所确定的信息系统安全保护等级应当报经上级行业主管部门审批同意。

（四）备案。根据《管理办法》，信息系统安全保护等级为第二级以上的网络运营者或主管部门到公安部网站下载《信息系统安全等级保护备案表》（见附件 2）和辅助备案工具，持填写的备案表和利用辅助备案工具生成的备案电子数据，到公安机关办理备案手续，提交有关备案材料及电子数据文件。其中，第二级信息系统的备案单位只需填写备案表中的表一和表二，第三级以上信息系统的备案单位还应当提交备案表附件所列各项内容的书面材料。隶属于中央的在京单位，其跨省或者全国统一联网运行并由主管部门统一定级的信息系统，由主管部门向公安部办理备案手续。跨省或者全国统一联网运行的信息系统在各地运行、应用的分支系统，向当地设区的市级以上公安机关备案。

涉密信息系统建设使用单位依据《管理办法》和国家保密局的有关规定，填写《涉及国家秘密的信息系统分级保护备案表》（见附件 3），按照属地化管理原则，中央和国家机关单位的涉密信息系统向国家保密局备案；地方单位的涉密信息系统向所在地的市（地）级以上保密工作部门备案；中央和国家机关地方所属单位的涉密信息系统，向所在地的省级保密工作部门备案。

（五）备案管理。公安机关和国家保密工作部门负责受理备案并进行备案管理。信息系统备案后，公安机关应当对信息系统的备案情况进行审核，对符合等级保护要求的，颁发信息系统安全保护等级备案证明。发现不符合《管理办法》及有关标准的，应当通知备案单位予以纠正。发现定级不准的，应当通知运营使用单位或其主管部门重新审核确定。各级保密工作部门加强对涉密信息系统定级工作的指导、监督和检查。

三、定级工作的要求

（一）加强领导，落实保障。各地区、各部门要加强对本地区、本行业信息安全等级保护工作的组织领导，及时掌握工作进展情况，并可组织成立专家组，明确技术支持力量。网络运营者要成立等级保护工作组，落实责任部门、责任人员和经费，保障定级工作顺利进行。

（二）明确责任，密切配合。定级工作由各级公安机关牵头，会同国家保密工作部门、国家密码管理部门和信息化领导小组办事机构共同组织实施。公安机关负责定级工作的监督、检查、指导；国家保密工作部门负责涉密系统定级工作的监督、检查、指导；国家密码管理部门负责定级工作中有关密码工作的监督、检查、指导；信息化领导小组办事机构负责定级工作的部门间协调。各信息系统主管部门组织本行业、本部门网络运营者开展定级工作，督促其落实定级工作各项任务。各网络运营者依据《管理办法》和本通知要求，具体实施定级工作。

（三）动员部署，开展培训。各地区、各部门要按照统一部署广泛进行宣传动员，举办形式多样的培训班、研讨班等，层层培训。公安部会同国家保密局、国家密码管理局、国务院信息化工作办公室对国家有关部委、各省级公安、保密、密码和信息化领导小组办事机构就《管理办法》和《信息系统安全等级保护定级指南》等内容进行培训。信息系统主管部门对所管辖的网络运营者进行培训。各地参照上述培训模式开展培训工作。

（四）及时总结，提出建议。各地区、各部门要结合本地区、本行业开展定级工作的实际，认真总结经验和不足，提出改进和完善定级方法的意见和建议。各地区、各部门负责等级保护的领导机构要及时总结定级工作经验，形成定级工作总结报告，并及时报送公安部。涉密系统定级工作总结报告向国家保密局报送。

此次定级工作完成后，请各主管部门、运营使用单位按照《管理办法》和有关技术标准，继续开展信息系统安全等级保护的系统建设或整改、等级测评、自查自纠等后续工作，各级公安、保密、密码部门要开展等级保护工作的监督、检查和指导。

执行中有何问题，请及时报告。

公安部网址：www.mps.gov.cn（互联网）；

　　　　　　　ftp://10.1.185.68（公安网）。

技术咨询电话：010-88530013、88530015。

附录 D　信息安全等级保护备案实施细则

中 华 人 民 共 和 国 公 安 部

关于印发《信息安全等级保护备案实施细则》的通知

公信安〔2007〕1360 号

各省、自治区、直辖市公安厅（局）公共信息网络安全监察总队（处），新疆生产建设兵团公安局公共信息网络安全监察处：

为配合《信息安全等级保护管理办法》（公通字〔2007〕43 号）和《关于开展全国重要信息系统安全等级保护定级工作的通知》（公信安〔2007〕861 号）的贯彻实施，严格规范备案管理工作，实现备案工作的规范化、制度化，我局制定了《信息安全等级保护备案实施细则》及配套法律文书，现印发给你们，请认真贯彻执行。

二〇〇七年十月二十六日

信息安全等级保护备案实施细则

第一条 为加强和指导信息安全等级保护备案工作，规范备案受理、审核和管理等工作，根据《信息安全等级保护管理办法》制定本实施细则。

第二条 本细则适用于非涉及国家秘密的第二级以上信息系统的备案。

第三条 地市级以上公安机关网络安全保卫部门受理本辖区内备案单位的备案。隶属于省级的备案单位，其跨地（市）联网运行的信息系统，由省级公安机关网络安全保卫部门受理备案。

第四条 隶属于中央的在京单位，其跨省或者全国统一联网运行并由主管部门统一定级的信息系统，由公安部公共信息网络安全监察局受理备案，其他信息系统由北京市公安局网络安全保卫部门受理备案。

隶属于中央的非在京单位的信息系统，由当地省级公安机关网络安全保卫部门（或其指定的地市级公安机关网络安全保卫部门）受理备案。

跨省或者全国统一联网运行并由主管部门统一定级的信息系统在各地运行、应用的分支系统（包括由上级主管部门定级，在当地有应用的信息系统），由所在地地市级以上公安机关网络安全保卫部门受理备案。

第五条 受理备案的公安机关网络安全保卫部门应该设立专门的备案窗口，配备必要的设备和警力，专门负责受理备案工作，受理备案地点、时间、联系人和联系方式等应向社会公布。

第六条 信息系统运营、使用单位或者其主管部门（以下简称"备案单位"）应当在信息系统安全保护等级确定后 30 日内，到公安机关网络安全保卫部门办理备案手续。办理备案手续时，应当首先到公安机关指定的网址下载并填写备案表，准备好备案文件，然后到指定的地点备案。

第七条 备案时应当提交《信息系统安全等级保护备案表》（以下简称《备案表》）（一式两份）及其电子文档。第二级以上信息系统备案时需提交《备案表》中的表一、

表二、表三；第三级以上信息系统还应当在系统整改、测评完成后 30 日内提交《备案表》表四及其有关材料。

第八条 公安机关网络安全保卫部门收到备案单位提交的备案材料后，对属于本级公安机关受理范围且备案材料齐全的，应当向备案单位出具《信息系统安全等级保护备案材料接收回执》；备案材料不齐全的，应当当场或者在五日内一次性告知其补正内容；对不属于本级公安机关受理范围的，应当书面告知备案单位到有管辖权的公安机关办理。

第九条 接收备案材料后，公安机关网络安全保卫部门应当对下列内容进行审核：

（一）备案材料填写是否完整，是否符合要求，其纸质材料和电子文档是否一致；

（二）信息系统所定安全保护等级是否准确。

第十条 经审核，对符合等级保护要求的，公安机关网络安全保卫部门应当自收到备案材料之日起的十个工作日内，将加盖本级公安机关印章（或等级保护专用章）的《备案表》一份反馈备案单位，一份存档；对不符合等级保护要求的，公安机关网络安全保卫部门应当在十个工作日内通知备案单位进行整改，并出具《信息系统安全等级保护备案审核结果通知》。

第十一条 《备案表》中表一、表二、表三内容经审核合格的，公安机关网络安全保卫部门应当出具《信息系统安全等级保护备案证明》（以下简称《备案证明》）。《备案证明》由公安部统一监制。

第十二条 公安机关网络安全保卫部门对定级不准的备案单位，在通知整改的同时，应当建议备案单位组织专家进行重新定级评审，并报上级主管部门审批。

备案单位仍然坚持原定等级的，公安机关网络安全保卫部门可以受理其备案，但应当书面告知其承担由此引发的责任和后果，经上级公安机关网络安全保卫部门同意后，同时通报备案单位上级主管部门。

第十三条 对拒不备案的，公安机关应当依据《中华人民共和国计算机信息系统安全保护条例》等其他有关法律、法规规定，责令限期整改。逾期仍不备案的，予以警告，并向其上级主管部门通报。

依照前款规定向中央和国家机关通报的，应当报经公安部公共信息网络安全监察局同意。

第十四条　受理备案的公安机关网络安全保卫部门应当及时将备案文件录入到数据库管理系统，并定期逐级上传《备案表》中表一、表二、表三内容的电子数据。上传时间为每季度的第一天。

受理备案的公安机关网络安全保卫部门应当建立管理制度，对备案材料按照等级进行严格管理，严格遵守保密制度，未经批准不得对外提供查询。

第十五条　公安机关网络安全保卫部门受理备案时不得收取任何费用。

第十六条　本细则所称"以上"包含本数（级）。

第十七条　各省（区、市）公安机关网络安全保卫部门可以依据本细则制定具体的备案工作规范，并报公安部公共信息网络安全监察局备案。

附录 E　公安机关信息安全等级保护检查工作规范（试行）

中华人民共和国公安部

关于印发《公安机关信息安全等级保护检查工作规范》的通知

公信安〔2008〕736 号

各省、自治区、直辖市公安厅（局）公共信息网络安全监察总队（处），新疆生产建设兵团公安局公共信息网络安全监察处：

为配合《信息安全等级保护管理办法》（公通字〔2007〕43 号）的贯彻实施，严格规范公安机关信息安全等级保护检查工作，实现检查工作的规范化、制度化，我局制定了《公安机关信息安全等级保护检查工作规范（试行）》，现印发给你们，请认真贯彻执行。

二〇〇八年六月十日

公安机关信息安全等级保护检查工作规范（试行）

第一条　为规范公安机关网络安全保卫部门开展信息安全等级保护检查工作，根据《信息安全等级保护管理办法》（以下简称《管理办法》），制定本规范。

第二条　公安机关信息安全等级保护检查工作是指公安机关依据有关规定，会同主管部门对非涉密重要网络运营者等级保护工作开展和落实情况进行检查，督促、检查其建设安全设施、落实安全措施、建立并落实安全管理制度、落实安全责任、落实责任部门和人员。

第三条　信息安全等级保护检查工作由市（地）级以上公安机关网络安全保卫部门负责实施。每年对第三级信息系统的运营使用单位信息安全等级保护工作检查一次，每半年对第四级信息系统的运营使用单位信息安全等级保护工作检查一次。

第四条　公安机关开展检查工作，应当按照"严格依法，热情服务"的原则，遵守检查纪律，规范检查程序，主动、热情地为运营使用单位提供服务和指导。

第五条　信息安全等级保护检查工作采取询问情况，查阅、核对材料，调看记录、资料，现场查验等方式进行。

第六条　检查的主要内容：

（一）等级保护工作组织开展、实施情况。安全责任落实情况，信息系统安全岗位和安全管理人员设置情况；

（二）按照信息安全法律法规、标准规范的要求制定具体实施方案和落实情况；

（三）信息系统定级备案情况，信息系统变化及定级备案变动情况；

（四）信息安全设施建设情况和信息安全整改情况；

（五）信息安全管理制度建设和落实情况；

（六）信息安全保护技术措施建设和落实情况；

（七）选择使用信息安全产品情况；

（八）聘请测评机构按规范要求开展技术测评工作情况，根据测评结果开展整改情况；

（九）自行定期开展自查情况；

（十）开展信息安全知识和技能培训情况。

第七条　检查项目：

（一）等级保护工作部署和组织实施情况

1. 下发开展信息安全等级保护工作的文件，出台有关工作意见或方案，组织开展信息安全等级保护工作情况。

2. 建立或明确安全管理机构，落实信息安全责任，落实安全管理岗位和人员。

3. 依据国家信息安全法律法规、标准规范等要求制定具体信息安全工作规划或实施方案。

4. 制定本行业、本部门信息安全等级保护行业标准规范并组织实施。

（二）信息系统安全等级保护定级备案情况

1. 了解未定级、备案信息系统情况以及第一级信息系统有关情况，对定级不准的提出调整建议。

2. 现场查看备案的信息系统，核对备案材料，备案单位提交的备案材料与实际情况相符合情况。

3. 补充提交《信息系统安全等级保护备案登记表》表四中有关备案材料。

4. 信息系统所承载的业务、服务范围、安全需求等发生变化情况，以及信息系统安全保护等级变更情况。

5. 新建信息系统在规划、设计阶段确定安全保护等级并备案情况。

（三）信息安全设施建设情况和信息安全整改情况

1. 部署和组织开展信息安全建设整改工作。

2．制定信息安全建设规划、信息系统安全建设整改方案。

3．按照国家标准或行业标准建设安全设施，落实安全措施。

（四）信息安全管理制度建立和落实情况

1．建立基本安全管理制度，包括机房安全管理、网络安全管理、系统运行维护管理、系统安全风险管理、资产和设备管理、数据及信息安全管理、用户管理、备份与恢复、密码管理等制度。

2．建立安全责任制，系统管理员、网络管理员、安全管理员、安全审计员是否与本单位签订信息安全责任书。

3．建立安全审计管理制度、岗位和人员管理制度。

4．建立技术测评管理制度，信息安全产品采购、使用管理制度。

5．建立安全事件报告和处置管理制度，制定信息系统安全应急处置预案，定期组织开展应急处置演练。

6．建立教育培训制度，定期开展信息安全知识和技能培训。

（五）信息安全产品选择和使用情况

1．按照《管理办法》要求的条件选择使用信息安全产品。

2．要求产品研制、生产单位提供相关材料。包括营业执照，产品的版权或专利证书，提供的声明、证明材料，计算机信息系统安全专用产品销售许可证等。

3．采用国外信息安全产品的，经主管部门批准，并请有关单位对产品进行专门技术检测。

（六）聘请测评机构开展技术测评工作情况

1．按照《管理办法》的要求部署开展技术测评工作。对第三级信息系统每年开展一次技术测评，对第四级信息系统每半年开展一次技术测评。

2．按照《管理办法》规定的条件选择技术测评机构。

3. 要求技术测评机构提供相关材料。包括营业执照、声明、证明及资质材料等。

4. 与测评机构签订保密协议。

5. 要求测评机构制定技术检测方案。

6. 对技术检测过程进行监督，采取了哪些监督措施。

7. 出具技术检测报告，检测报告是否规范、完整，检查结果是否客观、公正。

8. 根据技术检测结果，对不符合安全标准要求的，进一步进行安全整改。

（七）定期自查情况

1. 定期对信息系统安全状况、安全保护制度及安全技术措施的落实情况进行自查。第三级信息系统是否每年进行一次自查，第四级信息系统是否每半年进行一次自查。

2. 经自查，信息系统安全状况未达到安全保护等级要求的，运营、使用单位进一步进行安全建设整改。

第八条 各级公安机关按照"谁受理备案，谁负责检查"的原则开展检查工作。具体要求是：

对跨省或者全国联网运行、跨市或者全省联网运行等跨地域的信息系统，由部、省、市级公安机关分别对所受理备案的信息系统进行检查。

对辖区内独自运行的信息系统，由受理备案的公安机关独自进行检查。

第九条 对跨省或者全国联网运行的信息系统进行检查时，需要会同其主管部门。因故无法会同的，公安机关可以自行开展检查。

第十条 公安机关开展检查前，应当提前通知被检查单位，并发送《信息安全等级保护监督检查通知书》（见附件 1）。

第十一条 检查时，检查民警不得少于两人，并应当向被检查单位负责人或其他有关人员出示工作证件。

第十二条 检查中应当填写《信息系统安全等级保护监督检查记录》（以下简称

《监督检查记录》，见附件 2）。检查完毕后，《监督检查记录》应当交被检查单位主管人员阅后签字；对记录有异议或者拒绝签名的，监督、检查人员应当注明情况。《监督检查记录》应当存档备查。

第十三条　检查时，发现不符合信息安全等级保护有关管理规范和技术标准要求，具有下列情形之一的，应当通知其运营使用单位限期整改，并发送《信息系统安全等级保护限期整改通知书》（以下简称《整改通知》，见附件 3）。逾期不改正的，给予警告，并向其上级主管部门通报（通报书见附件 4）：

（一）未按照《管理办法》开展信息系统定级工作的；

（二）信息系统安全保护等级定级不准确的；

（三）未按《管理办法》规定备案的；

（四）备案材料与备案单位、备案系统不符合的；

（五）未按要求及时提交《信息系统安全等级保护备案登记表》表四的有关内容的；

（六）系统发生变化，安全保护等级未及时进行调整并重新备案的；

（七）未按《管理办法》规定落实安全管理制度、技术措施的；

（八）未按《管理办法》规定开展安全建设整改和安全技术测评的；

（九）未按《管理办法》规定选择使用信息安全产品和测评机构的；

（十）未定期开展自查的；

（十一）违反《管理办法》其他规定的。

第十四条　检查发现需要限期整改的，应当出具《整改通知》，自检查完毕之日起 10 个工作日内送达被检查单位。

第十五条　网络运营者整改完成后，应当将整改情况报公安机关，公安机关应当对整改情况进行检查。

第十六条　公安机关实施信息安全等级保护监督检查的法律文书和记录，应当统一存档备查。

　　第十七条　受理备案的公安机关应该配备必要的警力，专门负责信息安全等级保护监督、检查和指导。从事检查工作的民警应当经过省级以上公安机关组织的信息安全等级保护监督检查岗位培训。

　　第十八条　公安机关对检查工作中涉及的国家秘密、工作秘密、商业秘密和个人隐私等应当予以保密。

　　第十九条　公安机关进行安全检查时不得收取任何费用。

　　第二十条　本规范所称"以上"包含本数（级）。

　　第二十一条　本规范自发布之日起实施。

附录 F　关于加强国家电子政务工程建设项目信息安全风险评估工作的通知

国家发展和改革委员会

中华人民共和国公安部　　**文件**

国　家　保　密　局

发改高技〔2008〕2071 号

关于加强国家电子政务工程建设项目
信息安全风险评估工作的通知

中央和国家机关各部委，国务院各直属机构、办事机构、事业单位，各省、自治区、直辖市及计划单列市、新疆生产建设兵团发展改革委、公安厅、保密局：

为了贯彻落实《国家信息化领导小组关于加强信息安全保障工作的意见》（中办发〔2003〕27 号），加强基础信息网络和重要信息系统安全保障，按照《国家电子政务工程建设项目管理暂行办法》（国家发展和改革委员会令〔2007〕第 55 号）的有关规定，加强和规范国家电子政务工程建设项目信息安全风险评估工作，现就有关事项通知如下：

一、国家的电子政务网络、重点业务信息系统、基础信息库以及相关支撑体系等国家电子政务工程建设项目（以下简称电子政务项目），应开展信息安全风险评估工作。

二、电子政务项目信息安全风险评估的主要内容包括：分析信息系统资产的重要程度，评估信息系统面临的安全威胁、存在的脆弱性、已有的安全措施和残余风险的影响等。

三、电子政务项目信息安全风险评估工作按照涉及国家秘密的信息系统（以下简称涉密信息系统）和非涉密信息系统两部分组织开展。

四、涉密信息系统的信息安全风险评估应按照《涉及国家秘密的信息系统分级保护管理办法》、《涉及国家秘密的信息系统审批管理规定》、《涉及国家秘密的信息系统分级保护测评指南》等国家有关保密规定和标准，进行系统测评并履行审批手续。

五、非涉密信息系统的信息安全风险评估应按照《信息安全等级保护管理办法》、《信息系统安全等级保护定级指南》、《信息系统安全等级保护基本要求》、《信息系统安全等级保护实施指南》和《信息安全风险评估规范》等有关要求，可委托同一专业测评机构完成等级测评和风险评估工作，并形成等级测评报告和风险评估报告。等级测评报告参照公安部门制订的格式编制，风险评估报告参考《国家电子政务工程建设项目非涉密信息系统信息安全风险评估报告格式》（见附件）编制。

六、电子政务项目涉密信息系统的信息安全风险评估，由国家保密局涉密信息系统安全保密测评中心承担。非涉密信息系统的信息安全风险评估，由国家信息技术安全研究中心、中国信息安全测评中心、公安部信息安全等级保护评估中心等三家专业测评机构承担。

七、项目建设单位应在项目建设任务完成后试运行期间，组织开展该项目的信息安全风险评估工作，并形成相关文档，该文档应作为项目验收的重要内容。

八、项目建设单位向审批部门提出项目竣工验收申请时，应提交该项目信息安全风险评估相关文档。主要包括：《涉及国家秘密的信息系统使用许可证》和《涉及国家秘密的信息系统检测评估报告》，非涉密信息系统安全保护等级备案证明，以及相应的安全等级测评报告和信息安全风险评估报告等。

九、电子政务项目信息安全风险评估经费计入该项目总投资。

十、电子政务项目投入运行后，项目建设单位应定期开展信息安全风险评估，检验信息系统对安全环境变化的适应性及安全措施的有效性，保障信息系统的安全可靠。

十一、中央和地方共建电子政务项目中的地方建设部分信息安全风险评估工作参照本通知执行。

附件：《国家电子政务工程建设项目非涉密信息系统信息安全风险评估报告格式》

国家发展改革委　　　　公 安 部　　　国 家 保 密 局

二〇〇八年八月六日

主题词： 风险评估　通知

抄送：中央办公厅、全国人民代表大会常务委员会办公厅、国务院办公厅、中国人民政治协商会议全国委员会办公厅、最高法院办公厅、最高检察院办公厅。

附录 G　关于开展信息安全等级保护
安全建设整改工作的指导意见

中 华 人 民 共 和 国 公 安 部

关于印送《关于开展信息安全等级保护安全建设整改工作的指导意见》的函

公信安〔2009〕1429 号

中央和国家机关各部委，国务院各直属机构、办事机构、事业单位：

为进一步贯彻落实国家信息安全等级保护制度，指导各地区、各部门在信息安全等级保护定级工作基础上，深入开展信息安全等级保护安全建设整改工作，我部制定了《关于开展信息安全等级保护安全建设整改工作的指导意见》。现印送给你们，请在实际工作中参照。

二〇〇九年十月二十七日

抄送：中央企业。

各省、自治区、直辖市信息安全等级保护工作协调（领导）小组。

关于开展信息安全等级保护安全建设整改工作的指导意见

为进一步贯彻落实《国家信息化领导小组关于加强信息安全保障工作的意见》和《关于信息安全等级保护工作的实施意见》《信息安全等级保护管理办法》（以下简称《管理办法》）精神，指导各部门在信息安全等级保护定级工作基础上，开展已定级信息系统（不包括涉及国家秘密信息系统）安全建设整改工作，特提出如下意见。

一、明确工作目标

依据信息安全等级保护有关政策和标准，通过组织开展信息安全等级保护安全管理制度建设、技术措施建设和等级测评，落实等级保护制度的各项要求，使信息系统安全管理水平明显提高，安全防范能力明显增强，安全隐患和安全事故明显减少，有效保障信息化健康发展，维护国家安全、社会秩序和公共利益，力争在 2012 年底前完成已定级信息系统安全建设整改工作。

二、细化工作内容

（一）开展信息安全等级保护安全管理制度建设，提高信息系统安全管理水平。按照《管理办法》、《信息系统安全等级保护基本要求》，参照《信息系统安全管理要求》《信息系统安全工程管理要求》等标准规范要求，建立健全并落实符合相应等级要求的安全管理制度：一是信息安全责任制，明确信息安全工作的主管领导、责任部门、人员及有关岗位的信息安全责任；二是人员安全管理制度，明确人员录用、离岗、考核、教育培训等管理内容；三是系统建设管理制度，明确系统定级备案、方案设计、产品采购使用、密码使用、软件开发、工程实施、验收交付、等级测评、安全服务等管理内容；四是系统运维管理制度，明确机房环境安全、存储介质安全、设备设施安全、安全监控、网络安全、系统安全、恶意代码防范、密码保护、备份与恢复、事件处置、应急预案等管理内容。建立并落实监督检查机制，定期对各项制度的落实情况进行自查和监督检查。

　　（二）开展信息安全等级保护安全技术措施建设，提高信息系统安全保护能力。按照《管理办法》、《信息系统安全等级保护基本要求》，参照《信息系统安全等级保护实施指南》、《信息系统通用安全技术要求》、《信息系统安全工程管理要求》、《信息系统等级保护安全设计技术要求》等标准规范要求，结合行业特点和安全需求，制定符合相应等级要求的信息系统安全技术建设整改方案，开展信息安全等级保护安全技术措施建设，落实相应的物理安全、网络安全、主机安全、应用安全和数据安全等安全保护技术措施，建立并完善信息系统综合防护体系，提高信息系统的安全防护能力和水平。

　　（三）开展信息系统安全等级测评，使信息系统安全保护状况逐步达到等级保护要求。选择由省级（含）以上信息安全等级保护工作协调小组办公室审核并备案的测评机构，对第三级（含）以上信息系统开展等级测评工作。等级测评机构依据《信息系统安全等级保护测评要求》等标准对信息系统进行测评，对照相应等级安全保护要求进行差距分析，排查系统安全漏洞和隐患并分析其风险，提出改进建议，按照公安部制订的信息系统安全等级测评报告格式编制等级测评报告。经测评未达到安全保护要求的，要根据测评报告中的改进建议，制定整改方案并进一步进行整改。各部门要及时向受理备案的公安机关提交等级测评报告。对于重要部门的第二级信息系统，可以参照上述要求开展等级测评工作。

三、落实工作要求

　　（一）统一组织，加强领导。要按照"谁主管、谁负责"的原则，切实加强对信息安全等级保护安全建设整改工作的组织领导，完善工作机制。要结合各自实际，统一规划和部署安全建设整改工作，制定安全建设整改工作实施方案。要落实责任部门、责任人员和安全建设整改经费。要利用多种形式，组织开展宣传、培训工作。

　　（二）循序渐进，分步实施。信息系统主管部门可以结合本行业、本部门信息系统数量、等级、规模等实际情况，按照自上而下或先重点后一般的顺序开展。重点行业、部门可以根据需要和实际情况，选择有代表性的第二、三、四级信息系统先进行安全建设整改和等级测评工作试点、示范，在总结经验的基础上全面推开。

（三）结合实际，制定规范。重点行业信息系统主管部门可以按照《信息系统安全等级保护基本要求》等国家标准，结合行业特点，确定《信息系统安全等级保护基本要求》的具体指标；在不低于等级保护基本要求的情况下，结合系统安全保护的特殊需求，在有关部门指导下制定行业标准规范或细则，指导本行业信息系统安全建设整改工作。

（四）认真总结，按时报送。自 2009 年起，要对定级备案、等级测评、安全建设整改和自查等工作开展情况进行年度总结（见《关于报送 2009 年信息安全等级保护工作总结的函》（公信安〔2009〕1609 号）），于每年年底前报同级公安机关网安部门，各省（自治区、直辖市）公安机关网安部门报公安部网络安全保卫局。信息系统备案单位每半年要填写《信息安全等级保护安全建设整改工作情况统计表》（见附件）并报受理备案的公安机关。

附录 H　关于推动信息安全等级保护
测评体系建设和开展等级测评工作的通知

中 华 人 民 共 和 国 公 安 部

关于推动信息安全等级保护测评体系建设和开展等级测评工作的通知

公信安〔2010〕303 号

各省、自治区、直辖市公安厅、局网络安全保卫（公共信息网络安全监察、网络警察）总队（处）、新疆生产建设兵团公安局公共信息网络安全监察处：

为进一步贯彻落实公安部《关于开展信息安全等级保护安全建设整改工作的指导意见》（公信安〔2009〕1429 号）精神，加快信息安全等级保护测评体系建设，提高测评机构能力，规范测评活动，确保信息安全等级保护安全建设整改工作顺利进行，满足信息安全等级保护工作的迫切需要，决定在全国部署开展信息安全等级保护测评体系建设和等级测评工作。现将有关事项通知如下：

一、工作目标

（一）通过广泛宣传和正确引导，鼓励更多的有关企事业单位从事信息安全等级测评工作，满足信息安全等级保护测评工作的迫切需要。

（二）通过对测评机构进行统一的能力评估和严格审查，保证测评机构的水平和能力达到有关标准规范要求。

（三）加强对测评机构的安全监督，规范其测评活动，保证为备案单位提供客观、公正和安全的测评服务。

（四）督促备案单位开展等级测评工作，为开展等级保护安全建设整改工作奠定基础，使信息系统安全保护状况逐步达到等级保护要求。

二、工作内容

各地要按照《关于开展信息安全等级保护安全建设整改工作的指导意见》要求，结合本地实际组织开展以下工作：

（一）统筹规划，正确引导，积极稳妥地推动等级测评机构建设。结合本地已定级备案信息系统数量和分布情况，从满足等级测评工作的实际需要出发，统筹规划、合理布局测评机构的规模和数量，积极引导本地符合规定条件、有良好信誉的企事业单位从事等级测评工作，按照成熟一个发展一个的原则，有计划、积极稳妥地推动测评机构建设。

（二）规范流程，严格把关，确保测评机构的水平和能力符合测评工作要求。依据《信息安全等级保护测评工作管理规范》，对申请成为测评机构的单位严格把关，按照申请受理、测评能力评估、审核、推荐的流程，认真开展测评机构评审和推荐工作。同时，要加强对等级测评机构的监督管理和指导，确保测评机构的水平和能力符合要求以及测评活动客观、公正和安全。

（三）督促备案单位开展信息系统等级测评工作，确保安全建设整改工作的顺利开展。督促信息系统备案单位尽快委托测评机构开展等级测评，2010 年底前完成测评体系建设，并完成 30% 第三级（含）以上信息系统的测评工作，2011 年底前完成第三级（含）以上信息系统的测评工作，2012 年底之前完成第三级（含）以上信息系统的安全建设整改工作。

三、工作要求

（一）高度重视，落实责任。要充分认识开展等级测评体系建设和等级测评工作的重要性，加强组织领导，落实责任。确定主管领导，落实专门管理人员，负责受理申请、审核、监督管理以及其他日常对测评机构、测评人员的管理工作。

（二）制定计划，加强监督。要尽快确定本地等级测评体系建设和测评工作的计划，制定贯彻实施意见和方案。要督促、检查本地测评机构依据有关标准开展等级测评活动，按照《信息系统安全等级测评报告模版（试行）》（公信安〔2009〕1487号）编制测评报告。

（三）加强指导，积极宣传。要加强对本地备案单位和测评机构等级测评工作的指导，指导测评机构对测评人员开展教育培训，不断提高测评人员的安全意识和业务能力。要充分利用会议、网站和其他媒体，加大对等级测评工作有关政策和相关标准的宣传力度，推动等级测评工作的顺利开展。

各地开展等级保护测评体系建设和测评工作的情况要及时上报。工作中有何问题，请及时报我局。

附录I 网络安全等级保护测评机构管理办法

公信安〔2018〕765号

第一章 总则

第一条 为加强网络安全等级保护测评机构（以下简称"测评机构"）管理，规范测评行为，提高等级测评能力和服务水平，根据《中华人民共和国网络安全法》和网络安全等级保护制度要求，制定本办法。

第二条 等级测评工作，是指测评机构依据国家网络安全等级保护制度规定，按照有关管理规范和技术标准，对已定级备案的非涉及国家秘密的网络（含信息系统、数据资源等）的安全保护状况进行检测评估的活动。

测评机构，是指依据国家网络安全等级保护制度规定，符合本办法规定的基本条件，经省级以上网络安全等级保护工作领导（协调）小组办公室（以下简称"等保办"）审核推荐，从事等级测评工作的机构。

第三条 测评机构实行推荐目录管理。测评机构由省级以上等保办根据本办法规定，按照统筹规划、合理布局的原则，择优推荐。

第四条 测评机构联合成立测评联盟。测评联盟按照章程和有关测评规范，加强行业自律，提高测评技术能力和服务质量。测评联盟在国家等保办指导下开展工作。

第五条 测评机构应按照国家有关网络安全法律法规规定和标准规范要求，为用户提供科学、安全、客观、公正的等级测评服务。

第二章　测评机构申请

第六条　申请成为测评机构的单位（以下简称"申请单位"）需向省级以上等保办提出申请。

国家等保办负责受理隶属国家网络安全职能部门和重点行业主管部门的申请，对申请单位进行审核、推荐；监督管理全国测评机构。

省级等保办负责受理本省（区、直辖市）申请单位的申请，对申请单位进行审核、推荐，并监督管理其推荐的测评机构。

第七条　申请单位应具备以下基本条件：

（一）在中华人民共和国境内注册成立，由中国公民、法人投资或者国家投资的企事业单位；

（二）产权关系明晰，注册资金 500 万元以上，独立经营核算，无违法违规记录；

（三）从事网络安全服务两年以上，具备一定的网络安全检测评估能力；

（四）法人、主要负责人、测评人员仅限中华人民共和国境内的中国公民，且无犯罪记录；

（五）具有网络安全相关工作经历的技术和管理人员，不少于 15 人，专职渗透测试人员不少于 2 人，岗位职责清晰，且人员相对稳定；

（六）具有固定的办公场所，配备满足测评业务需要的检测评估工具、实验环境等；

（七）具有完备的安全保密管理、项目管理、质量管理、人员管理、档案管理和培训教育等规章制度；

（八）不涉及网络安全产品开发、销售或信息系统安全集成等可能影响测评结果公正性的业务（自用除外）；

（九）应具备的其他条件。

第八条　申请时，申请单位应向等保办提交以下材料：

（一）网络安全等级保护测评机构推荐申请表；

（二）近两年从事网络安全服务情况以及网络安全服务项目完整文档和相关用户证明；

（三）检测评估工作所需实验环境及测评工具、设备设施情况；

（四）有关管理制度情况；

（五）申请单位及其测评人员基本情况；

（六）应提交的其他材料。

第九条 等保办收到申请材料后，应在 10 个工作日内组织初审。对符合本办法第七条规定的申请单位应委托测评联盟对其开展测评能力评估。

测评联盟组织专家，根据标准规范对申请单位开展能力评估，出具测评能力评估报告，并及时将能力评估情况反馈等保办。

能力评估不达标的，等保办应告知申请单位初审未通过。

第十条 初审通过的申请单位，应组织本单位人员参加测评师培训。考试合格的，取得测评师证书。

测评师分为初级、中级和高级。申请单位应至少有 15 人获得测评师证书，其中高级测评师不少于 1 人，中级测评师不少于 5 人。

第十一条 等保办组织专家对人员培训符合要求的申请单位进行复核。复核通过的，颁发《网络安全等级保护测评机构推荐证书》。

第十二条 测评机构实行目录管理，国家等保办编制《全国网络安全等级保护测评机构推荐目录》，并在中国网络安全等级保护网网站发布并及时更新。

省级等保办应及时将本地测评机构推荐情况报国家等保办。

第十三条 省级等保办每年年底根据测评工作需求制定下一年度测评机构推荐计划，并报国家等保办审定。

省级以上等保办受理测评机构申请的时间为每年三月份。

第十四条 测评联盟应组织专家对新推荐测评机构首个测评项目实施情况进行跟踪评议，并将结果及时报等保办。等保办组织进行综合审查。

第三章 测评机构和测评人员管理

第十五条 测评机构应与被测评单位签署测评服务协议，依据有关标准规范开展测评业务，防范测评风险，客观准确地反映被测评对象的安全保护状况。

测评机构应按照统一模板出具网络安全等级测评报告，并针对被测评网络分别出具等级测评报告。

对第三级以上网络提供等级测评服务的，测评师人数不得少于 4 名，其中高级测评师、中级测评师应各不少于 1 名。

第十六条 测评机构应当指定专人管理测评专用章，制定管理规范，不得滥用。

出具等级测评报告时，测评机构应加盖等级测评专用章。未加盖专用章的报告，视为无效。

第十七条 测评师上岗前，测评机构应组织岗前培训；培训合格的，由测评机构配发上岗证，上岗证发放情况应于发放后 5 个工作日报等保办。测评机构应当对测评师开展等级测评业务情况进行考核，并留存相关记录。

未取得测评师证书和上岗证的，不得参与等级测评项目。测评师一年内未参与测评活动的，测评师证书应注销作废。

测评师实行年度注册管理。测评机构每年年底应将本机构测评师情况报等保办注册。

测评机构不得采取挂靠或者聘用兼职测评师开展测评业务。

第十八条 测评机构应采取管理和技术措施保护测评活动中相关数据和信息的安全，不得泄露在测评服务中知悉的商业秘密、重要敏感信息和个人信息；未经等保办同意，不得擅自发布、披露在测评服务中收集掌握的网络信息、系统漏洞、恶意代码、网络攻击等信息。

第十九条　测评机构提供测评服务不受地域、行业、领域的限制。测评项目采取登记管理。测评机构在实施测评项目之前，须将测评项目信息及时、准确地填报到网络安全等级保护测评项目登记管理系统（以下简称"项目管理系统"）。

测评机构应于测评项目合同签订后或测评活动实施前 5 个工作日内，通过项目管理系统填报测评项目基本情况，不得于测评项目完成后进行补录。由于项目实施变更导致已登记信息与实际情况不符的，应及时修改。

第二十条　省级以上等保办对测评机构填报的信息应在 5 个工作日内进行审核确认。逾期未审核确认的，项目登记管理系统默认审核通过。测评项目填报登记和审核确认的具体要求，参见《网络安全等级保护测评项目登记管理系统填报指南》。

第二十一条　省级以上等保办在审核确认项目登记信息时，发现测评机构具有下列情形之一的，应不予审核通过。

（一）处于暂停测评业务期间；

（二）因违规被通报后，未反馈整改情况的；

（三）其他不符合本办法规定情形的。

第二十二条　属于异地测评项目的，测评机构应从项目管理系统中生成测评项目基本情况表，并于测评项目实施前报送或传至被测评网络备案公安机关。

第二十三条　测评机构名称、地址、测评人员、主要负责人和联系人发生变更的，测评机构应在变更后 5 个工作日内向等保办报告，并提交变更材料。

测评机构法人、股权结构发生变更或其他重大事项发生变更的，等保办应组织重新进行推荐审查并出具审查意见。测评机构不得假借变更名义转让推荐证书。

第二十四条　测评机构应加强对测评人员的监督管理，定期组织开展安全保密教育和测评业务培训，签订安全保密责任书，规定其应当履行的安全保密义务和承担的法律责任，并负责检查落实。

第二十五条　测评机构应组织测评师参加多种形式的测评业务和技术培训，测评师每年培训时长累计不少于 40 学时。培训时长不足的，测评师不予年度注册。

测评联盟确定测评业务和技术培训科目，发布年度测评培训纲要。

第二十六条　测评师离职前，测评机构应与其签订离职保密承诺书，收回上岗证并及时向等保办报备。

离职的测评师，自离职之日起超过 6 个月再入职测评机构从事测评活动的，应通过测评师考试；自离职之日起一年内未入职测评机构从事测评活动的，测评联盟应注销其测评师证书。

第二十七条　测评机构应监督测评师妥善保管测评师证书、上岗证，不得涂改、出借、出租和转让。

第二十八条　测评机构应当建立网络安全应急处置机制和纠纷处理机制，防范测评风险，妥善处理纠纷。

第二十九条　测评项目完成后，测评机构应请被测评单位对测评服务情况进行评价，评价情况表由被测单位密封后反馈测评机构，留存备查。

第三十条　测评机构应每季度向等保办报送测评业务开展情况和测评数据。根据测评实践，测评机构每年底编制并向等保办报送网络安全状况分析报告。

测评机构在测评活动中，发现重大网络安全事件、重大网络安全风险隐患、高危漏洞和重大网络安全威胁时，应及时报告公安机关。

第三十一条　国家等保办每年第四季度组织开展测评机构能力验证活动，并将能力验证结果通报各省级等保办。

未参加能力验证的测评机构，视为能力验证未通过。

第三十二条　等保办应于每年 12 月对所推荐测评机构进行年审。

年审通过的，等保办在推荐证书副本上加盖等级保护专用章或等保办印章，发放测评师上岗注册标识。

年审时，测评机构应当提交以下材料：

（一）网络安全等级保护测评机构年审表；

（二）网络安全等级保护测评机构推荐证书副本；

（三）年度测评工作总结；

（四）测评师年度注册表；

（五）其他所需材料。

第三十三条　测评机构有下列情形之一的，年审不予通过。

（一）未及时、准确地填报测评项目信息；

（二）测评师培训时长不足；

（三）未定期报送测评业务开展情况和测评数据；

（四）能力验证未通过且整改方案落实不到位；

（五）其他有关情形。

年审未通过的，等保办责令测评机构限期整改。拒不整改或整改不符合要求的，应暂停测评机构开展等级测评业务。

第三十四条　测评机构推荐证书有效期为三年。测评机构应在推荐证书期满前30日内，向等保办申请期满复审。

等保办应于收到期满复审申请后5个工作日内，组织开展复审工作。

复审通过的测评机构，由等保办换发新证。省级等保办应及时将测评机构期满复审情况报国家等保办汇总。

期满复审时，测评机构应提交以下材料：

（一）测评机构期满复审申请表；

（二）年审情况；

（三）其他需要提供的有关材料。

第三十五条　测评机构有下列情形之一的，期满复审不予通过。

（一）连续两年年审未通过的；

（二）基本条件不符合的；

（三）违反本办法有关规定且情形特别严重的；

（四）逾期30日未提交期满复审申请的。

期满复审未通过的，等保办应公告宣布取消其推荐证书。

第四章 监督管理

第三十六条 省级以上等保办对测评机构和测评业务开展情况进行监督、检查、指导。

国家等保办每年组织对测评机构及测评活动开展监督抽查。

测评项目实施过程中，测评机构应接受被测网络备案公安机关的监督、检查和指导。

第三十七条 等保办开展监督检查时，重点检查以下内容：

（一）测评机构基本条件符合情况；

（二）测评机构管理制度执行情况；

（三）测评机构相关事项变更报告、审查情况；

（四）测评师管理、行为规范情况；

（五）测评项目实施情况；

（六）测评服务评价情况；

（七）测评报告及相关数据文档管理情况；

（八）其他需监督检查的事项。

第三十八条 等保办、被测网络备案公安机关在监督检查时，发现异地测评机构有违反本办法规定情形的，应书面通报该机构推荐等保办。

等保办在收到通报后，应及时组织进行核查处置并反馈，同时将有关情况报国家等保办。

第三十九条　等保办应及时将测评数据、测评机构及其测评师情况、年审和期满复审情况、监督检查情况等相关数据录入数据库。

第四十条　国家等保办每年对全国测评机构开展年度评定活动，评定结果及时发布。

第四十一条　任何组织和个人有权向省级以上等保办、测评联盟投诉举报测评机构和测评人员违法违规行为。

第四十二条　测评机构违反本办法第十五、十六、十七、十八、十九、二十二、二十三、二十四、二十五、二十六、二十七、二十八、二十九、三十条规定，等保办应责令其限期整改；拒不整改或情形严重的，约谈测评机构法人和主要负责人；屡次违反上述规定或情形特别严重的，责令其暂停测评业务，并予通报。

第四十三条　测评机构有下列情形之一的，等保办责令其限期整改；情形严重的，责令整改期间暂停测评业务，并予通报。

（一）未按照有关标准规范开展测评，或未按规定出具测评报告的；

（二）分包、转包、代理测评项目，或恶意竞争，扰乱测评工作正常开展的；

（三）擅自简化测评工作环节，或未按测评流程要求开展测评工作的；

（四）监督检查或抽查中发现问题突出的；

（五）影响被测评网络正常运行，或因测评不到位，未发现网络中存在相关漏洞隐患，导致被测评网络发生重大网络安全事件的；

（六）非授权占有、使用，以及未妥善保管等级测评相关资料及数据文件的；

（七）限定被测评单位购买、使用指定网络安全产品，或与产品和服务商存在利益勾结行为的；

（八）非本机构测评师或测评人员未取得等级测评师证书和上岗证从事等级测评活动的；

（九）未通过测评项目管理系统及时填报项目登记信息或未通过审核开展等级测评项目的；

（十）未按本办法规定向等保办提交材料或弄虚作假的；

（十一）其他违反本办法有关规定行为的。

第四十四条　测评机构有下列情形之一的，等保办应取消其推荐证书，并向社会公告，三年内不得再次申请。

（一）运营管理不规范，屡次被责令整改，严重影响测评服务质量的；

（二）因单位股权、人员等情况发生变动，不符合测评机构基本条件的；

（三）有网络安全产品开发、销售或系统安全集成等影响测评结果公正性行为；与产品提供商、服务商或被测评方存在利益勾结，扰乱测评业务正常开展的；

（四）泄露被测评单位工作秘密、重要数据信息的；

（五）隐瞒测评过程中发现的重大安全问题，或者在测评过程中弄虚作假未如实出具等级测评报告的；

（六）一年内未开展测评业务（被暂停开展测评业务的情况除外）或自愿放弃测评机构推荐资格的；

（七）连续两年年审未通过或未通过期满复审的；

（八）测评实施期间，导致被测评网络发生宕机等严重网络安全事件的；

（九）有第四十二条、第四十三条情形，造成特别严重后果或影响特别恶劣的；

（十）其他违反法律法规或严重违反本办法规定情形的。

第四十五条　测评师有下列行为之一的，等保办责令测评机构督促其限期改正；情节严重的，责令测评机构暂停其参与测评业务；情形特别严重的，应注销其测评师证书，责令其所在测评机构进行限期整改。

（一）未经允许擅自使用、泄露或出售等级测评活动中收集的数据信息、资料或测评报告的；

（二）违反本办法规定，有涂改、出借、出租和转让测评师证书、上岗证等行为的；

（三）测评行为失误或不当，严重影响网络安全或造成被测评单位利益重大损失的；

（四）其他违反本办法有关规定行为的。

第四十六条　测评机构及其测评师违反本办法的相关规定，给网络运营者造成严重危害和损失，构成违法犯罪的，由相关部门依照有关法律、法规予以处理。

第四十七条　公安机关有关工作人员在工作中不得利用职权索取、收受贿赂；不得滥用职权、干预测评机构及测评业务正常开展，以及法律法规禁止的其他行为。

第四十八条　本办法自发布之日起实施。本办法由国家等保办负责解释。

第四十九条　自本办法实施之日起，《信息安全等级保护测评机构管理办法》、《信息安全等级保护测评机构异地备案实施细则》、各地自行制定的与本办法规定不符的规范性文件一律作废。

第五十条　本办法所称"以上"含本数。